小田光宏 編著
ODA MITSUHIRO

情報サービス論

JLA図書館情報学
テキストシリーズⅢ 5

日本図書館協会

TEXTBOOK SERIES Ⅲ

Information Service

（*JLA Textbook Series of Library and Information Studies* Ⅲ ; 5 ）

情報サービス論 ／ 小田光宏編著. － 東京 ： 日本図書館協会, 2012. － 254p ; 26cm. － （JLA 図書館情報学テキストシリーズⅢ ／ 塩見昇［ほか］編集 ； 5). － ISBN978-4-8204-1211-3

t1. ジョウホウ　サービス　ロン　t2. ジェイエルエイ　トショカンジョウホウガク　テキスト　シリーズ　5　a1. オダ, ミツヒロ
s1. 図書館奉仕　s2. レファレンス　ワーク　s3. 情報検索　①015

テキストシリーズⅢ刊行にあたって

　情報と資料の専門機関として，地域社会の経済，教育，文化にかかわる多様な課題に応える図書館活動を創造するためには，それに携わる人材の育成が欠かせない。しかも，先人の叡智を尊重し，現代のニーズに対応し，将来の発展を見据える能力が求められる。また，世界規模での連携や協同をも視野に収めて行動する力量が期待される。こうした人材の要となる司書を養成する教育の基礎課程が，図書館法に謳われ，図書館法施行規則に明示された「図書館に関する科目」である。

　日本図書館協会は，1997年の図書館法施行規則改正に基づき，司書養成教育の充実に向け，本格的なテキストブックの刊行を開始した。当時の課程は，大学で開設される「図書館に関する科目」ではなく，司書講習のためのものであった。しかし，シリーズ編集者は，この改正を「図書館に関する科目」へと展開していく段階の一つであると認識して企画を進めた。テキストブックは順次刊行され11巻を揃えるに至り，扱う題材に応じた改訂や補訂を加えてきた。2007年からは図書館を巡る情勢の変化を反映させ，内容を刷新した「シリーズⅡ」に移行した。これにより，両シリーズを通じて予定した13巻を刊行し，多くの読者の好評を得てきた。

　「シリーズⅢ」は，2008年の図書館法改正に沿って「図書館に関する科目」が2012年度より適用されることを機に，これまでの構想と基調を踏まえながら，全面的な見直しを図ったものである。すなわち，現代および未来の司書養成教育として，日本図書館協会が少なくともこれだけはと考えている内容を取り上げ，教育実践の効果が高まるようUNIT方式を導入している。2単位科目を50UNIT，1単位科目を25UNITとし，スタンダードな内容を解説している。また，発展的に扱うことが望まれる内容をoptionに収めている。これにより，教育の取り組みとの協調が促されることを期待している。その上で，「シリーズⅢ」の新たな試みとして，各巻にUNIT0を設け，教育課程全体における当該科目の意義を記し，他の科目との関係を示すようにした。教育課程の体系を読者が意識できることが，学習成果を高めることにつながると確信するからである。さらに，養成教育と研修を一貫した過程ととらえ，構成と記述に配慮した。本シリーズが大学の授業教材となるとともに，図書館員のキャリア形成の素材として多面的に活用されることを願っている。

　お気づきの点，ご提言やご批判，ご叱正をいただければ，専門職の技能形成という日本図書館協会の基幹事業にも貢献する。各位のお力添えを賜れば幸甚である。

シリーズ編集者
塩見昇　柴田正美　小田光宏　大谷康晴

は　じ　め　に

　「情報サービス論」は，2008年の「図書館法」改正に基づき，2012年度から適用された「図書館法施行規則」に基づく「新たな」科目である。おや，と思われる方がいるかも知れない。名称こそ異なれ，以前にも似た科目があったではないか，と。この疑問に対しては，「そのとおり」とも，「そうではない」とも言えよう。

　現行の「図書館法施行規則」に定められている司書養成の科目群の位置づけは，従来とは異なる。「図書館法」の改正以前は，司書の資格は，「司書講習」で取得するのが基本であり，そのための科目群が「図書館法施行規則」に示されていた。大学における資格付与の科目は明示されておらず，大学では，司書講習の科目に「相当する科目」を開設し，学生はそれを学ぶことで司書資格が得られたのである。この状況は，改正により大きく変わった。すなわち，司書資格は大学で取得することが基本となり，大学で開かれる「図書館に関する科目」が，「図書館法施行規則」に定められたのである。それゆえ，改正前との関連や連続性を強く意識すれば，確かに「新たな」とは言いにくい。一方，大学における図書館に関する科目であることを重視するならば，この表現がまさしくあてはまる。

　しかし，ここでは形式的な意味ではなく，大学で学ぶことの本来的な意義を尊重して，「新たな」と記した。大学は高等教育機関であり，学術機関である。学問的に妥当とされた知識が講じられ，現象や事実をさらに解明するための手法が教授される場である。「情報サービス論」においても，図書館で行われている情報サービスを「語る」ことが目的なのではなく，情報サービスに関する現象や事実に通底する原理を解明することが目指されるべきである。

　編集にあたっては，こうした意気込みを持ちながら，「新たな」テキストブックづくりに取り組んだ。正確に言えば，この意気込みは，本シリーズ全体の基本的認識である。それは，1997年に開始された「JLA図書館情報学テキストシリーズ」から変わっていない。もともと，大学における司書養成を想定して，シリーズ各巻の構成と内容を整えたからである。その意味では，本シリーズが活かされるのは，これからが本番であると言えよう。

　旧シリーズの『情報サービス概説』は，1997年の発行以降，多くの読書を得て近年まで増刷を続けた。編者の怠慢とのお叱りを受けることもあったが，大きな改訂をせずに維持できたのは，編者としては大きな歓びである。これは，同書の質が高かったからとの自負も若干あるが，それよりも，情報サービスの本質を解説することを本旨としたためと受けとめている。いたずらに迎合して，関心を惹きやすい題材を優先させず，骨太の議論を中心にしたことの効用と言えようか。

本書でも，この方針に変更はない。しかし，取り上げる事象については，すべて白紙の状態から検討し直した。もちろん，やみくもに見直してはいない。何を変えるべきで，何を変えてはならないかを見きわめることに意を注いだ。さらに，現時点で変えることのできるものが何か，慎重に位置づけた。その際，日本の図書館の抱えている多様な課題を確認し，その解決や改善に資する人材を育成できるよう，内容に配慮したつもりである。また，日本の大学と図書館情報学教育の現状を考慮して調整した。さらに，情報サービスを，図書館という狭い世界の事象にとどめないよう，現代社会，そして，未来の社会との関係を意識して編集した。

　構成は，50のUNITとしている。各UNITには，スタンダードな内容を盛り込み，その上で，本シリーズの特徴でもあるoptionとなる事項や資料を，各所に用意した。全UNITは14のグループに分け，それぞれに3ないし4のUNITを収めている。これは，大学における授業のシラバス作成に役立つようにしたものである。すなわち，各グループを1回の授業に割りあてれば，情報サービスに関するひととおりの内容が扱えることになる。

　もちろん，授業計画は個別の教育環境で異なるし，そもそも担当教員の領分である。したがって，テキストブックとしてご使用になる際には，自由な判断で取捨選択していただきたい。また，自習あるいは研修に用いる場合は，構成上のこうした配慮を念頭に置いて，自習計画や研修計画を立てていただければ幸いである。

　本書の執筆は，情報サービスを関心領域としている気鋭の研究者にお願いした。もちろん，研究とともに教育実践における実績を重視した。そして，単なる概説書にとどまらない本書のテキストブックとしての意義を理解していただいた上で，執筆を依頼した。短い期間の内にご執筆いただき，編集作業上の無理をいとわず応じていただいたことに，編者として心から御礼申し上げたい。

　編者は2011年9月から，勤務する青山学院大学の在外研究制度により，英国のラフバラ大学（Loughborough University）に身を置いている。本書の編集は，日本と8時間（サマータイム）の時差がある国で進めたのである。もちろん，電子メールやネットワークを十二分に活用しての作業となった。「情報サービス論」にふさわしいと考えれば，感慨もひとしおである。しかし，日本図書館協会の出版事業部の方々には，その分さまざまなお手数をおかけした。とりわけ安発義彦さんには，辛抱強く最後までご助力いただいた。ここに記して，感謝の意を表したい。

2012年7月27日

小田　光宏

目次

テキストシリーズⅢ刊行にあたって………………… 3
はじめに………………… 4

UNIT 0 「情報サービス論」の学習に向けて ………………… 10

● 情報サービスの概要
UNIT 1 情報サービスの意義 ………………… 12
UNIT 2 現代社会の情報サービス機関 ………………… 16
UNIT 3 図書館の情報サービス ………………… 20
 option A 文部科学省「これからの図書館の在り方検討協力者会議」の
     レファレンスサービスに関する見解 ………………… 24

● 情報サービスの基礎
UNIT 4 レファレンスサービスの構造 ………………… 26
UNIT 5 情報利用のための情報源の整備 ………………… 34
UNIT 6 質問回答サービス ………………… 38
 option B 図書館の情報サービス（レファレンスサービス）の定義 ………………… 30
 option C 質問回答サービスの実際 ………………… 40

● 情報サービスの展開
UNIT 7 利用指導／利用案内 ………………… 42
UNIT 8 レフェラルサービス ………………… 46
UNIT 9 カレントアウェアネスサービス ………………… 52
 option D 図書館利用教育ガイドライン ………………… 49

● 多様な情報サービス
UNIT 10 読書相談／学習相談 ………………… 56
UNIT 11 地域情報の提供／発信 ………………… 60
UNIT 12 専門的な情報提供 ………………… 64
 option E 闘病記文庫の実際 ………………… 68

● デジタルレファレンスサービス
UNIT 13 デジタル環境下におけるレファレンスサービス ………………… 70
UNIT 14 バーチャルレファレンスサービス ………………… 74
UNIT 15 協同レファレンスサービスの展開 ………………… 78
 option F レファレンス協同データベース上のレファレンス事例 ………………… 82

◉ 情報源整備の実際
UNIT 16	印刷メディアと電子メディア	84
UNIT 17	館内で作成・編成する情報源	88
UNIT 18	レファレンス情報源の構築	92
UNIT 19	情報源の評価	96
option G	レファレンスブックの性質	100

◉ 利用者の情報利用に対する理解
UNIT 20	情報ニーズ	102
UNIT 21	情報探索行動	106
UNIT 22	図書館を利用した情報探索	110
option H	「探索」と「検索」	109

◉ レファレンス質問への対応
UNIT 23	レファレンスプロセス	114
UNIT 24	レファレンス質問の理解	120
UNIT 25	レファレンス質問の受付と分析	124
UNIT 26	レファレンスインタビュー	130
option I	レファレンス質問の類型例	129
option J	レファレンス質問受付票	135

◉ 情報の検索と回答
UNIT 27	検索戦略の構築	136
UNIT 28	情報源の選択	140
UNIT 29	検索語の選定／検索式の作成	144
UNIT 30	回答の評価と提供	148
option K	基本件名標目表に見るキーワード	139
option L	ネットワーク情報源の評価	151

◉ 情報検索のしくみ
UNIT 31	レファレンスブックの見出し排列と索引	152
UNIT 32	データベースの検索機能／演算子	158
UNIT 33	トランケーション	164
UNIT 34	検索結果の評価	168
option M	索引の多様性	156
option N	検索機能の展開	162

CONTENTS

◉ 情報サービスの管理
- **UNIT 35** 情報サービスの組織化 …………………………………………… 172
- **UNIT 36** 情報サービスの料金と権利 ……………………………………… 180
- **UNIT 37** 担当者の資質と能力 …………………………………………… 184
- **UNIT 38** レファレンスサービス技能の開発 ……………………………… 190
  - option O　レファレンスサービスのガイドライン（案） ………………… 176
  - option P　情報サービスの規程 …………………………………………… 182
  - option Q　図書館情報学検定試験に見る情報サービスの知識・技術 …… 187

◉ 情報源の特質
- **UNIT 39** 事実検索に用いるレファレンスブック …………………………… 194
- **UNIT 40** 文献検索に用いるレファレンスブック …………………………… 198
- **UNIT 41** データベース／ネットワーク情報源 …………………………… 202
- **UNIT 42** 国立国会図書館のレファレンス情報源 ………………………… 206
  - option R　4コママンガで考える情報サービス ………………………… 197
  - option S　情報源の英文タイトル ………………………………………… 201
  - option T　レファレンスブックの種類を細分すると …………………… 210

◉ 事実情報の検索の実際
- **UNIT 43** 言葉・事柄に関する情報の調べ方 ……………………………… 212
- **UNIT 44** 日時・統計に関する情報の調べ方 ……………………………… 216
- **UNIT 45** 地理・地名に関する情報の調べ方 ……………………………… 220
- **UNIT 46** 人物・団体に関する情報の調べ方 ……………………………… 226
  - option U　レファレンスサービスの展開 ………………………………… 223

◉ 文献情報の検索の実際
- **UNIT 47** 図書／雑誌の書誌データの調べ方 ……………………………… 230
- **UNIT 48** 雑誌記事の書誌データの調べ方 ……………………………… 234
- **UNIT 49** 文献の所在情報の調べ方 ……………………………………… 238
- **UNIT 50** 文献の内容情報の調べ方 ……………………………………… 242
  - option V　内容情報を確認できる情報源 ………………………………… 244

参考文献 …………………… 246
事項索引 …………………… 249
執筆者紹介 ………………… 254

TEXTBOOK
SERIES Ⅲ

情報サービス論

UNIT 0 「情報サービス論」の学習に向けて

●……司書養成科目としての位置づけ

　本書では，情報サービスに関する知識と技術，ならびに，情報サービスを進める上で不可欠な態度を，専門職としての図書館員のコア技能ととらえている。しかし，コア技能であればなおさら，基礎となる技能をしっかりと身につけ，他の専門的な技能との関係をきちんと理解しておく必要がある。すなわち，本書の内容だけを理解したのでは，専門職にふさわしい技能を身につけたとは言えない。

　現行の「図書館法施行規則」では，必修科目（甲群）11科目22単位と選択科目（乙群）7科目中2科目2単位以上を修得することが，司書の資格要件となっている。「情報サービス論」は，2単位の必修科目の一つであり，形式的には，11科目中の1科目に過ぎない。しかし，上述したように，他の科目で扱われる内容を的確に学んでおかなくてはならない。

　司書養成のための図書館に関する科目は，概説的な科目を基盤に，サービスに関する科目と情報資源に関する科目とに大別される。それぞれには，さらに細分化した科目が位置づけられ，また，特定のテーマや趣旨の選択科目が用意されている。

　各科目を「情報サービス論」との関係で整理すると，まず，概説的な科目に関しては，「生涯学習概論」と「図書館概論」が，基礎中の基礎となる知識を習得するものとなる。すなわち，生涯学習社会における図書館の役割を認識し，そこにおける情報サービスの重要性を意識することが求められる。また，図書館で情報サービスを行うことをマネージメントの視点からとらえるには，「図書館制度・経営論」の理解が基本となる。情報サービスで用いる情報技術の基本は「図書館情報技術論」で学ぶことは言うまでもない。

　次に，サービスに関する科目として，「図書館サービス概論」において，情報サービスの位置づけを理解するとともに，図書館サービスの基本原理を学ぶことが期待される。また，「児童サービス論」では，児童・青少年に対する情報サービスの特性を認識することになる。「情報サービス演習」は，「情報サービス論」と最も深い関係を持つ科目である。すなわち，情報サービスの実務的な知識，技術，態度について，演習作業を通して，経験的に実践的に学習する。

　さらに，情報資源に関する科目の内容も，軽んじることができない。情報サービ

スは，図書館の情報資源をもとに行われるからである。「図書館情報資源概論」は，その基礎を固めるための科目である。「情報資源組織概論」と「情報資源組織演習」では，情報資源の利用に付加価値を与える資料組織（目録や分類等）のしくみが扱われるが，この技能は情報提供ならびに利用指導に必須のものとなる。

● ……… **技能修得を目指す上での留意点**

　「情報サービス論」を学習する際には，三つのことに留意する必要がある。第一は，学習時間の確保である。上述したように，この科目の単位数は2単位である。おそらく多くの大学において，半期分の授業（30時間相当の授業）として開講されていよう。しかし，この時間数は，教室で授業が実施される時間に過ぎず，求められている実質の学習時間とは異なっているはずである。「大学設置基準」に基づいて単位と学習時間の関係を定めるとき，講義を中心とする科目の場合，1単位は15時間の授業数であるとともに，2倍にあたる30時間の自己学習（予習や復習など）を設けることが通例である。すなわち，2単位の講義科目である「情報サービス論」の学習は，授業とは別に60時間の自己学習を前提として開設されていることになる。本書の内容は，授業だけですべて扱うには，確かに多様であり，分量も多い。それは，こうした前提に沿った編集をしているからである。

　第二は，本書で取り扱われている内容には，理論的な知識だけではなく，実務的な技術が多く含まれていることである。すなわち，解説されている内容を読んで理解するとともに，体を使って確認することが，学習上大切となる。図書館に足を運び，情報資源の「現物」を手に取り，目を通すことは，「はじめの一歩」である。OPACやデータベースを検索し，インターネットを操作して，技法の実際を体感することも必要である。物怖じしていては，億劫がっていては，実践的で実用的な技術は身につかない。

　第三は，将来を意識した学習である。「情報サービス論」で扱う知識や技術の大半は，日進月歩の世界にあると言ってよい。しばらくすれば，「時代遅れ」「旧式」のものとなり，新しい内容に取って代わられてしまう。それゆえ，そうした知識や技術を最新のものとして維持するためには，「リカレント教育」が必要である。研修活動に参加することが欠かせない。ただし，このように記すと，「それでは，今は何を学べばよいのか」といった迷いが生じやすい。しかし，移り変わりが激しい知識や技術であっても，基本となる理論や論理が必ず存在する。本書では，表層的な知識や技術ではなく，通底する原理やしくみを強調した解説を行なっている。将来接する研修の効果は，今の学習によるところが大きいのである。

UNIT 1

● 情報サービスの概要

情報サービスの意義

●………**情報サービスの定義**

　情報サービスということばは，一般的なものとすでになっているが，共通理解を得ておくために，その定義について検討する。実は，いざ情報サービスの定義を試みた場合，若干のとまどいを覚えたり，混乱したりすることも少なくないからである。またおもしろいことに，比較的大型の「こと典」的な性格を持つ国語辞書を参照しても，この言葉が見出し語になっていることは少ない。すなわち，語義を確認することが難しいのである。これは，情報サービスそのものが，あえて説明を加える必要がないくらい自明だからであろうか。それとも，この言葉が比較的新しい語であり，その語義が確定していないからであろうか。広く理解が得られそうな説明としては，情報サービスを「情報を扱う活動」と言い換えることである。そこで，この言い換えを出発点として，「情報」，「扱い」，「サービス」という要素に検討を加えることにしたい。

　国語辞書で「情報」の語義を参照すると，データ，事実，知識など，さまざまな類似の表現を確認することができる。これらは，私たちの一般的な認識とほぼ一致する。しかし，情報そのものの定義は案外難しく，分野によっても違いがある。例えば生物学では，動物の目（視覚）で知覚する外界からの光を，情報として扱っているくらいである。日常生活の中では，情報をこのようにとらえることはまずない。本書の趣旨に戻り，図書館における情報サービスを考察の対象とした場合には，現代社会のしくみの中でとらえられる情報という背景を意識する必要がある。言い換えるならば，社会科学的な観点から，情報を分析することになる。

　私たちの身の回りにあふれている言葉を拾ってみると，「情報」を冠した数多くの語に出会う。「情報産業」，「情報通信技術」，「情報処理」，「情報リテラシー」など，さまざまである。しかし，ここでデータや事実という言葉に，情報を置き換えてみると，何か意味合いとして欠けるものがあることに気づく。それは，コンピュータの存在である。こうした語においては，コンピュータによって扱われる情報という意味を付加して使用していることが多いのである。今日私たちが情報の問題を考える際，それを扱う手段であるコンピュータの存在を，暗黙の前提としがちなのである。

図書館の情報サービスについて検討する場合は，この暗黙の前提は不便と感じられる。図書館で所蔵する印刷資料に記録されている知識もまた情報であるが，これはコンピュータによる処理を前提としたものでは必ずしもないからである。したがって，本書では，コンピュータによって処理された情報も，処理されていない情報も，同様に検討の対象とする。

● ……… **サービスと取り扱い方**
　「サービス」の国語辞書における語義には，もてなし，優遇，奉仕などがある。これらはいずれも，言い換えとして定着したものとは考えられず，サービスの説明の難しさを意識させられる。また，サービスという語の多義性をも認識させられる。日常生活では，「奉仕」の意味がひとり歩きしてしまい，無料や廉価といった意味にまで広がっているくらいである。しかし，語義の背景に，「人的活動」を中心にサービスをとらえようとする発想があることを指摘できよう。すなわち，サービスにはそれを行う主体と，その対象となる客体が存在し，両者は「だれかに，何らかの便宜を提供する（してあげる）」と「だれかから，何らかの便宜を享受する（してもらう）」という関係を形成しているのである。またこの関係は，個人的な結びつきでも成り立つものではあるが，どちらかというと社会的な関係に依拠したものと言えよう。主体の側では社会的に意味のある活動を意図しており，客体の側でもその意図を期待しているのである。

　産業としてサービスを考えた場合，経済活動として「もの（財）」を生産したり加工したりする以外の産業に分類される。すなわち，第三次産業である。この産業分類は，「もの」にかかわる行為の違いに基づく。したがって，サービスを検討する場合には，人的活動の観点だけではなく，物的な観点にも着目する必要がある。　　　　財

　情報の扱い方に関しては，その生産，加工，流通といった類別をすることができる。情報の生産そのものは，およそすべての社会的活動に付随して起こる。しかし，サービスとしてとなれば，一定の顧客（利用者）を想定し，明確な意志に基づいた活動がなされなくてはならない。情報の加工や流通も同様である。加工には，収集した情報を整理したり，付加価値を与えることを含む。流通には，情報の送信や提供にかかわるさまざまな便宜も含まれている。図書館の場合は，資料というメディアを介して，情報の流通面に深くかかわっている。そして，このかかわりによって，情報サービス機関の一部として認識されているのである。

● ……… **経済学的観点からの情報サービス**
　情報サービスが私たちの社会において成立するための要件を検討する場合，経済学的な観点はとりわけ重要である。まず，需要を意味する「情報ニーズ」が，顕在　　情報ニーズ

1. 情報サービスの意義　13

的にも潜在的にも広く存在していることが前提となる。すなわち，情報サービスを必要としている「顧客（利用者）」が必要となる。つぎに，こうした需要を満たすためのサービスを供給する者が登場しなければならない。すなわち，供給主体の存在である。その上で，供給される情報サービスが顧客に配分されるためのメカニズム，いわば「市場」が成立し，それが維持されることが求められる。

市場

こうした要素は，民間産業による情報サービスにおいて基本的にあてはまる。情報の生産，加工，流通にかかわるサービスを必要とする者が，それらを供給する者に，対価を支払って，その便益を獲得するのである。こうした市場の成立は，一般的な財に関して有効とされている。しかし，民間の市場に全面的に活動を委ねた場合，その供給面で社会的に無視できない偏りが生じることがある。あるいは，経済的な格差が原因となり，その財を獲得できない者が増え，そうした状況が社会的に望ましくないことがある。これは，いわゆる「市場の失敗」と表現され，公共サービスや政府による市場操作が行われる理由ともなっている。学校（義務教育）や水道などのように，公共財もしくは準公共財とよばれるこの種の例は，現代社会において多数存在する。

公共財
準公共財

それでは，情報サービスはどうなっているであろうか。情報サービスに関しても，基本的には民間の市場が存在している。出版や書店をも情報サービスの一環としてとらえるならば，古くからこの市場が成立していることになる。一方，コンピュータ技術の発展に依拠した高度情報社会の到来，情報ネットワークに依拠する産業構造の変質，情報を中心とした社会基盤（情報インフラストラクチャー）の重要性は，21世紀になってますます加速している。したがって，情報を持ちそれを操れる者と，それができない者との間には，社会生活に大きな影響を及ぼすほどの格差が生まれてしまうのである。すでに，情報について「富める者（information rich）」と「貧しい者（information poor）」の出現に関する論議が起こって久しい。「情報格差」あるいは「デジタルデバイド（digital divide）」ともよばれるこの現象は，現代社会の深刻な問題の一つとして認識されている。

情報ネットワーク
情報インフラストラクチャー

デジタルデバイド

こうした情報格差を解消するためには，民間の市場にだけ情報にかかわる活動をまかせているのでは難しく，行政によるはたらきかけが必要となる。すなわち，公費を投入して公共サービスを推進したり，補助金を支出して市場の維持を図ったりしなくてはならない。さらに，こうした動きが世界的なネットワークの中で進んでいることから，国家レベルでの経済発展と社会維持を図るためには，政府が情報サービスに関する環境醸成を積極的に押し進めなくてはならない。

図書館の情報サービスを，こうした文脈において検討しようとする意識は，日本において稀薄と言えよう。しかし，公立図書館が社会教育施設（生涯学習施設）として位置づけられていることを考えても，また，憲法的な権利として国民の利用に

社会教育施設

供せられるという性格を考えても，図書館の情報サービスは，情報資源の有効な配分のための重要な活動であることを否定することはできない。言い換えれば，市民の間に情報格差を生じさせない手段として，図書館における情報サービスの意義は，従来にもまして高まっているのである。

● ……… **情報サービス政策への着目**

　図書館の情報サービスに限定するならば，その政策の大半は，文部科学行政または地方公共団体の教育行政ということになろう。したがって，文部科学省や教育委員会における図書館政策を検討することが必要になる。具体的には，省令や通達，関連する審議会で作成される答申，関係団体における出版物などを確認するとよい。図書館の情報サービスに関係する施策や提言を，数多く見つけることができよう。

　しかし，図書館ばかりではなく，広く情報サービス全般に関する政策へも目を向ける必要がある。すでに，情報サービスは，特定官公庁の枠を越えた幅広い検討対象となっているからである。総務省や経済産業省をはじめとして，各省庁のウェブページを閲覧すれば，数々の関連施策を発見することができる。また，政策とは別に，情報サービスの規格や標準化に関する活動を把握することが可能である。

● ……… **情報サービスの基盤**

　情報サービスに関する研究は，おおむね，情報の生産，加工，流通に関してのものとなる。そして，図書館のように，そのサービスが提供される場を限定した検討が加えられる。本書における情報サービスは，図書館情報学の成果をもとにして解説される。すなわち，広く現代社会において，情報サービスが展開する可能性を視野に収めながらも，焦点を図書館における活動に合わせている。

図書館情報学

　一方，図書館情報学の関連諸科学の中には，情報サービスとの関係が深い領域も存在する。「ドキュメンテーション（documentation）」は，その代表である。ドキュメンテーションは，情報の生産から利用に至るまでのプロセスとその諸段階，それぞれの段階で活用される技術すべてを研究の対象としている。また，そうしたプロセスの管理や組織体の経営をも検討の対象としている。歴史的には文献そのものを分析の対象として発展したものであるが，本質的には文献そのものではなく，そこに含まれる情報が対象となるものである。

ドキュメンテーション

　このほか，コンピュータ科学（computer sciece）を筆頭に，情報工学（information technology），記録管理（record management）や知識管理（knowledge management）など，数々の関連領域が存在する。また，索引や抄録，索引言語に関する研究，書誌学（bibliography）や計量書誌学（bibliometrics）なども，情報サービスに関係する領域となる。

記録管理
知識管理
書誌学
計量書誌学

UNIT 2

◉ 情報サービスの概要

現代社会の情報サービス機関

●..........**情報サービス機関の種類**

現代社会においては、さまざまな情報サービス機関が存在するが、それらを類別する場合、つぎのような観点が考えられる。

(1) 機関の性質
(2) 情報の扱い方
(3) 提供される情報の性質
(4) サービスの提供メディア

(1)では、公的な機関（国、地方公共団体、独立行政法人など）によって提供されているサービスと、民間産業として行われているサービスとに分けることができる。また、その機関の目的と情報サービスとの関係からも類別することができる。その機関の本来的な活動とは別に、副次的に情報サービスに携わっている場合もあるからである。

(2)は、生産、加工（蓄積）、流通（提供）といった、情報にかかわる対応で分けることができる。後述するように、データベースや電子コンテンツのプロデューサーは、生産と蓄積を主に行う機関である。ディストリビューターは、流通に携わっている。GoogleやYahooのような検索エンジンの提供者は、ウェブページの検索のしくみを提供しており、情報の流通（提供）に関する役割を果たしている。一方、インターネットプロバイダーのように、それ自身は情報そのものに直接かかわっていなくとも、情報の生産と流通が発展するための環境整備を行なっている機関もある。

検索エンジン

(3)は、情報の種類に基づく分け方である。文字情報、画像情報、音声情報といった分け方、印刷メディアで提供される情報と電子メディアで提供される情報といった分け方、記録情報と非記録情報といった分け方ができる。

(4)は、情報の流通にもっぱら関係するが、どのような媒体（メディア）が用いられているかによって分けられる。印刷メディアと電子メディア、電話やFAX、インターネットといった点から、それぞれの機関を整理することができよう。

● ……… 身の回りの情報サービス機関

　日常生活を振り返ってみると，私たちは，いろいろな場面で情報を求めていることに気づく。それでは，情報を入手するために，どのように行動しているだろうか。行動の内容はさまざま考えられるが，家族や知人に尋ねること，手近にある資料を探すこと，どこかに問い合わせることなどは一般的であろう。

　この問い合わせ先こそが，情報を提供している機関である。ただし，情報サービスといった名称が用いられているとは限らない。むしろ，「相談窓口」がなじみ深い。大半の行政機関では，専門の部署を設けて担当者を配置し，利用者からの問い合わせに応じている。例えば，市政相談，税務相談，人権相談，住宅相談，教育相談，天気相談といった具合に，行政機関ごとに各種のサービスを見いだすことは容易である。また，公共性の高い民間産業においても，消費者，顧客（カスタマー，クライアント），乗客，利用者（ユーザ）といった名前を冠した「窓口」を設けて，情報の提供を行なっている。

　こうした機関において相談窓口の名称が用いられるのは，本来的な業務の性格が，情報の提供にとどまらないことを意味している。すなわち，問い合わせの内容によっては，専門家や資格を持った者の判断と助言を必要とする「相談業務（advisory service）」に発展するからである。

相談業務

　サービスの提供方法としては，かつては電話によるものが盛んであったが，現在ではそれに加えて，電子メールやウェブページからの問い合わせの便宜が用意されている。したがって，音声情報だけではなく，文字情報や画像情報による提供も容易になっており，文字，音声，画像を複合したマルチメディアによる情報提供も行われている。

マルチメディア

　なお，身の回りの情報サービス機関としては，図書館の存在を忘れるわけにはいかない。ただし，ここではその存在の指摘にとどめ，図書館の情報サービスの詳細については，UNIT 3（図書館の情報サービス）で解説する。

● ……… データベース・電子コンテンツ関連機関

　現代社会において，網羅的あるいは体系的に情報を収集しようとした場合，データベースや電子コンテンツの活用を避けることはできないであろう。データベースは，かつては，CD-ROM 形態とオンライン形態とに分けてとらえるのが一般的であったが，現在では，各種の電子コンテンツとともに，インターネット上に公開されるものが主流となっている。

　インターネット上に公開されるデータベースや電子コンテンツに関して，エンドユーザーに提供されるまでの流通の過程を眺めてみると，つぎのような機関が存在する。

エンドユーザー

(1) プロデューサー（producer）
(2) ディストリビューター（distributor）
(3) 代理店（agent）
(4) サーチャー（searcher）やブローカー（broker）
(5) インターネット関連機関

 (1)は，データベースや電子コンテンツを作成し，その著作権を有する機関である。民間産業，政府関連機関，学術機関などさまざまな機関が，この役割を担っている。データベースの本体となる情報を収集し，電子情報として蓄積する。あるいは，電子書籍や電子ジャーナルをはじめとする電子コンテンツの編集を行う。また，データ管理のためのシステムを構築し，インデックスを作成したり，検索用のキーワード付与を行なったりする。

 (2)は，作成されたデータベースや電子コンテンツをプロデューサーから購入して，または，その委託を受けてウェブサーバに搭載し，エンドユーザーがブラウザで閲覧できるようにするためのサービスを行なっている。エンドユーザーからみると，データベースや電子コンテンツと，その検索システムを提供している機関となる。

 (3)は，プロデューサーやディストリビューターの窓口として，営業活動を通してエンドユーザーを獲得したり，さまざまな相談業務やアフターケアを行なっている。外国のデータベースや電子コンテンツに対して，国内代理店としてサービスを提供している例が多い。また近年では，図書館の OPAC システムと連動させて利用できるような便宜を提供していることもある。

 (4)は，エンドユーザーの求めに応じて，主にデータベースの検索を行なって提供する者を指す。代行検索業務を行う者であり，(3)の代理店がこの役割を担うこともある。もちろん，この活動をエンドユーザー自身が行うならば不要となる。なお，検索ばかりではなく，外国語資料の翻訳，内容分析，評価と提言といった付加価値を加えて提供することもあるため，インフォメーションブローカー（information broker）とよばれることもある。

 (5)は，データベースや電子コンテンツが搭載されるサーバの維持・管理や，インターネット上での環境を整え，エンドユーザーのデータベース検索を効果的にするための便宜を提供している機関である。なお，インターネット関連機関には，このほかに，インターネットのアクセス環境を整えるプロバイダー，ネットワーク上での高速通信を可能にする通信機関，ウェブページのコンテンツ開発に携わっている機関，ウェブページの閲覧アプリケーションとなるブラウザの作成機関，ウェブページの検索システムとなるサーチエンジンの開発機関などが存在する。

● ………… **特徴的な情報サービス機関**

　従来から存在する情報サービス機関は，現在では特徴的な情報サービス活動を行なっている。まず，調査サービスを実施している機関がある。調査サービスは，情報の検索を行なった上で分析して評価したり，独自に情報収集活動を行なったりすることで，各国の国立図書館に実例を見ることができる。日本の国立国会図書館の調査及び立法考査局や，アメリカ議会図書館の CRS（Congressional Research Service）がそれである。また，頭脳集団として専門家の知識を総合し，社会調査を実施したり，入手した情報を分析して提言を行うシンクタンクも，調査サービス機関として考えることができる。

　つぎに，クリアリングハウス（clearing house）も，独特のサービスを展開している。クリアリングハウスは，計画中や進行中のものも含めてさまざまな段階にある研究開発活動や実験活動に関する情報を収集し，それを蓄積して提供する機関を指す。対象にしているのが研究プロジェクトであり，内部資料や報告書など，広く公開されることが少ない情報を扱っている。また，問い合わせに応じて，活動に関係している機関や団体，専門家を紹介することも行なっている。

調査サービス

シンクタンク

クリアリングハウス

● ………… **情報サービス促進のための機関**

　情報サービスを促進するための活動を行なっている組織や団体は，厳密には情報サービス機関ではない。しかし，その活動は情報サービスの実態を理解する上で大いに役立つ。例えば，それぞれ性質の異なるつぎのような機関が，情報サービスに関係する活動を行なっている。

・情報科学技術協会（INFOSTA）
　　http://www.infosta.or.jp/
・科学技術振興機構（JST）
　　http://www.jst.go.jp/
・情報サービス産業協会（JISA）
　　http://www.jisa.or.jp/
・日本情報経済社会推進協会
　　http://www.jipdec.or.jp/

　また，図書館関係団体も図書館の情報サービスに関する普及活動を行なっている。さらに，電子書籍や電子ジャーナルに関係する活動を行なっている出版・書籍関連団体の実践も視野に入れるとよい。

UNIT 3

●情報サービスの概要

図書館の情報サービス

●……情報提供機能

　UNIT 2（現代社会の情報サービス機関）で示したように，私たちの社会にはさまざまな情報サービス機関が存在する。そうした中で，図書館も情報サービス機関の一つとして，独自の存在意義を有している。しかも，図書館で提供される情報サービスは，やはり図書館そのものが根元的に有している性質と制約によって，他の情報サービス機関とは異なるものとなっている。

　図書館のはたらきを整理すると，資料を収集し，組織し，保存し，提供する機能を基本的に認めることができる。これらの機能は，館種によって力点が異なるが，およそ図書館とよばれる機関に共通するものである。情報サービスは，提供機能を具体化する活動として位置づけられる。図書館では資料の組織化がなされているが，情報そのものを生産したり，加工したりすることは限られている。したがって，情報サービスと考えられているものは，情報提供に関する便宜ということになる。提供される情報とは，図書館が処理した資料に含まれている情報や，図書館という機構を通して入手したりアクセスしたりする情報である。

　一方，図書館では，資料の中から情報を抽出した上で提供するのではなく，資料そのものを提供することも行われる。すなわち，資料提供である。こうした点をふまえて，図書館の提供機能を，情報提供機能と資料提供機能とに大別することもできる。前者は情報サービスとして展開し，後者は閲覧サービスや貸出サービスとして具体化される。もちろん後者の場合でも，究極的には資料に含まれている情報を利用するために資料が閲覧され，あるいは借り出されるため，いずれの機能も情報に対するニーズを充足するためのはたらきと考えることができる。ただし，情報サービスが，なんらかの問題解決や意思決定を行うためのニーズに基づく調査利用であるのに対し，資料そのものに対するニーズは，特定の情報を入手しようとする要求に加えて，娯楽利用や余暇利用にまで広がりを見せる点で対照的である。

●……情報サービスの多義性

　すでに触れたように，本書では，図書館の情報提供機能に基づいて行われるサービスを指して情報サービスとよんでいる。すなわち，情報提供サービスと同義に扱

う。しかし，これと異なる「情報サービス」の用法も見受けられるので，簡単に整理しておきたい。

　一つは，図書館の活動すべてを指して，情報サービスとよぶ場合である。図書館を情報サービス機関として位置づけた場合，そこで行われている活動はすべて情報サービスだとする考え方である。この用法は，日本において一般的では必ずしもないが，外国事情を説明する際に登場することがある。これには，英語の変遷が関係している。すなわち，library service が library and information service とよばれるようになり，それがさらに information service となった。この訳語として，図書館のサービス全般を意味する「情報サービス」が用いられているのである。もう一つは，図書館サービスの中の利用者サービス（public service）を意味する言葉として，「情報サービス」を用いる場合である。

　最後に，レファレンスサービスそのものを指して，「情報サービス」とよぶことがある。図書館の情報サービスには，レファレンスサービス以外にもさまざまな展開が見られるが，このサービスが情報サービスの中心に位置づけられているからと考えられる。言い換えれば，レファレンスサービスは，図書館において行われる情報サービスということになる。

> 利用者サービス

●……図書館で扱う情報

　図書館で提供される情報サービスは，資料を基盤としている。すなわち，何らかの方法で資料に記録された情報（recorded information）を提供するサービスなのである。ひとことで言うならば，記録情報の提供サービスとなる。この点に関する理解を深めるためには，記録のメディアと方法に目を向けることが望ましい。

> 記録情報

　図書館の資料は，メディアである。ここでメディアと言っているのは，情報を伝達する媒体という意味からである。一般的にメディアは，通信系のメディアとパッケージ系のメディアとに分けられる。通信系のメディアとは，テレビ，ラジオ，電話のように，有線無線の通信によって，情報の伝達を行うものである。一方，情報をなんらかの容器に収め，その容器を流通させることによって，情報を媒介するメディアが存在する。パッケージとはその容器を意味し，収めることとは記録することを指しており，記録メディアとよぶこともある。パッケージと考えられるものは，図書，雑誌，新聞，レコード盤（フォノディスク），ビデオ，CD，DVD などである。図書館で資料とよばれているものは，すべてここに含めることができる。パッケージ系のメディアは，情報の種類と記録方法に基づいて，細分することができる。文字情報，音声情報，画像情報といった種別と，印刷，録音，録画，磁気入力といった方法の違いである。また，そのパッケージの生産と流通の形態によっても分けることができ，単行書と逐次刊行物，雑誌と新聞の違いとなる。

> 通信系のメディア
> パッケージ系のメディア

> 記録メディア

　　　　これらとは別に，インターネットの普及に伴い，ウェブ情報やネットワーク資源といった表現に代表されるように，ネットワーク上で入手することのできるメディアの存在が重要になった。テレビがウェブテレビに，電話がインターネット電話となり，図書がeBookや電子書籍として利用できるようになっている。それゆえ，従来の通信系のメディアとパッケージ系メディアという類別だけではなく，「ネットワーク系メディア」の存在に留意することが求められる。現代の図書館は，こうしたネットワーク系メディアをも視野に入れた情報サービスを展開することが期待されており，印刷メディアを中心にしていた時代の情報入手（情報アクセス）と情報提供とは異なる課題の存在を，強く意識する必要がある。

ネットワーク系メディア

　　　　もちろん，図書館の情報サービスの特質は，扱うメディアが多様化しているとはいうものの，それらを情報源として位置づけている点には変わりはない。すなわち，そうしたメディアに記録されている情報を提供することが基本となっているのである。言い換えれば，情報源を典拠（出典）にして，情報を提供しているのである。また，そうした典拠の存在をもって情報の確実性を認め，情報サービスの質を担保しようとしているのである。

典拠

　　　　ただし，従来は対象とする情報源の多くが印刷物であった。したがって，図書館の情報サービスは，出版ならびに流通という過程を経て社会的に確認されたメディアを典拠にして行われていたことになる。図書館が処理した資料を情報源とし，そこに記録されている情報を抽出して提供するための便宜を指していたのである。しかし，ネットワーク系メディアは，印刷物と同質とは必ずしもみなせない。記録されているといっても，短期間に書き換えられたり，内容が削除されたりする。すなわち，典拠としての性質が脆弱なのである。また，作成者が直接ネットワーク上に掲載できるため，出版ならびに流通といった「フィルタ」にかかることがなく，記録されている情報の質が安定しているとは言えない。したがって，ネットワーク系メディアの場合，典拠があることだけで情報の確実性を担保することは難しい。図書館において，こうした情報源に基づく情報サービスを行う場合は，情報源そのものを的確に評価することが，これまで以上に重要になっているのである。

フィルタ

非記録情報

　　　　この点においては，記録されていない情報（非記録情報）の取り扱いとの共通性を意識する必要がある。非記録情報の代表は，人が有している知識であるが，それを図書館の情報サービスにおいて扱うかどうかは，基本的には，図書館のサービス方針上の問題である。すなわち，原則を重視してまったく提供しないか，利用者への配慮を優先させ，記録情報が入手できない場合に提供するかといった決定を行うことになる。ただし現代では，これまで非記録情報であったものが，ブログ，フェイスブック，ツイッターといったシステムを介して，インターネット上に公開されていることが少なくない。

ブログ
フェイスブック
ツイッター

● ……… **情報サービスの構造**

　図書館の情報サービスは，情報を入手しようとする利用者に提供されるあらゆる便宜を指しているため，その性質と役割によって類別がなされ，しかも，館種に特有のサービスが存在することから，一様とはならない。ここでは，図書館の情報サービスを整理する観点を指摘し，活動の実際を検討できるようにしたい。

　第一の観点は，利用者と図書館職員との関係である。一般に，直接サービスと間接サービスという類別となる。直接サービスは，図書館職員が利用者と対応し，情報入手に対して援助する活動である。利用者からの援助の申し出が，質問の形式をとることが多いため，質問回答サービスの名称もある。また，図書館職員が携わることから，人的サービスと考えることができる。一方，間接サービスは，情報を入手しようとする利用者に対して，情報源を整備し，利用者の自発的な利用を促進する活動である。図書館職員のかかわりが利用者に対して間接的になることから，このようによばれている。とりわけ，調べもの利用のためにコレクションを整備したり，情報アクセスの環境を整えることが重要となる。また，間接サービスは，直接サービスを行う上での準備的な活動としての性質を有している。

　　　　　　　　　　　　　　　　　　　　　　　直接サービス
　　　　　　　　　　　　　　　　　　　　　　　間接サービス
　　　　　　　　　　　　　　　　　　　　　　　質問回答サービス
　　　　　　　　　　　　　　　　　　　　　　　人的サービス

　第二の観点は，人的サービスの方法である。情報サービスは，情報ニーズに基づき利用者が情報探索活動を行うが，これに対する人的サービスには，おおよそ二つの方法が考えられる。一つは，求められている情報が検索できる情報源を紹介したり，その利用方法を指示したりする方法である。一般的には，利用案内とよばれるサービスで，利用者はその紹介や指示をもとに情報を検索する。情報を直接提供するのではなく，情報を入手するための援助を行うにとどまる。もう一つは，求められている情報そのものを図書館職員が検索し，提示する方法である。基本的には利用者との協同作業とはなるが，求められた情報を検索して提供することに，図書館職員が直接かかわることになる。場合によっては，図書館職員が利用者に代わって検索することも行われる。

　　　　　　　　　　　　　　　　　　　　　　　利用案内

　第三の観点は，情報ニーズを充たせなかった場合の措置である。図書館のサービスは所蔵する情報源を基礎にしているが，それだけでは十分な対応ができない場合もある。例えば，当該図書館で提供できない情報を，外部機関に照会して入手し提供するサービスを，レフェラルサービス（referral service）とよんでいるが，こうしたサービスを行うかどうかが検討課題となる。

　　　　　　　　　　　　　　　　　　　　　　　レフェラルサービス

　第四の観点は，情報ニーズの充足に関係した伸展的なサービスが，情報サービスにおいてどのように位置づけられているかである。UNIT 10 で扱う読書相談や学習相談は，この例となる。

　　　　　　　　　　　　　　　　　　　　　　　読書相談
　　　　　　　　　　　　　　　　　　　　　　　学習相談

●──option A

文部科学省「これからの図書館の在り方検討協力者会議」の
レファレンスサービスに関する見解

(1-1) レファレンスサービスの意義
ア　レファレンスサービスが行われていないと，実際に資料が所蔵されていても，利用者が探し出せず，あるいは短時間で回答を得られないため，効率的な利用ができず，資料が活用されない。
イ　利用者は，司書と相談することによって，問題解決の鍵を得るとともに，必要な情報や資料が提供され，課題を解決できる。
ウ　評価の高い図書館ほど，レファレンスデスクと担当職員の配置を進めるなど，レファレンスサービスに力を入れている。

(1-2) これまでのレファレンスサービスの問題点
ア　これまでの図書館は資料提供を重視してきたが，レファレンスサービスが不十分であったため，資料の提供が十分行われなかったのではないか。
イ　レファレンスデスクが奥まった場所や2階の参考図書室にあったため，レファレンスサービスの存在を知る利用者が少なく，利用が少なかった。
ウ　レファレンスサービスが不十分な理由として，利用者に知られていないことのほか，図書館サービスの成果が貸出冊数で評価されてきたこと，参考図書や雑誌が少なく図書中心の蔵書構成であること，貸出業務とレファレンス業務を分けることに対する職員の心理的抵抗があったことが挙げられる。
エ　利用者の求める情報を的確に提供するには，レファレンスサービスを通じた雑誌記事の検索と提供が必要である。特に調査研究には雑誌記事の提供が必要である。
オ　雑誌記事の探索と提供にはレファレンスサービスが不可欠である。図書館資料が図書中心だったため，レファレンスサービスが不十分になり，レファレンスサービスが不十分だったため，図書の提供が中心になるという悪循環があったのではないか。
カ　レファレンスサービスが不十分な図書館では，貸出に多くの人手が必要になるため，レファレンスサービスに充てる人手がないという意見が多く，この点を解決する必要がある。

(1-3) レファレンスサービスの改善
ア　レファレンスサービスを行うには，貸出サービスのみを優先することなく，貸出とレファレンスにバランスよく人手を配分するべきである。レファレンスサービスを不可欠のサービスとして位置づけ，レファレンスデスクを設置して，確実に職員を確保しなければならない。
イ　貸出部門でも「本の案内」等のレファレンスデスクを設けて，レファレンスサー

ビスを行うと，多くの利用者がレファレンスサービスを知り，気軽に質問できるため，好評である。
ウ　貸出カウンターにいる職員は，そこに寄せられる要求のみを利用者の要望と受け止める傾向がある。レファレンスデスクを設けて，レファレンス質問を受けることにより，職員は専門的資料や調査研究に対するニーズがあることを実感できる。
エ　レファレンスデスクの設置によって，レファレンスサービスの担当者が確保でき，職員のレファレンス能力が向上する。それによって，利用者の質問が増え，内容も高度になる。職員はその要望に応えるため，さらに技術を磨くようになる。このような良い循環が働く。
オ　レファレンスサービスでは，最終的な回答を提供することは困難なことも多いため，様々な資料や情報を提示することが重要である。主題に関する専門知識がなくても，探索能力が高ければ，質問への回答は可能である。
カ　「レファレンスサービス」という言葉はわかりにくいため，レファレンスデスクのサインや利用案内では，「調べもの相談」，「探し方・調べもの案内」などのわかりやすい表現を用いてはどうか。
キ　図書館に来館しにくい人や勤務時間後に図書館の利用を望む人のために，電話，ファックス，電子メールでレファレンス質問を受け付けることが必要である。
ク　レファレンスサービスの現状を評価するためには，現状を相互に比較しうる統計と，サービスの質を評価する取組が必要である。
ケ　地域資料に関する目録や索引の作成等もレファレンスサービスの一環で，これによって，地域資料の多面的な検索が可能となり，収集資料の価値が高まる。
コ　小・中・高等学校及び大学の授業で情報リテラシー教育や図書館利用教育を行うべきである。

(1-4) 利用者別・課題解決のためのレファレンスサービス

ア　地域の課題解決には図書館のレファレンスサービスと情報発信が必要である。図書館は受け身でなく，レファレンスサービスの認知度を高め，レファレンス回答データベースの構築などの情報提供を積極的に行うべきである。
イ　レファレンスサービスの体制が整えば，外部の組織・団体へ図書館サービスについてPR・アピールし，情報提供サービスを展開することができる。
ウ　レファレンスサービスの存在を市民一人一人にPRするのは難しいため，学校，行政部局，市民団体，商工会議所等の組織に働きかけ，開館時間中に来館困難な人にも広報することが必要である。
エ　レファレンスサービスをPRするだけでは，それがどう実生活に役立つかが分かりにくいため，サービス対象の集団ごとに，レファレンスサービスの利用方法や利用例を具体的に提示して，利用を促進する必要がある。行政支援，学校支援，ビジネス支援等の表現はその例と考えられる。

(http://www.mext.go.jp/a_menu/shougai/tosho/giron/05080301/001/003.htm)

UNIT 4 ●情報サービスの基礎
レファレンスサービスの構造

●……レファレンスサービスの定義

　レファレンスサービスの定義に関しては、option B（図書館の情報サービスの定義）において、主要なものを紹介している。ここでは、『図書館情報学用語辞典』（第3版、日本図書館情報学会編、丸善、2007）に示された下記の定義を再掲し、検討したい。

　　何らかの情報あるいは資料を求めている図書館利用者に対して、図書館員が仲介的立場から、求められている情報あるいは資料を提供ないし提示することによって援助すること、およびそれにかかわる諸業務。図書館における情報サービスのうち、人的で個別的な援助形式をとるものをいい、利用案内（指導）と情報あるいは資料の提供との二つに大別される。

　この定義では、第二文に明示されているように、レファレンスサービスの基本的な性質を、「人的援助」と位置づけている。その上で、援助の形式として、「利用案内（指導）」と「情報あるいは資料の提供」の二つを挙げている。
　ここで注意したいのは、第一文の末尾にある「およびそれにかかわる諸業務」の理解である。人的援助とは別に、「何らかの情報あるいは資料を求めている図書館利用者に対して」行う活動の意義を忘れてはならないのである。利用者が情報や資料を求めて図書館を利用する際、常に図書館職員に援助を求めるわけではなく、利用者自身で自発的に探索を行うことがある。このとき、情報や資料を探し出すためのコレクション（レファレンスコレクション）や調査環境（データベースやネットワーク情報源の利用環境）が整備されていてはじめて、探索が有効になる。レファレンスサービスには、人的な援助とともに、こうした業務が含まれていることを意識しておく必要がある。

＊レファレンスコレクション

　上記のことは、レファレンスサービスを「直接サービス」と「間接サービス」とに区分するものと理解することができる。前者は、利用者に対して図書館職員が直接行う人的援助であり、後者は、利用者の自発的な探索を援助するために、図書館職員があらかじめ行なった活動である。間接サービスは、直接サービスを支えるた

めの準備的な活動と位置づけることもできる。

　また，これらのことは，レファレンスサービスに，狭義と広義があると理解することにもつながる。狭義に理解した場合，レファレンスサービスは人的援助のことだけを指し，広義に理解した場合，直接サービスと間接サービスの双方を含むものと考えることになる。

　なお，アメリカ図書館協会のレファレンス・利用者サービス部会（RUSA：Reference and User Service Association）が2008年に公表した「レファレンス」に対する新たな定義では，reference transaction と reference work に対して，つぎのように説明し，サービスの構造を整理している（「RUSA，用語「レファレンス」の新しい定義を発表」『カレントアウェアネス-E』No.124，2008年3月5日）。

　　"Reference Transaction" とは，特定の情報ニーズを満たす手助けのために，図書館スタッフが情報資源を推薦，解釈，評価，利用のいずれか，あるいはそれらを組み合わせて行う情報相談のことである。"Reference Transaction" には，所在，スケジュール，設備，消耗品，または各種方針についての公式の指導や，やり取りは含まない。

　　"Reference Work" とは "Reference Transaction" および，情報あるいは調査のための資源，ツール，サービスを製作し，管理し，評価する活動のことである。

● ……… 直接サービス

　レファレンスサービスの直接サービスは，情報を求める利用者からの質問（相談）に対して回答を行う「質問回答サービス」に代表される。この質問回答サービスは，回答する内容に沿って整理すると，情報や関連資料を提供すること（情報提供）と，情報や資料の探索方法を伝える利用案内（利用指導）とに大別できる。

　情報提供は，情報の提示，情報源の提供，情報源の所在箇所の指示といった活動に細分することができる。また，利用案内には，文献（情報）探索法の案内（指導）や図書館の利用法の案内（指導）が含まれる。利用者からの質問に対して，どちらの回答を行うかは，利用者の質問内容によって異なる。また，図書館の方針として，いずれかの方法に回答を限定していることもある。

　こうした区分は，「利用指導か情報提供か（instruction vs information）」という対立的な図式で，古くからとらえられてきた。両者のいずれを選択するかについては，中間的な場合を含め，さまざまな対応がなされてきたのである。前者を重視する考え方は，最小限の援助にとどめるという意味で最小論（minimum theory）あるいは保守論（conservative theory）とよばれている。一方，後者を推奨する考え方は，最大論（maximum theory）あるいは自由論（liberal theory）とよばれている。

※欄外：質問回答サービス／情報提供／利用案内（利用指導）／最小論／保守論／最大論／自由論

| 中間論
| 中庸論

そして，両者の間に位置する考え方を，中間論（medium theory）あるいは中庸論（moderate theory）とよんで整理する者もいる。

なお，直接サービスといっても，図書館職員と利用者とが対面して行うことだけとは限らない。対面によるサービスは，利用者が来館し，レファレンスデスクにおいて図書館職員に質問し，援助が行われるという形態となる。しかし，利用者が来館せず，電話や手紙によって寄せられた質問に対応することも直接サービスであり，以前から行われてきた。今日では，電子メールを介した質問回答サービスの提供が進んでいる。欧米では，現実の図書館ではなく，図書館協力の基盤のもとに，ネットワーク上に開設された仮想的なレファレンスデスクで質問を受けつける，バーチャルレファレンスサービスも行われている。

| バーチャルレファレンスサービス

●……間接サービス

間接サービスは，利用者の自発的な調査活動を支援し，また，図書館職員による直接サービスを有効にするための準備的なサービスである。これには，レファレンス情報源の整備，インフォメーションファイルの編成，自館製ツールの作成，レファレンスネットワークの組織といった活動が含まれる。

| レファレンス情報源
| インフォメーションファイル
| 自館製ツール
| レファレンスブック

レファレンス情報源には，印刷メディア（冊子体）のレファレンスブックに加えて，パッケージ系の電子メディアである CD-ROM や DVD によるレファレンスツールも含まれる。また，ネットワーク上に公開されている各種のデータベースやウェブページも，レファレンス情報源として扱う。印刷メディアやパッケージ系の電子メディアであれば，それを収集し，レファレンスコレクションとして整備することになる。また，ネットワーク系メディアであれば，リンク集を作成したり，ID やパスワードが必要なデータベースについては，利用契約や利用登録を行なったりするなど，アクセス環境の整備を進めることになる。

| リンク集

しかし，市販のレファレンスブックやネットワーク上に公開されている情報源だけでは，利用者の情報ニーズに十分に応えられるとは限らない。そこで，各種のインフォメーションファイルを編成したり，自館製ツール，すなわち，書誌や索引類を，図書館が独自に作成したりすることが必要となる。

また，利用者からの質問に対して自館の情報源だけでは対応できないこともある。そうした場合，他の図書館と連携して回答を提供することが求められる。この活動を，協力レファレンスサービスとよぶが，今日では，ネットワークを介した協力活動の進展が期待されている。国立国会図書館が運営する「レファレンス協同データベース・システム」は，その一つである。このシステムの中にある「レファレンス事例データベース」を例にすると，このシステムに参加している図書館で処理したレファレンス事例を登録し，データベースとしてインターネット上に公開すること

| 協力レファレンスサービス
| レファレンス協同データベース・システム

によって，新たな情報源を作り出している。こうした協同作業の展開は，レファレンスネットワークの組織の一形態であり，間接サービスとして注目する必要がある。

●……… 他の図書館サービスとの連携

　レファレンスサービスでは，質問に回答して終了する単純な場合もあるが，中には，他の図書館サービスの提供に結びつく場合もある。例えば，質問回答サービスにおいて，具体的な資料を利用者に提示した場合，多くの利用者は，それを閲覧したり，借り出したりする。レファレンスサービスが，閲覧サービスや貸出サービスと結びついているのである。また，借り出せない資料の場合は，複写を行うこともある。さらに，他の図書館にその資料が所蔵されていることが明らかになった場合には，図書館間相互貸借によって当該資料を取り寄せたり，複写依頼を行なったりすることもある。

　このように，レファレンスサービスは，他の図書館サービスと密接に関係している。図書館によっては，レファレンスサービスの担当者が，図書館間相互貸借について取り扱ったり，複写サービスの受付を行なったりすることがある。

※ 図書館間相互貸借

● option B

図書館の情報サービス（レファレンスサービス）の定義

　図書館の情報サービス（レファレンスサービス）には，さまざまな定義が存在し，やや混乱している事情も見受けられる。また，ネットワーク環境の拡大によるデジタルレファレンスサービスの進展に伴い，新たな定義も登場しつつある。ここでは，図書館情報学の日本の代表的な用語事典の解説内容と，著名な海外の研究者や実務者が，文献の中でこれまで主張してきたものを紹介する。

◎用語事典の解説内容

日本図書館情報学会用語辞典編集委員会『図書館情報学用語辞典』第3版（丸善，2007）

・レファレンスサービス

　何らかの情報あるいは資料を求めている図書館利用者に対して，図書館員が仲介的立場から，求められている情報あるいは資料を提供ないし提示すること，およびそれにかかわる諸業務。図書館における情報サービスのうち，人的で個別的な援助形式をとるものをいい，利用案内（指導）と情報あるいは資料の提供との二つに大別される。

・レファレンスワーク

　情報あるいは資料を求めている個別の図書館利用者に対して行われる図書館員による人的援助。今日では，レファレンスサービスと呼ばれることが多い。

・情報サービス

　(1)図書館の情報提供機能を具体化するサービスの全般。レファレンスサービスがこれにあたる。(2)レファレンスサービスを高度に，あるいは能動的に伸展させた各種のサービス。オンライン検索，CD-ROM検索，SDI，カレントアウェアネスといったサービスが相当する。(3)図書館が情報を扱う機関であるとの認識から，図書館が実施するサービス全体。

図書館用語辞典編集委員会編『最新図書館用語大辞典』（柏書房，2004）

・レファレンスサービス

　参考業務，参考事務，参考奉仕，参考調査活動，資料相談，相談業務，などと訳され使用されてきた。情報を求めてきた個々の利用者に対して，図書館員によって提供される人的援助の形式をとるサービスとこの活動を効果的に行うために必要な資料を整備・作成することをいう。

・情報サービス

　図書館の持つ情報提供機能を活用したサービス。図書館における情報サービスに

は，(1)利用者の求めに応じて資料に関する情報や事実情報を提供するサービス，(2)関連する外部専門機関を紹介するレフェラルサービス，(3) SDI サービスやコンテンツシートサービスなど能動的情報提供サービス，(4)オンラインデータベースやインターネットの利用環境等を提供し利用者が直接情報検索システムから情報を得ることができるようにするサービスなどがある。

・参考事務

refernece work の訳語の一つ。参考事務という訳語は，今沢慈海（いまざわじかい 1882-1968）の「参考図書の使用法及び図書館に於ける事務」，小谷誠一（おたにせいいち）の「日比谷図書館に於ける参考事務」（ともに『図書館雑誌』Vol.55, No.3）に見え，おそらくこれらの執筆者の権威とこれに代わる適切な訳語が見出せないなどの事情から，以後普及した。

日本図書館協会は，1958（昭和33）年，公共図書館部会に参考事務分科会を設け，1961年に「参考事務規程」を作成したが，この推進役を果たした神戸市立図書館長である志智嘉九郎（しちかくろう 1909-1995）は，この訳語の選択について「図書館利用者に対しては相談事務の方がよろしいと考える」と明記している（志智嘉九郎『レファレンス：公共図書館における実際』日本母性文化協会1954年）。

・レファレンス

参考業務のこと。図書館利用者が学習・研究・調査等のために必要な資料および情報を求めた場合に，図書館員が図書館の資料と機能を活用して資料の検索を援助し，資料を提供し，あるいは回答を与えるなど，利用者と資料とを結び付ける業務で，現代のあらゆる館種の図書館において直接サービスを形成する重要な要素である。

とくに公共図書館では貸出サービスを発展させる中で，住民の日常生活上生起する参考質問に的確に応えていくことが再認識されている。そのために質問の予想される主題に関して必要な資料を整備したり，補助ツールを作成することも大切である。レファレンスは機能の面から見て，利用者援助と情報提供の側面があるといわれるが，現場では混乱することが多く，館種や利用対象によって重要さの比重が異なる。

日本図書館協会用語委員会編『図書館用語集』3訂版（日本図書館協会，2003）

・レファレンス・サービス

情報を求めている利用者に対して，図書館員が提供する個人的援助。貸出と並んで近代図書館の利用サービスの中心となる業務とされている。狭義には何らかの情報を求める利用者の質問（参考質問）に対して，回答となる情報そのものを提供したり，回答の含まれる情報源を指示・提供することをいい，特に前者を情報サービスまたはインフォメーション・サービス（information service），後者をレファレンス・サービスと呼んで区別することもある。

・情報サービス

　情報を求めている利用者に対して，図書館員が提供する個人的援助。インフォメーション・サービス，情報提供サービスなどともいう。狭義にはレファレンス・サービスの回答業務の中の，質問に対して情報そのものを提供するサービスをいい，特にそのうちの電話で行うサービス，あるいはオンラインやオン・ディスクによる情報検索（代行検索）などのサービスをいうこともある。また，情報や情報源の提供をより積極的・能動的に行う，いわゆる参考調査活動・調査業務などのサービスを情報サービスということもあり，このような場合には〈レファレンス・情報サービス〉という用語が使用されることもある。

・調査業務

　レファレンス・サービスの回答業務において，レファレンス・トゥールやその他の所蔵資料などを調査して，必要な情報を検索する仕事。レファレンス・サービスにおいては，利用者の質問に対して，その回答を含んである資料を指示・提供する場合と，その回答となる情報（事実）そのものを提供する場合とがあり，後者の場合に，いわゆるクイック・レファレンス以外の質問に対して行われる調査活動を指していうことが多く，これをファクト・ファインディング（fact finding），事実検査，事実探索などということもある。狭義には書誌的情報の調査を含まずにいう。なお時には，〈レファレンス・サービス〉の訳語として，クイック・レファレンスへの回答なども含め，広範囲の業務を一括して〈調査業務〉もしは〈参考調査業務〉ということがある。

◎海外の文献に見られる定義

Child, W. B. "Reference Work at the Columbia College Library" (*Library Journal*, vol.16, 1891)

　レファレンスワークとは，込み入った目録についてわかってもらったり，質問に回答したりして，図書館員が利用者に援助することをいう。つまり，図書館員が管理している図書館の資料に，利用者が容易にアクセスできるようにあらゆる手立てを講じることをいう。

Bishop, W. W. "The Theory of Reference Work" (*Bulletin of the American Library Association*, vol.9, 1915)

　レファレンスワークは何らかの研究を援助するために図書館員が行うサービスである。それ自体は研究ではない（研究は利用者が行うのである）…。何らかの研究調査に従事している利用者に提供される援助がいわゆるレファレンスワークである。

McCombs, C. F. *The Reference Department*. (Chicago, Ill., American Library Association, 1929)

　レファレンスワーク（困った言葉だが，便利な言葉ではある）は，図書館員の見

地からするならば，何らかの研究，その他，ある特定の目的のために必要とされる図書や事実を求めている利用者に対して，図書館員が提供する援助と定義される。

Wyer, J. I. *Reference Work.*（Chicago, Ill., American Library Association, 1930）
　レファレンスワークは，研究や調査のために，図書館蔵書を利用する際に，相手の身になって，豊かな知識をもって提供される人的援助である。

Hutchins, Margaret. *Introduction to Reference Work.*（Chicago, Ill., American Library Association, 1944）
　レファレンスワークは，どのような目的であろうと，情報を求めている人々に対して図書館内で与えられる直接的かつ人的な援助であり，また情報ができるだけ容易に利用できるよう特に意図した図書館の諸活動である。

Rothstein, Samuel. "The Development of the Concept of Reference Service in American Libraries, 1850-1900"（*Library Quarterly*, vol.23, no.1, 1953）
　レファレンスサービスは，情報を求めている個々の利用者に対して図書館員によって提供される人的援助（＝レファレンスワーク）だけでなく，図書館員がそのような援助を行う責務と，そのために設けられた組織を明確に認めることを意味している。

Shores, Louis. "The Measure of Reference"（*Southeastern Libraries*, vol.11, no.4, 1961）
　Reference Service Division, ALA. の項目：レファレンスサービスは図書館利用者との関係に特徴がある。これらのサービスには二つの主要なタイプ，すなわち直接的なものと間接的なものとがある。直接的レファレンスサービスは情報を求めている利用者に提供される人的援助からなる。… 間接的レファレンスサービスは目録，書誌，その他，図書館のコレクションへのアクセスに役立ち，他のより大きな，より専門的な図書館と協力して図書館サービスを行うためのレファレンスツールの準備と開発からなる。

Rees, A. M. "Broadening the Spectrum"（Linderman, W. B. ed. *The Present Status and Future Prospects of Reference/Information Service*. Chicago, Ill., American Library Association, 1967）
　レファレンスサービスは，質問者と利用可能な情報源を仲介するレファレンスライブラリアンが，さまざまな形式によって情報を型どおりに提供することである。レファレンスワークはレファレンスサービスを提供するレファレンスライブラリアンの機能である。

UNIT 5 ●情報サービスの基礎
情報利用のための情報源の整備

●……情報源の考え方

UNIT 4（レファレンスサービスの構造）で解説したように，レファレンスサービス（図書館の情報サービス）を提供するにあたっては，良質の情報源を整備する必要がある。レファレンスサービスに用いる情報源というと，事典やハンドブック，書誌や索引といった調べものをするために作られた資料のことを指すと思いがちである。確かにそうした資料は，レファレンス資料とよばれるものの代表であり，このサービスを提供するために欠かすことができない。そしてまた，そうした資料の利用が頻繁に行われるのも事実である。

レファレンス資料

しかしそれだけでは，利用者の要求を的確かつ十分に充たすことはできない。レファレンス資料で対応できるのは，要求の一部に過ぎないからである。利用者の要求を充たすためには，あらゆる図書館資料を活用しなければならないのである。また，インターネット上の情報源を評価して，的確に利用することも必要である。したがって，レファレンスサービスに用いる情報源は，図書館で所蔵するコレクションすべてであり，また，インターネットを介して図書館からアクセスできるあらゆる情報源ということになる。

●……情報源類別の観点

情報源を類別する観点には，つぎのようなものがある。

(1) 物理的条件（図書館内の情報源か，図書館外の情報源か）
(2) 情報の記録（記録情報源か，非記録情報源か）
(3) 媒体（印刷メディアの情報源か，電子メディアの情報源か）
(4) 対象（事実を検索するための情報源か，文献を検索するための情報源か）

ここでは，(1), (2), (4)について解説し，(3)は UNIT 16（印刷メディアと電子メディア）で扱う。

● ──────**図書館内の情報源**

　具体的に，図書館の中で活用できる情報源を，レファレンスコレクションを中心に類別してみよう。多くの図書館では，内容を読み通すのではなく，調べものをするのに適していると判断した資料を選択し，レファレンス資料として扱っている。こうした資料の集まりを，レファレンスコレクションとよぶ。しかも，他の資料とは別に排架（別置）し，貸出禁止（禁帯出）などの利用上の制限を設けることが少なくない。これは，調べものをしようとする利用者の便宜を考慮してのことである。

レファレンスコレクション

別置

禁帯出

　なお，どのような資料をレファレンス資料とするかは，個別の図書館の判断による。すなわち，それぞれの図書館が所蔵資料の中から，調べものにもっぱら用いるよう，特に位置づけたものを指すのである。こうした位置づけを，「レファレンス資料扱い」とよぶが，UNIT 18（レファレンス情報源の構築）で詳述する。

レファレンス資料扱い

　レファレンス資料とは別に，図書館には一般図書，逐次刊行物，視聴覚資料，パンフレットやリーフレットなどを整理したファイル資料，図書館が独自で作成した資料（自館製ツール）が所蔵されている。こうしたすべての資料が，情報を検索する情報源になる。例えば，あるテーマの事柄について知りたい場合を考えてみよう。簡便に基本的な内容だけを確認しようとするならば，百科事典や主題専門事典を参照することが考えられる。一方，深くさまざまな事情や経緯について知識を得ようとするならば，それについて書かれた図書を探し出し，その内容を読むことが必要となるであろう。

ファイル資料

自館製ツール

　上述の各種の資料の中で，ファイル資料と自館製ツールは，情報サービスの有力な情報源となる。ファイル資料として整備されるパンフレットやリーフレットには，地域の行事案内や各種団体の紹介などが多く含まれている。それらに記載されている情報は，特定の地域だけで有効であったり，短い期間だけしか活用できないものであったりすることが多いため，一般の図書や雑誌に掲載されることがまれである。したがって，ファイル資料として整備されなければ，情報を検索することは容易ではない。図書館によっては，ファイル資料を，レファレンスサービス部門で扱い，レファレンスコレクションの一部としていることもある。

　自館製ツールも，ファイル資料と同様に有用なものとなるが，詳しくは，UNIT 17（館内で作成・編成する情報源）で解説する。

● ──────**図書館外の情報源**

　図書館内の情報源だけでは，十分な情報を提供できないことも生じる。こうした場合，まずは他の図書館に問い合わせをすることになる。すなわち，他館で所蔵している資料で，情報を検索することになる。さらに，図書館ではなく，情報サービスを行なっている諸機関に照会することもある。

レフェラルサービス　これは，UNIT 8 で解説するレフェラルサービスである。また，他の図書館に問い合わせをする場合には，あらかじめ問い合わせ先を定めていることがある。図書館間あるいは担当者間で，一定の協力を行うことを申し合わせている場合もある。

協力レファレンスサービス　これは，協力レファレンスサービスとよばれる活動に相当する。

　図書館外の情報源といった場合，現代では，インターネット上で閲覧したり検索したりできる各種のウェブページやデータベースの存在も，視野に入れておく必要がある。こうした情報源は図書館外にあるが，図書館内からネットワークにアクセスし，掲載されている情報を利用することになる。したがって，所蔵している資料のように，コレクションを形成したり，組織化を行うことはできない。しかし，アクセスのための便宜として，データベースを利用するための契約を行なったり，有用なウェブページのリンク集を作成したりするといった措置を講じる必要がある。

● ……… **非記録情報源の活用**

　記録された情報を提供することは，図書館の情報サービスの原則である。しかし，記録された情報だけでは不十分であったり，そもそも該当する情報を記録した情報源が存在しなかったりすることも，実際の活動の中ではまれではない。カレントな情報を検索しようとする場合，こうしたことはしばしば起こる。また，高度かつ専門的な判断に基づく情報を求めようとする場合，一般に入手できる資料には，求める情報が記録されていないことがある。したがって，情報サービスを提供するためには，記録情報源ばかりではなく，非記録情報源の活用も想定しなければならない。

　非記録情報とは，いずれの方法でも資料に記録されていない情報であるが，代表的なものとしては，人間の知識や判断がそれにあたる。したがって，図書館内では，図書館職員そのものを情報源と考えることになる。また，図書館外では，他の図書館の職員，諸機関に所属する者，さまざまな領域の専門家が考えられる。

　もちろん図書館の基本的な機能からして，情報サービスの中で，非記録情報源を優先して利用するわけにはいかない。利用者が求めようとしている情報を，たとえ担当者が知っていたとしても，すぐさま伝えることは避けなくてはならないのである。記録情報を検索することを第一にし，それでも情報を検索できなかった場合にはじめて提供することになる。

● ……… **記録情報の意義**

　情報サービスにおいて，記録された情報を利用することが基本とされる理由は，そもそも印刷メディアを中心にして，情報サービスが展開してきたからである。印刷メディアに記録された情報は，執筆者や編集者がそれぞれの立場から内容の確認や校正を行なっているため，質が保たれている。すなわち，情報内容が妥当である

ことを担保するためのフィルタとしての機能をもつしくみが，印刷メディアの作成過程に組み込まれているのである。このことによって，私たちは，印刷メディアに掲載されている情報の信頼性を意識することができたのである。

　また，印刷メディアに記録された情報は，だれもが後からでも，同じ情報を参照して確認することができる。すなわち，「再参照」が可能であることによって，その内容が確実であると認識していたのである。この「再参照可能性」こそ，情報を典拠に基づいて提供する，図書館の情報サービスが依拠する要素である。

> 再参照可能性
> 典拠

　ここで，こうした記録情報の意義をインターネット上の情報にあてはめてみると，それが脆弱であることに気づく。まず，インターネット上には，個人が思いついたままに発信した情報が無数に存在する。それらは，他者の目を通して確認されたものではなく，フィルタにはかかっていない。それゆえ意図的であるか無意図的であるかは別にして，誤った情報や有害な情報になってしまう可能性が高まる。つぎに，インターネット上の情報は，内容が書き換えられたり，削除されたりすることがしばしばある。したがって，後から同じものをもう一度参照しようとしても，難しいことになる。こうした理由から，情報サービスにおいてインターネット上の情報を利用する際には，利用する情報源の評価と選択が重要であり，また，そうした性質を有する情報であることについて，利用者に注意を促すことが必要である。

● ………… **検索の対象**

　情報源は，検索しようとする情報によって，大きく二つに分けることができる。一つは，事実を検索しようとする場合に用いる情報源であり，もう一つは，文献を検索しようとする場合に用いる情報源である。前者は，事実そのものを解説したり，整理したりしている。レファレンスブックとしては，辞書や事典，便覧や図鑑，年表や地図帳などが相当する。後者は，文献を一定の排列のもとに列挙している。レファレンスブックとしては，書誌，目録，記事索引といったものになる。

　また，この類別は検索方法の別にも対応する。すなわち，前者は事実検索（fact retrieval）に相当し，後者は文献検索（document search）に相当する。レファレンスプロセスにおいては，求められ，提供する情報が，事実なのか文献なのか判断することになるが，そうした判断に基づいて活用する情報源も，同じように大別されるのである。したがって，この分け方は実際のサービスを展開する上で，きわめて有効である。規模の大きな図書館の中には，レファレンスコレクションを，この分け方にしたがって排架しているところも少なくない。

> 事実検索
> 文献検索
> レファレンスプロセス

　なお，文献検索は，事実検索の過程で生じることもある。これは，特定の事実を確認しようとする場合に，関連するテーマの文献を探し出し，そこに記載されている内容を情報として活用することがあることによる。

UNIT 6 ●情報サービスの基礎

質問回答サービス

●⋯⋯⋯**質問回答サービス**

　質問回答サービスは，レファレンスサービスの直接サービスにあたる。すなわち，何らかの情報や資料を求める利用者に対して，図書館職員が行う人的援助である。その援助の内容は，利用者の要求（質問）に応じて異なってくる。

　まず，利用者が，何らかの事実や文献についての情報を求めている場合は，図書館職員は図書館内外の情報源を用いて，情報提供を行う。このようなサービスを「情報提供サービス」とよぶこともある。

　つぎに，利用者が自ら OPAC やデータベース，レファレンスコレクションを用いて情報や文献の検索をする際に，その利用方法について援助を求めることがある。この場合，図書館職員は，情報や文献の検索方法，情報源の利用方法，図書館の使い方などについて案内（指導）を行う。このようなサービスを，「利用案内サービス」とよぶこともある。

●⋯⋯⋯**情報提供の形態**

　情報提供は，大きく三つに分けてとらえるとよい。

(1) 情報の提示
(2) 情報源の提示
(3) 情報源の所在箇所の指示

　(1)は，利用者の質問内容が簡便であったり，他の方法を用いるよりも直接情報を示すことが適切であったりする場合に行われる。例えば，言葉の意味や事象の解説を求められた場合は，辞書や事典を用いて該当項目の内容を確認し，それを利用者に直接提示するといったやり方となる。もちろん，この場合においても，それぞれの情報を入手した情報源が何であるか，利用者に典拠として伝える必要がある。

　(2)は，利用者が求めている情報を掲載している資料やデータベースを提示するやり方である。情報そのものの入手は，提示された情報源を利用者自身が参照し，確認する。例えば，特定の人物に関する履歴事項を求められた場合には，その人物に

典拠

ついて解説している資料を探索して利用者に提示し，必要とする事項を確認してもらうことになる。

　(3)は，利用者が求めている情報を掲載している資料やデータベースそのものを提示するのではなく，そうした情報源の存在と所在を利用者に伝える場合である。間接サービスを直接サービスよりも重視する図書館では，情報や情報源を提示するのではなく，情報源の所在を指示することを積極的に行なっている。

間接サービス
直接サービス

●………情報提供の原則

　質問回答サービスにおいて情報を提供する際には，つぎの原則に基づくことが推奨される。

(1) 典拠（出典）の明示
(2) 複数情報源の利用
(3) 付加的情報の提示

　(1)は，図書館の情報サービスの鉄則とも言えることである。提供される情報が，どこに記録されていたのか，何に基づいているのかを，利用者に的確に伝えることが大切である。情報源に関する情報として，図書や雑誌記事であれば書誌データを，ウェブページであればメタデータ（タイトルやURLなど）を示すことになる。もちろん，情報源を利用者の目の前に提示する場合には，それが典拠であることが一目瞭然となる。

書誌データ
メタデータ

　(2)は，UNIT 5（情報利用のための情報源の整備）において説明した，情報の信頼性とも関係する。確実な情報を提供するには，情報源の評価と選定が重要であるとともに，その情報が複数の情報源から得られることも大切である。質問回答サービスにおいて情報を提供する際には，異なる複数の情報源を検索し，情報内容の確実性を追求することが重視される。ただし，見かけ上は複数あっても，実は根源となるものが一つに過ぎない情報源があることに留意する必要がある。例えば，同じ出版者が，一つの情報源から，利用方法や性格が異なる複数のレファレンスブックを刊行していることもある。また，インターネット上では，コピーアンドペーストが容易であることから，おおもとの情報源から内容を借用して，多くの者が自分のウェブページに掲載していることも少なくない。

　なお，情報源によっては，複数のものを確認することが不可能な場合もある。すなわち，根源となる情報源が唯一となる場合である。例えば，政府が採取した統計情報や法令などは，おおもとの情報源を利用しているのであれば，それが一つであっても十分と判断することになる。

(3)は，求められた情報の理解のために行われる。例えば，得られた情報内の言葉の読みを伝えたり，統計データの採取年を示したりすることが，これにあたる。

● ………… **利用案内**

質問回答サービスとして利用案内を行う場合は，二つに分けてとらえることができる。なお，詳しくは，UNIT 7（利用指導／利用案内）で扱う。

(1) 図書館利用法の援助（指導）
(2) 文献（情報）探索法の援助（指導）

(1)は，利用者に対して，図書館が提供するサービスについて理解してもらうことである。これは，利用者自身が，図書館を主体的に利用できるようにしてもらうことをねらいとしている。例えば，特定資料の所蔵の有無に関する質問を受けた場合，有無そのものを回答する方法もあるが，利用者自身にOPACの利用方法を案内したり，請求記号や排架方法のしくみなどについて説明したりすることも有効である。

請求記号
情報活用能力

(2)は，利用者に文献の探索方法を理解してもらうことによって，利用者自身の情報活用能力を向上させることをねらいとして行われる。例えば，各種のレファレンスブック，書誌・記事索引のデータベースなどの特徴や活用方法を解説したり，具体的な利用方法や説明したりすることを指す。

● ── **option C**

質問回答サービスの実際

下記の文章は，公共図書館における質問回答サービスの様子（2002年当時）を記したものである。利用者とどのように対応し，どのような情報源を用いているかがよくわかる。

「小学校3，4年生向きの，『スコットの南極探検』という本はありませんか？」と相談カウンターにみえたのは，30代くらいの女性である。コンピュータで検索してみたがないという。〈以前読んだ本なのだろうか，書名の覚え違いか？〉と思いつつ，著者名，出版社などがわかっていることはないか聞いてみる。すると，「山本有三が書いたものらしいけれど，子どもの塾の教材に一部分が載っていただけなので，出版社などはわかりません。そういう書名の本だと思って借りにきたんです

40 　情報サービスの基礎

が‥‥」。

　教材に引用された文章だとすると，ある本の一節をひいてきただけかもしれない。女性は，すでに自分で子ども室の本などをいろいろ探してみたらしく，「もしそういう本がなければ，小学校3，4年生が読める同じような内容の本でも‥‥」と半ばあきらめ気分である。

　しかし，著者名と作品の内容がわかっているなら，見つかる確率は高い。とにかく探してみようと，このような調査によく使う『東京都立日比谷図書館児童図書目録』を手に取る。この目録は内容が充実しているうえに索引も親切。特に書名索引は，書名やシリーズ名はもとより，作品集中の短編の題名からも探せるのでとても重宝している。

　まず索引から，スコットで始まる書名のものをしらべてみた。五つの作品があがっていたが，いずれも山本有三の作ではない。しかし収穫もあった。この中の「スコット」という作品が収録されている『極地を探検した人々』は所蔵している。この「さ・え・ら伝記ライブラリー」シリーズなら3，4年生でも読めるだろう。万が一，山本有三のものが見つからなくても，少なくともこれはお見せできる。

　さて今度は著者名索引で山本有三をひいてみる。が，やはりスコットや南極といった言葉を含む作品を見つけることはできなかった。

　それでは別の方向からしらべてみようと，文学全集の山本有三の巻で年譜をながめてみる。が，これにもそれらしい作品の情報がない。

　さらに方向を変えて，探検ものという観点から『紀行・案内記全情報45/91』海外編，『紀行・案内記全情報92/96』で南極の項をあたる。しかし，ここにもない。

　さて，何に載っているだろう？　子ども向けに書かれていて教材に載るようなものだとすると，ひょっとして文庫本に入ってはいないだろうか。山本有三の作品は新潮文庫で何点か出ていたはずと思いついて，『便利な文庫の総目録』の書名索引をひく。この本は現在手に入る文庫本を一覧できるよう一冊にまとめられた目録で，本文は簡潔だが索引はとても丁寧につくられていて，収録されている短編の作品名からどの本に載っているかをしらべることもできる。

　これにあたってみると，なんと，あるではないか。やはり，新潮文庫の一冊『心に太陽を持て』に載っていたのだ。幸いこの本も，児童書の体裁の「新編・日本少国民文庫」シリーズの『心に太陽を持て』という本も所蔵している。

　利用者に見ていただくと，児童書の『心に太陽を持て』と『極地を探検した人々』を両方借りていってみたいと，二冊とも持ち帰られた。

（出典：まちの図書館でしらべる編集委員会編『まちの図書館でしらべる』柏書房，2002.
　　p.37-39）

UNIT 7 ●情報サービスの展開

利用指導／利用案内

●————用語と定義

利用指導
利用案内

　「利用指導」や「利用案内」という用語は，図書館界ではしばしば用いられるが，厳密に定義することは難しい。「利用援助」「利用支援」「利用教育」「利用者教育」など，関係のある用語が多く存在するとともに，同義に用いられる場合もあれば，使い分けられる場合もあるからである。さらに，「図書館」を付して「図書館利用指導」「図書館利用案内」「図書館利用教育」といった用法もある。「文献」「情報」などを冠した「文献利用指導」「情報利用教育」などの用語も存在する。

　しかし，いずれの用語の意味するところも，「指導」や「案内」あるいは「教育」と呼ばれる活動を，図書館側が利用者に対して提供することである。また，「指導」「案内」「教育」の目的や内容が，「図書館」「資料」「文献」「情報」などの活用にかかわるものを中心としている点で共通している。

　この UNIT では，用語の普及状況を踏まえて「利用指導」を主に用い，つぎの定義に基づいて解説を行う（『図書館用語集』四訂版，日本図書館協会，2013）。すなわち，利用指導を広義にとらえ，後述する「利用教育」や「指導サービス」，広義の「利用案内」と同義として使用する。

　　広義には図書館で行われる図書館利用にかかわる案内，指導，教示，援助の活動をすべて含めていい，〈利用教育〉と同義に用いられるが，狭義には学校が児童・生徒に対する教育活動の一環として行う図書館の利用，情報検索，各種資料の使い方などに関する指導・教育を指していう。また，利用案内といわれることもあり，参考業務において，情報提供機能を補完する重要な機能ととらえる考え方もある。

情報提供機能
利用指導機能
最大論
最小論

　この定義にあるように，レファレンスサービスには，情報提供機能と並んで利用指導機能がある。前者を優先する考え方を最大論，後者を尊重する考え方を最小論とよぶことは，UNIT 4（レファレンスサービスの構造）で説明した。どちらの機能を重視するかは図書館の置かれている状況によって異なるが，一般に，学校図書館や大学図書館は後者を重視する傾向にある。実務的に見れば，レファレンスサー

ビスの担当者が利用指導を行うことになる。ただし，レファレンスサービスの範囲を限定的に理解し，これと並ぶサービスとして利用指導を位置づけることもある。

なお，「利用案内」は，利用者に対する図書館職員の「行為」を意味する語として用いている。しかし，図書館が作成・配布するリーフレット類，すなわち，「利用案内資料」の意味でこの語が使用されることもある。その場合は，館内レイアウトや資料配置，貸出方法（貸出手続や冊数・期間制限などの説明）などを掲載した「利用ガイド」と同義になるので，注意を要する。

利用案内資料

● ………… **館種による用法の相違**

上記の定義にも記されているように，利用指導・利用案内については，館種によって用語が異なっている。学校図書館では，長年にわたって「利用指導」が使われてきた。大学図書館では，「利用教育」「図書館利用教育」「利用者教育」が多く用いられている。一方，公共図書館では，「利用案内」や「利用援助」が普及している。しかも，利用者に対しては，これらの用語ではなく，かみ砕いた表現で説明がなされることも少なくない。

学校図書館や大学図書館は，学校教育機関に附置されている図書館であるため，「指導」「教育」という用語が，それほどの違和感なく用いられる。一方，公共図書館は，社会教育施設ではあるものの，歴史的な経緯に加えて，「教育」という語が一部に与える「強制的」または「上意下達的」なイメージを避ける意図から，「案内」「援助」といった用語が好まれている。これには，学校図書館，大学図書館の主たるサービス対象が児童・生徒および学生であるのに対して，公共図書館の場合は成人を利用者に含んでいることも影響している。

理論的あるいは政策的なレベルでは，すべてを包括する用語として「図書館利用教育」とよぶこともある。これは，上記の定義における「広義の利用指導」すなわち「利用教育」と同義である。例えば，日本図書館協会図書館利用教育委員会では，この語をタイトルに使用して，『図書館利用教育ガイドライン』を作成している（option D（図書館利用教育ガイドライン）参照）。ただし，このガイドラインで扱う内容は，「図書館」の「利用」についての「教育（指導・案内）」にとどまらず，いわゆる「情報リテラシー教育」の領域にも及んでいる。すなわち，「図書館利用教育」として，「図書館の利用について教育する」だけではなく，「図書館がさまざまな事柄の利用について教育する」ところにまで至っているのである。

図書館利用教育

情報リテラシー教育

こうしたことから，何を教育するとか，だれが指導するとかではなく，活動そのものに焦点を合わせた「指導サービス」という用語も提案されている（日本図書館協会図書館利用教育委員会編『情報リテラシー教育の実践』日本図書館協会，2010）。「レファレンスサービス」「貸出サービス」「複写サービス」などと同じく，

指導サービス

図書館が提供する活動・業務としての側面を強調した表現である。近年では，大学図書館において，「情報リテラシー係」といった名称の部署を設けるところがあることから，館種による受けとめ方の相違はあるものの，図書館利用教育（利用指導・利用案内）をサービスとして行うことの意義は，一定程度認識されていると考えることができる。

●………現代的意義

　上述したように，利用指導を情報リテラシー教育の文脈でとらえることは，近年の傾向として指摘できる。とりわけ，学校図書館や大学図書館においては，そうした位置づけが一般化している。情報リテラシーとは，簡潔に述べれば，情報社会において「情報を主体的に使いこなす能力」である。「情報（化）社会」や「高度情報（化）社会」あるいは「高度情報通信社会」などと言われて久しいが，多種多様な情報源（ソース）が，多種多様な流通経路（チャネル）で行き交っている中で，私たちには，情報を自ら探索・収集し，整理・分析し，加工・発信していくことが求められている。しかも，生活を営む上での意思決定や問題解決にあたって，情報を用いることは不可欠な営みとなっている。

　意思決定・問題解決は，児童・生徒や学生の進路決定やビジネス上の取引・契約など，人生にとって重要なものもあれば，食事のメニューを決めたり，目的地までの交通手段を選んだりするといった一時的なものまであり，実にさまざまである。しかも，「主体的に使いこなす」方法には，必要性を認識して他者の支援を積極的に求めることも含まれる。図書館のレファレンスサービスを利用することは，まさしくこれに相当する。

　図書館には，多種多様な種類の資料（メディア）が，精緻なしくみのもとで組織化され，配置・排架されている。例えば，多くの図書館では，刊行形態が異なる図書と逐次刊行物は別々に配置されており，排架方法も異なっている。ところが児童書は，図書と逐次刊行物の区別なく，同じスペースにまとめられており，成人向けの資料とは異なる分類法が適用されていることすらある。あるいは，同じタイトルの雑誌であっても，カレントナンバー（最新号）は雑誌架に，バックナンバーは製本されて書庫にといった具合に，刊行時期に応じて別の場所に置かれていることもある。このように，必要とする資料を図書館で探索・収集することは，そのしくみを知ってはじめて容易となる。OPACの講習会が各図書館で繰り返し行われていることからもわかるように，目録一つとっても，簡単に使えるツールとは言えないのである。

　こうした状況は，二次資料を中心にデータベースが導入され，各種の情報源のデジタル化が進み，さらにはネットワーク上の情報源にアクセスすることが普及し，

（欄外）
排架方法
カレントナンバー
バックナンバー
二次資料

ますます複雑になっている。しかも，図書館職員が利用者のために代行検索するのではなく，エンドユーザー検索が基本となったことから，情報源の利用法を利用者自身がきちんと理解しなくてはならない時代となっている。

　こうした背景のもと，情報リテラシーの一環としての「図書館リテラシー」，すなわち，図書館ならびに図書館を介して利用できる資料や情報を使いこなす能力を，利用者が習得ないし維持・向上できる機会を図書館が提供することが求められている。したがって，利用指導は，その図書館を効率よく利用してもらうための補助的な業務から，情報リテラシーの獲得に貢献する社会的にも大きな意義を有する活動となっているのである。

　公共図書館では，こうした認識は広まりつつある段階である。しかし，大学図書館では，情報リテラシー教育とそれに対する支援は，重要な役割の一つであると認識されて久しい。情報リテラシーは学生にとって，学修に不可欠な能力とみなされているからである。昨今の日本で，「学士力」とよばれている能力の一部は，ここで言う情報リテラシーと重なる。今日では，大学図書館の学習支援あるいは教育支援を充実させることへの関心が高まっており，情報リテラシー教育の具体策としての利用指導に対する期待は大きい。また，学校図書館では，主に「調べ学習」への支援の一環として，情報リテラシーを視野に入れつつ利用指導を展開してきた。近年では，「課題解決学習」や「探究学習」といった，より汎用的・理論的な考え方のもとに位置づけられ，さまざまな取り組みが現れている。

● ……… **内容と方法**

　利用指導の内容と方法は，実に多岐にわたり，館種による違いも大きい。例えば，大学図書館では，論文の作成法やプレゼンテーション技法について指導している事例もある。一方，公共図書館では，「利用ガイド」の配布やレファレンスサービスにおける個別の対応を中心にしている場合も少なくない。

　図書館ならびに利用者の置かれた状況によって，指導の内容は異なる。むしろ，利用者のニーズを的確に把握し，計画的かつ組織的にサービスとして展開していくことが肝要である。前述した『図書館利用教育ガイドライン』を適切に活用し，「場当たり的」なものとならないようにするべきである。

　利用指導で用いられる方法も，多様である。図書館職員と利用者との対面式のやり方もあれば，パスファインダーを用いるやり方もある。インターネットを活用することも視野に入れる必要がある。また，集団を対象とした講習会形式の利用指導だけではなく，ワークショップのような小集団に対する形式や，チュートリアルのような個人を対象とした形式も視野に入れて，計画を立てるとよい。もちろん，レファレンスサービスにおける利用者への対応も，重要な機会の一つである。

> 代行検索
> エンドユーザー検索
> 調べ学習
> 課題解決学習
> 探究学習
> パスファインダー

UNIT 8 ●情報サービスの展開
レフェラルサービス

●……意義と内容

　質問回答サービスでは，図書館で所蔵する多様なコレクション，契約しているデータベース，インターネット上の情報源などを駆使して，利用者の求める情報を提供したり，情報の探し方や情報源の使い方を案内したりする。しかし，レファレンス質問によっては，こうした情報源では情報が探し出せなかったり，十分な情報を得ることが難しかったりすることもある。そうした場合，「わかりません」あるいは「十分な情報が確認できません」とだけ回答するのではなく，利用者の情報ニーズを少しでも充たせるような措置を講じることが必要となる。
　例えば，つぎのような事例を挙げることができる。

事例(1)：食品の安全について，なるべく最新の検査データがほしいというレファレンス質問が，利用者から寄せられた。図書館で所蔵している資料に掲載されている情報は，最新とは必ずしも言えなかった。また，データベースやインターネット上で確認できる情報も，「なるべく最新」という利用者の要求を充たすかどうかはっきりしなかった。そこで，図書館職員は，近隣の大学に連絡を取り，関連領域を専門にしている研究者に，最新の検査データについての問い合わせをした。その結果，最新のデータを入手することができたので，これを利用者に提供した。

事例(2)：図書館が置かれている地域に生息する，ある昆虫の生態や生息場所などを詳しく知りたい，という相談（質問）が寄せられた。図書館職員は，レファレンスブック，一般図書，雑誌，各種のデータベース，インターネットなどをひととおり探したが，回答に足る情報（源）は見いだせなかった。ところが，その地域には自然博物館があり，だれでも利用することができる。この博物館には，その昆虫についての展示も行われており，添えられている解説を参考にすれば，生態についての情報を得ることができると予測された。そこで，図書館職員は，質問を寄せた利用者に対して，この自然博物館を紹介し，訪ねて調べてみるように勧めた。

二つの事例が示しているように，図書館の内部で利用できる情報源では，レファレンス質問への回答に限界がある場合，図書館では外部の専門機関や専門家を，情報源として活用するのである。こうした活動もまた，レファレンスサービスの一部として行われるが，利用する情報源の違いを明確にするために，特にレフェラルサービス（referral service）とよばれている。

レフェラルサービス

● ……… **用語と定義**

「レフェラル（referral）」とは，辞書的には「照会」「紹介」などを意味し，動詞のreferから派生した言葉である。referには，「参照する」「参考にする」などの意味があり，「参照」「参考」を意味する「レファレンス（reference）」も，この動詞から派生した名詞である。歴史的には，referenceが16世紀ごろ，referralは20世紀ごろに登場したとされている。

レフェラル
レファレンス

レフェラルサービスは，レファレンスデスクで受けつけた質問に基づいて行われるものであることから，実務上では，レファレンスサービスとあえて区別しないこともある。すなわち，レファレンスサービスの延長上に置かれているのである。しかし，図書館に所蔵されている資料，すなわち，「内部」の情報源を「参照」して回答する（狭義の）レファレンスサービスに対して，レフェラルサービスは「外部」の情報源を活用するため，異なる性質を有するサービスとして位置づけておくことは有用である。

ちなみに，『図書館情報学用語辞典』（第4版，丸善，2013）では，つぎのような解説がなされている。

> 文献や情報の要求に対して，その分野の適切な専門家や専門機関に照会して情報を入手し，提供するサービス。また，そうした専門家や専門機関を利用者に紹介するサービス。
> このようなサービスを提供する情報機関はレフェラルセンターと呼ばれる。

この定義において留意すべきは，レフェラルサービスと言っても，図書館の活動としては二つの形態が存在することである。一つは，図書館職員が専門機関や専門家に問い合わせ，情報を入手した上で，それを利用者に提供する場合である。もう一つは，質問に対して，直接，回答するのではなく，回答を得るために適切な専門機関や専門家を案内し，情報の入手そのものは利用者自身で行なってもらう場合である。前掲の事例(1)は前者に相当する活動であり，事例(2)は後者に相当する対応なのである。図書館の活動としては，前者は「照会」，後者は「紹介」ということになる。

照会
紹介

なお，相談を寄せた利用者に対して，必要と判断される場合には，専門機関や専門家の連絡先を案内するだけではなく，求められている情報の有無や所在などを図書館が問い合わせることを，紹介の活動の中で行うこともある。また，利用者が訪問する日時の設定を，図書館が代行することもある。

レフェラルセンター　なお，定義に登場するレフェラルセンター（referral center）は，主に欧米で図書館とは別の機関として設置されていることが少なくない。特に専門的・学術的な主題について，情報や資料を必要としている利用者に対して，求める情報や資料が入手可能な図書館や博物館などの専門機関や個人を照会したり，利用者に紹介したりすることを専門としているものである。さらに類似の機関に，クリアリングハウスがある。機能的には重なるところがあるが，組織形態の違いから，一般的には区別することが多い。

クリアリングハウス

●……展開と動向

　図書館が外部の専門機関や専門家を紹介しようとする場合，その専門機関や専門家に関する資料や情報をあらかじめ整備して，情報源として利用できるようにしておけば，このサービスを効率的に行うことができる。こうした情報源は，レフェラル資料とよばれるものであり，図書館の規模や置かれている環境に合わせて，図書館が独自に整備しておくことが期待されている。レフェラル資料をもとにしたサービスは，日本では，類縁機関を紹介するサービス（類縁機関紹介サービス）とも位置づけられている。

レフェラル資料

　とりわけ公共図書館では，それぞれの地域内に存在する専門機関や，地域内で活動している専門家に関するレフェラル資料を充実させ，利用者に積極的に提供することが望まれる。図書館で利用できる情報源では対応することが難しいレファレンス質問があった場合には，レフェラル資料を十二分に活用するのである。そのためには，地域内の専門機関の情報と資料を，あらかじめ収集し，インフォメーションファイルとして編成しておくことが必要である。近年では，リーフレットやパンフレットなどの印刷物だけではなく，ウェブページにそうした情報が掲載されているので，容易にアクセスできるようにリンク集を作成したり，著作権に配慮した上でダウンロードしたりしておくことも有用である。

インフォメーションファイル

リンク集

　このように，公共図書館におけるレフェラルサービスは，地域性に基づいたサービスということができる。これに対し，大学図書館・専門図書館において行われるレフェラルサービスは，主題（テーマ，トピック）に基づく活動という点で異なることになる。

●——— option D

図書館利用教育ガイドライン

　日本図書館協会図書館利用教育委員会は，1990年代以降，長年にわたって利用教育のガイドライン策定の作業を進めてきた。本書では，用語として「利用案内」を用いているが，内容的には，この委員会の目指すガイドラインに包含されるものと考えられる。

　ガイドラインは，全体を2層構造としており，全館種に共通する内容（総合版）と，館種に特有の事情を背景にした内容（各館種版）とに分けている。総合版は1995年に発表されており，1998年には学校図書館版，大学図書館版，1999年には専門図書館版，公共図書館版が公表されている。それらの詳細は，同委員会のウェブページで確認できる（http://www.jla.or.jp/portals/0/html/cue/gl-a.html）。

　ここに記載して紹介するのは，「公共図書館版」である（日本図書館協会図書館利用教育委員会編『図書館利用支援ガイドライン：図書館利用教育ガイドライン公共図書館版』日本図書館協会，1999）。当時の公共図書館界の事情を考慮して，「図書館利用支援ガイドライン」というタイトルとなっている。また，「総合版」では，利用教育の目標を，「印象づけ」「サービス案内」「情報探索法指導」「情報整理法指導」「情報表現法指導」の五つの領域に整理しているが，「公共図書館版」では，「印象づけ」「サービス案内」「情報活用法指導」の三つとしている点が特徴的である。それぞれの内容は，つぎのように説明されている。

・領域1：印象づけ
　　図書館の存在と有用性を地域住民に広くアピールすることにより，利用の動機づけを図り，来館するように働きかける。
・領域2：サービス案内
　　初めて利用する人が来館する際の誘導から，来館した利用者へ図書館の施設，サービス内容，また専門職員による支援の存在を紹介し，その図書館を容易に利用できるようにする。
・領域3：情報活用法指導
　　各種情報源の探し方と使い方を知り，情報の特性を理解して，主体的な情報活用ができるようにする。

この各領域に対応して，目標および方法の具体的内容が，表形式で示されているのである。

III. 目標

	領域1 印象づけ	領域2 サービス案内	領域3 情報活用法指導
目標	以下の事項を認識する。	以下の事項を理解する。	以下の事項を理解し習得する。
	1. 図書館は赤ちゃんからお年寄りまでだれでも使える場 2. 図書館の利用は原則として無料 3. 図書館は生活・学習・研究上の基本的な資料・情報の収集・蓄積・提供機関 4. 図書館は種々のメディアを提供する機関 5. 図書館は気軽・便利・快適で自由な休息と交流の場 6. 図書館は生涯学習を支援する開かれたサービス機関（学ぶ権利の保障） 7. 図書館は物理的な空間という世界に開かれた「情報の窓」 8. 図書館は個人の知る権利を保障する社会的機関 9. 図書館は資料・情報の受信・発信・交流の場 10. 図書館の種類と特徴 11. 図書館とそのサービスポイントの所在 12. 図書館は地域情報のある場 *ほどもたちへ* ・たくさんの本があるところ ・いろいろな本があるところ ・お話し会、人形劇、紙芝居などのあるところ *大人たちへ* ・子ども子どもの情報・感性、想像力を育てる場	1. 施設・設備の配置 2. 分館、サービスポイントの所在地 3. 検索ツールの配置と利用法 4. 参考図書・ツールの存在と有用性 5. 利用規定（開館時間等） 6. サービスの種類（貸出、複写、レファレンス、予約、リクエスト、情報検索、相互貸借、アウトリーチ、利用案内、読書案内等） 7. 対象別サービスの存在（幼児、児童、ヤングアダルト、成人、高齢者、障害者、多文化サービス等） 8. 図書館員による専門的サービスの存在（調査・研究支援、利用指導、読書案内等） 9. 図書館員による親切丁寧な案内・援助・協力を受けられること 10. 利用マナー 11. 行事の案内（講演会、展示会、上映会、お話し会、研修会等） 12. 子どもを取り巻く大人（保護者、教師等）へのアドバイス	1. 資料の基本タイプと利用法（図書、雑誌、新聞、参考図書、AV資料、行政資料、情報資源：インターネット、CD-ROM、ネットワーク等） 2. 自館資料の組織法と利用法（分類、請求記号等） 3. 検索ツールの存在と利用法（OPAC、書誌、索引、目録、レファレンス・データベース等） 4. アクセスポイントと使い方（著者名、タイトル、キーワード、分類記号、件名標目、ディスクリプタ等） 5. サーチエイドの存在と利用法（分類表、件名標目表、シソーラス、マニュアル等） 6. 情報検索の原理（AND/OR/NOT/トランケーション等） 7. 分野ごとの固有な資料の存在 8. レファレンス・サービスの利用法 9. 他機関資料の利用法 10. ブラウジングの効用 11. 情報探索ストラテジーの立て方（一般的、専門的） 12. コンピュータ等の情報機器の利用法 13. 書誌事項・アクセスポイントの記録法 14. 資料の分類とインデックスの作成法（キーワード、見出し語の付与等） 15. 印刷資料の作成法（パンフレット、リーフレット、ミニコミ紙等） 16. AV資料の作成法（ビデオの撮影、編集法等） 17. コンピュータ・ネットワークによる情報発信（電子メール、インターネット等） 18. 情報倫理（著作権、プライバシー、公正利用等）

IV. 方法

	領域1 印象づけ	領域2 サービス案内	領域3 情報活用法指導
方法	1. ポスター、ステッカー、ちらしなどによる図書館の存在のアピール 2. 地域、行政機関等の広報媒体による図書館紹介・行事案内・資料（新着書等）紹介（行政広報誌、図書館報、学校新聞、PTA広報紙、ホームページ等） 3. 図書館の位置を知らせるサイン 4. マスメディアによる図書館紹介・ニュース（パブリシティ） 5. 地図・案内図への記載 6. 行事（展示会、講演会、コンサート、お話し会、人形劇、ビデオ上映会等） 7. 学校訪問での図書館紹介（新1年生への利用案内等） 8. 学校の公共図書館見学奨励 9. ブックトーク 10. 児童へのプロアマーワーク（語りかけ、読み聞かせ、各種キャラクターの活用等） 11. 館内装飾 12. 本の視覚的アピール 13. コンピュータネットワーク（インターネット等）利用	1. パンフレット、リーフレット（図書館利用の手引き、館内配置図、図書館所在地一覧、館報、サービス別案内、拡大文字・点字・外国語で記された案内等） 2. 案内ビデオ（字幕等、外国語等） 3. 館内サイン（定点、誘導） 4. 障害者用サイン（点字施設表示、音声ガイド、筆談サイン等） 5. 障害者用利用案内（録音案内） 6. 紙芝居による図書館案内 7. 利用者別オリエンテーション 8. 図書館招待（幼稚園児、保育園児、児童・生徒、地域のグループ） 9. 館内ツアー 10. クイック・レファレンス（案内デスク、フロアワーク等） 11. コンピュータネットワーク（インターネット等）による図書館サービスの案内や紹介 12. ブックリスト、資料目録の配布 13. 教師、保護者への利用案内 14. 一日図書館員プログラム 15. 出張お話し会、出張展示	1. 講演・講習・研修会の開催（特定情報の探し方、インターネットの使い方、特定分野に関するCD-ROMの使い方、コンピュータを利用したプレゼンテーション技法、外部データベース利用のガイダンス等） 2. 独習用ツールの設置（ビデオ、CD-ROM、ワークブック、テキストブック等） 3. パンフレット、リーフレットの配布（文献リスト、機器・資料の使い方マニュアル、パスファインダー等） 4. 機器・資料の使い方の掲示 5. 電子掲示板システムの利用 6. コンピュータ・ネットワークを利用したガイダンス（インターネット等） 7. マスメディアを利用したガイダンス（テレビ番組、ラジオ番組、新聞記事、コピー機、ビデオ編集機、コンピュータ等） 8. 情報生産・発信コーナーの設置（ワープロ、コピー機、ビデオ編集機、コンピュータ等） 9. 発表の場の設定（発表会、展示、展示・掲示コーナー、新聞、投書箱、電子会議等） 10. レファレンスでの個別ガイダンス 11. 図書館を取り巻く団体への講演・講習・研修会実施（地域文庫、点訳サークル、音訳サークル等） 12. 障害者へのニューメディア紹介と利用ガイダンス（点訳パソコン、音声メディア、字幕付ビデオ等） 13. タイムリーな資料展示（文学賞受賞展示、追悼展示等） 14. 他機関・団体主催の講習・研修会等への出張

UNIT 9 ●情報サービスの展開
カレントアウェアネスサービス

●………意義と役割

　レファレンスサービスにおける質問回答サービスは，利用者の情報ニーズが質問（相談）という形で示されて開始される。したがって，図書館の立場としては，受動的と言うことができる。これに対して，利用者の情報ニーズをあらかじめ把握しておき，それを充たす情報を図書館が随時，提供する活動もある。この活動は，利用者から個別の要求が寄せられなくても，把握した内容に基づいて情報を利用者のもとに届けることになるため，能動的であるとみなされる。カレントアウェアネスサービス（current awareness service）は，こうした性質を有する活動である。

　カレントアウェアネスサービスとは，「最新の（current）」状況を，利用者に「気づかせること（awareness）」に関する便宜であることから，この名称が用いられている。すなわち，利用者に対して特定の主題や話題に関する最新の情報，とりわけ最新の関連文献に関する情報を，定期的に，あるいはその都度，知らせるサービスである。最も近い意味合いで日本語に置き換えるならば，「速報サービス」とでもよべるであろう。図書館で行われている新着図書や新刊書の案内は，カレントアウェアネスサービスを広義に解釈すれば，含めることができる。しかし，そうした活動では，報知の対象となる資料の主題（subject）が不特定であるという点において，本来のカレントアウェアネスサービスとは言えない。カレントアウェアネスサービスにおいては，利用者の求める特定の主題についての情報を提供することが基本であることから，新着図書や新刊書の案内とは区別するのが望ましい。

　カレントアウェアネスサービスの利用者は，それぞれの主題分野の専門家，すなわち，研究者や技術者などを主な対象としている。研究者であれば，専攻する学問分野の専門誌や学術誌，学術団体が発行するニュースレター（newsletter）とよばれる速報誌（紙）などの最新号を確認している。その際，目次に目を通して最新の研究動向を見据えたり，掲載されている記事の要旨や意義を記した抄録（abstract）を読んで概要をつかんだりする。そして，自分の研究に関係する記事であれば，記事の本文を精読し，研究成果の詳細を把握することに努めている。

　しかし，専門家と言えども，当該領域の最新情報すべてに目を配ることは，容易なことでは決してない。それゆえ，カレントアウェアネスサービスが行われる意義

が見いだされるのである。図書館では，まず，利用者からの依頼あるいは申請に基づいて，その情報ニーズを把握する。あるいは，調査と分析に基づいて，利用者が関心を寄せると考えられる主題を想定する。その上で，関連する最新情報を提供する。利用者にとっては，図書館に対して要求を逐次，表明しなくても情報が入手できるという点で，効率的であるということができる。また，図書館にとっては，資料や情報の利用を促進できるという利点がある。

● ………… 準備と動向

　図書館がカレントアウェアネスサービスを実施するためには，いくつかの準備作業が必要とされる。まず，最新の情報，とりわけ文献の情報を確認するためのツールが求められる。すなわち，速報性の高い索引誌や抄録誌，新刊案内，あるいは書誌データベースなどを用意しなくてはならない。そうしたツールを用いて，文献情報を検索して提示するのである。また，印刷メディアあるいは電子メディアの各種資料の現物を提供するための便宜を図ることになる。

索引誌

抄録誌

　つぎに，カレントアウェアネスサービスには，一定の人的コストがかかる。最新の情報を提供するために，人的な活動が欠かせないからである。したがって，サービスの効果を上げるためには，ある程度，限定された領域において，均質の利用者を対象とすることが望ましい。このため，カレントアウェアネスサービスは，自然科学，産業，技術などの領域において，企業や専門機関に設置されている専門図書館が，その企業や専門機関に属する専門家に対して行なっている例が多かった。また，サービスを担当する図書館職員が，当該領域において一定の専門知識を有している必要があることから，主として専門図書館において展開されてきた。

　しかし，情報のデジタル化とコンピュータネットワークの普及により，文献情報を確認するためのツールの利用も広がってきたことから，準備に必要な時間と人的コストは相対的に低下してきている。そのため，専門図書館だけではなく，大学図書館，さらには公共図書館においても，このサービスを実施することが容易になり，いくつかの実践例が見られるようになっている。

　また，近年のカレントアウェアネスサービスは，文献情報の提供にとどまるものでは必ずしもない。当該分野の最新の状況や動向を把握することができる情報は，文献情報だけではないからである。例えば，「図書館」あるいは「図書館情報学」をめぐって，日本および海外の話題や動向を速報するサービスとして，国立国会図書館は長年にわたり，その名もまさに『カレントアウェアネス』というタイトルの情報誌を作成し続けてきた。現在では，インターネット上で「カレントアウェアネス・ポータル」(http://current.ndl.go.jp/) として，文献情報だけではなく，多様な関連情報を提供している。そこでは，印刷メディアの『カレントアウェアネス』のオ

ンライン版を掲載するとともに，ニュースを中心に発信する「カレントアウェアネス-R」，利用登録者に電子メールによって配信するメールマガジン「カレントアウェアネス-E」が収められている。

●……方法と内容

　カレントアウェアネスサービスには，いくつかの種類がある。利用者が関心を寄せる主題をあらかじめ把握しておくという点では共通するが，それに基づいて，どのような形態の情報を提供するか，また，どのような手段で情報を提供するかには，バリエーションがある。下記のものは，これまで広く用いられてきた方法である。

(1)　文献リスト（書誌，索引）の配布
(2)　コンテンツシートサービス（contents sheet service）
(3)　選択的情報提供（SDI：Selective Dissemination of Information）

　(1)は，図書館の新着資料の中から，利用者が関心を持つ主題に関係するものを選び，文献リストにしたものを配布するものである。かつては，一枚ものやリーフレット形式であったが，今日では電子メールで配信することも行われている。文献リストに掲載される情報は，書誌データのみのこともあれば，目次や内容紹介を含むこともある。なお，利用者数が限定されるのであれば，文献リストを配布することに代えて，新着資料を回覧することもある。また，新着の索引誌や抄録誌などを回覧することも行われてきた。
　(2)は，目次情報を速報するサービスである。日本では，「目次（コンテンツ）サービス」や「目次速報サービス」といったよび方もある。特に，特定領域の新着雑誌を対象としたものである。すなわち，図書館に雑誌の最新号が到着したら，その目次を複写し，関心のある利用者に配布したり，回覧したりするのである。多くの雑誌が定期的に刊行されることから，このサービスもおおむね定期的に行われることになる。

> コンテンツシートサービス

　コンテンツシートサービスは，専門図書館や大学図書館で主に実施されてきた。現在では，電子メールで提供する図書館も増えている。さらには，データベースシステムを利用して，利用者が指定した雑誌の最新号の目次を自動的に受け取ることができるようにしたサービスも展開されている。図書館以外の機関，例えば，国立情報学研究所（NII：National Institute of Informatics）や科学技術振興機構（JST：Japan Science and Technology Agency）においても提供されている。
　(3)に関しては，利用者の情報ニーズを把握する活動に注目することが重視される。カレントアウェアネスサービスにおいては，図書館があらかじめ利用者のニーズを

把握するために，利用者自身に，関心のある主題を提示してもらう必要がある。提示された内容は，「利用者プロファイル（user profile）」あるいは「関心プロファイル（interest profile）」として整理されるが，主題を表すことば，すなわち，キーワードで示してもらうのが一般的である。多くの場合，情報の検索効率を高めるために，件名標目表やシソーラス（thesaurus）などから選ぶことになる。図書館では，このプロファイルに基づいて，定期的に情報源を確認し，新しい情報が検索された場合には，随時，それを利用者に提供するのである。このように，プロファイルに基づいて情報が選択され，提供されることから，こうした方法に基づくカレントアウェアネスサービスを，選択的情報提供とよぶのである。

なお，選択的情報提供において検索する情報源は，図書の目次，雑誌の記事・論文，さらには学術会議の資料（予稿集や会議録），専門機関のニュースレターなどにまで及ぶ。現在では，データベースを検索の対象とすることが多く，プロファイルに基づいて組み立てた検索式を用いて，データベースを定期的に検索することによってサービスを行うことも少なくない。

プロファイル

件名標目表
シソーラス

選択的情報提供

快適な独立型レファレンスデスク（日進市立図書館）

UNIT 10 ●多様な情報サービス
読書相談／学習相談

●⋯⋯⋯⋯読書相談への対応

　図書館利用者の多くは，その興味関心に基づいて，何らかの情報を求めて図書館を訪れる。しかし，自ら求める情報要求を，具体的な資料と結びつけた上で来館するわけでは必ずしもない。何かおもしろいものはないかといった漠然とした読書要求の場合もあるし，テーマやトピックだけ決めているような場合もある。こうした利用者が，個別の資料について図書館職員に相談することがある。図書館職員は，資料の選択，探索，入手の方法などに関係する援助を行うことになる。また，必要に応じて，系統的な指導を行い，利用者が読書の方法を会得し，それによって読書能力を身につけ，豊富な読書経験ができるようにするものである。こうした活動が読書相談サービス（reader's advisory service）であるが，日本では，読書案内，あるいは，読書指導ともよばれている。

　この活動についての説明においては，いくつかの用語が混在しており，類概念も多いので注意しなければならない。reader's advisory service といっても，イギリスとアメリカでは，その内容が大きく異なっていることも影響している。イギリスのそれは，内容的には貸出図書館（lending library）におけるレファレンスサービスに相当する。したがって，イギリスの事情に沿った訳語をあてると，読書案内が適当である。一方，アメリカでは，利用者に対する指導の側面を重視した活動も展開しており，「読書指導」とよんだほうが実態を正確に表すことができる。本書では，こうした背景に配慮し，「読書相談」を用いている。

　日本の公共図書館において読書相談が強く意識されるようになったのは，1970年代以降である。1970年に刊行された『市民の図書館』（日本図書館協会）において，読書相談は，「読書案内」という表現で貸出サービスの一環と位置づけられた。これは，同書の作成にあたって，イギリスの図書館事情を参考にしたことが関係している。そのため，図書館職員の役割を，利用者自身が資料を選択する際の助言を行うことにとどめ，図書館職員が指導を行うことに否定的な立場となっている。

　一方，学校図書館や大学図書館では，児童・生徒，学生に対する指導を中心にした活動が進められている。読書指導は，児童・生徒，学生に対する読書への関心を喚起し，その読書能力を高めることを目的としている。すなわち，教育的な機能が

読書相談サービス

貸出図書館

強調されているのである。

●………情報サービスとしての位置づけ

読書相談を,情報サービスの範囲に含めるべきかどうかは,現在でも意見が分かれるところであろう。レファレンスサービスおいて寄せられるレファレンス質問の多くは,一定程度明確な情報要求に基づいているのに対し,読書相談のために寄せられる内容は,興味を持ったある分野の図書を読みたいという,どちらかというと漠然とした要求であることが少なくないからである。また,上述した『市民の図書館』の影響もあり,読書相談は,資料提供サービスの一部であるという意識も,公共図書館では根強く存在する。

しかし,読書相談とレファレンスサービスとの境界は,それほど明確ではない。むしろ,大きな違いはないという考え方もある。図書館職員の立場としては,寄せられる要求の内容やレベルが異なることから,別の活動として位置づけたほうが便利である。一方,利用者の立場から,特に利用者の行動を考慮した場合はどうであろうか。何かしらの要求に基づき,図書館職員に相談するという意味では,まったく同じと考えるほうが妥当である。すなわち,利用者の情報要求行動に基づいてサービスモデルを描いた場合には,両者は一体のものと理解することになる。

●………機能と内容

読書相談の目標は,利用者の読書への関心を高めるとともに,その読書能力を向上させ,読書によってさまざまな課題を解決できるようにすることである。また,趣味やレクリエーションとしての読書の楽しみを広げることにある。具体的には,つぎのような活動が行われる。

(1) 利用者とのコミュニケーションを通して,要求内容を適切に理解し,明確にする。
(2) 適切な資料を見つけることができない利用者に対して,書誌,推薦図書リスト,パスファインダーなどを提供する。あるいは資料入手に関する助言を行い,資料選択を援助する。

書誌

パスファインダー

(3) 利用者の要求に合う図書を探索する。
(4) 利用者の求める図書を自館で所蔵しているか確認し,所蔵していない場合には,購入または図書館間相互貸借などの手段によって提供する。

図書館間相互貸借

利用者の情報要求を適切に分析して理解することは,その後の資料選択への助言を行うための第一歩である。そのためには,利用者への丁寧なインタビューが必要

となる。利用者は，自らの情報要求を的確に把握しているとは限らない。また，要求内容を的確に表現できるとも限らない。利用者が，図書館職員に相談するにあたり，真の要求内容を明らかにしない場合すらある。したがって，図書館職員は，利用者とのコミュニケーションによって利用者のニーズを明確にし，利用者が必要とする内容を特定化する必要がある。

　利用者の情報要求が明らかになった後は，利用者に対して，具体的な案内あるいは指導を行う。案内の方法は，利用者の要求内容によって異なる。資料を限定しない形での読書相談であれば，利用者の要求を充たす資料の書誌を提供したり，推薦図書リストやパスファインダーを提供したりする。また，利用者の要求が，特定タイトルの資料要求となっている場合は，当該資料の所蔵の有無を確認し，資料提供サービスに結びつけることになる。自館でその資料を所蔵していない場合は，リクエストサービスに移行し，購入または図書館間相互貸借によって，資料提供を行うこともある。

リクエストサービス

● ……… **学習相談への対応**

　利用者の学習活動に関する要求が寄せられた場合，あるいは，そうした要求を予想して，関連する情報を提供するための活動が行われる。これを，学習相談サービス（learner's advisory service），あるいは，学習情報提供サービスとよぶ。学習相談への対応は，読書相談への対応と構造的に類似している。すなわち，学習活動に関する相談が寄せられた場合，情報を提供するだけではなく，学習目標の設定や学習プログラムの立案，あるいは，必要な資料やその利用上の指導を行うことがある。とりわけ，アメリカの公共図書館においては，成人教育の一環として，言語習得や職業訓練などに関係した学習相談が行われてきた。

学習相談サービス
学習情報提供サービス

成人教育

　日本では，生涯学習の機会を提供するという観点から，公共図書館において，さまざまな試みがなされている。例えば埼玉県では，「生涯学習ステーション」をウェブページ（http://www.pref.saitama.lg.jp/215/station/index.html/）として掲載し，学習活動に関する指導者を求める県民に対して，「指導者情報」の提供を行なっている。また，県の職員が集会，会議，学校などを訪問して生涯学習行政について説明する「生涯学習・社会教育出前講座」などの案内も行われている。利用者からの学習相談を受けた場合，図書館は自館の資料を提供することに加え，類縁機関や図書館外の情報源を活用し，幅広く情報を提供していくことが求められるのである。

● ……… **学習情報**

　学習情報は，学習内容そのものの情報と，学習活動を進めるための案内となる情報とに分けることができるが，一般には後者が中心となる。すなわち，学習者の学

習ニーズと学習の機会を結びつけるために必要な情報である。情報の多くは，出版物ではなく，個別に依頼して収集しなければならないものである。また，実践の場で配布されたり使用されたりする資料は，いわゆる「灰色文献」に相当するものが少なくない。一般的には，つぎのように類別することができる。

> 灰色文献

(1)　学習機会に関する情報
(2)　学習施設に関する情報
(3)　学習団体や学習グループに関する情報
(4)　人材に関する情報
(5)　学習教材や学習資料に関する情報
(6)　学習事例に関する情報

　(1)は，学習の場となる各種機関の行事が多く，学級や講座，講演会や展示会などに関する情報となる。すなわち，それぞれの内容や開催時期，主催者や参加要領などが，示されることになる。(2)は，空間的な意味での学習の場であり，社会教育施設，地域開放された学校施設，各種の生涯教育施設，会館やホールなどが含まれる。これらの施設に関して，所在地や連絡方法，施設と設備の状況，利用方法などが，情報として提供されることになる。
　(3)は，地域で活動している学習団体や学習グループのリストである。学習活動は，個人学習とグループ学習とに分けられるが，後者を希望する人のために，こうした団体やグループに関する活動内容や，参加要件などについての情報が必要になる。(4)は，人的情報源に関する情報である。具体的には，学習の指導者や講師，学習ボランティアなどが対象となり，指導内容や指導実績，連絡先や経費などに関する情報が盛り込まれる。人材に関する情報は，データベース化されることが多く，広く公開されるものが増えている。
　(5)は，学習教材や学習資料のリスト，ならびにその入手方法や活用方法に関する情報である。これには，図書ばかりではなく，各種の視聴覚資料や電子メディアも含まれる。また，実物教材や教具，野外の遺跡や施設なども関係する。(6)は，各施設や学習団体で実践された，学習計画や実践プログラムに関する情報である。学習計画の策定や，学習機会の準備のために参考にされたり，事例研究や実践研究などを行なったりする場合に有効となる。講座や講演会などで配布される資料なども含まれるため，その収集と保存に対して，幅広く目を向けておく必要がある。

UNIT 11 ●多様な情報サービス

地域情報の提供／発信

●‥‥‥‥地域情報・資料の取り扱い

　地域情報・資料とは，特定地域に関係する情報と資料全般を指す。地域住民が，日常生活で必要とするものが中心となるが，観光情報や経済情報のように，他の地域の者がその地域のことについて知ろうとするときに必要とする情報や資料も，これに含むことになる。「図書館法」では，その第3条第1項において「郷土資料」と「地方行政資料」を提供することを明記している。これらは，地域情報・資料の代表例であり，地域情報・資料の取り扱いは，公共図書館の重要な役割の一つなのである。

郷土資料
地方行政資料

　近年では，インターネットの普及に伴い，地域に関する情報は，さまざまなウェブページに掲載されるようになっている。地方自治体ならびに関係諸機関が作成するウェブページには，地域内のさまざまな情報が公開されている。例えば，多くの地方自治体のウェブページにおいて，住民向けの各種のおしらせ，公報，例規集などの情報を確認できるようになっている。

公報
例規集

●‥‥‥‥地域資料の収集

　地域資料の収集は，資料の形態に応じて，さまざまな方法を用いなくてはならない。刊行物については，一般的な資料と同様に，購入と寄贈を中心に進めることになる。ただし，出版流通のしくみが一般資料とは異なり，取次会社を経由するとは限らない。したがって，地域資料の出版情報そのものが入手しにくいため，資料収集ならびに資料選択は，容易とは言えない。図書館では，地方・小出版流通センターの情報誌や，地方出版社のちらしやウェブページの案内情報，地方紙・誌に掲載される書評や広告を確認し，入手のもれがないように努める必要がある。

取次会社

地方・小出版流通
センター

　また，地方行政資料に関しては，地方自治体内の各部署や地方議会事務局に積極的に連絡し，資料の寄贈を依頼することが必要である。また，地域に関係する諸機関が作成しているパンフレット，リーフレット，ちらしやびらなどの一枚物資料についても，連絡して入手することが求められる。地域内の個人や愛好家グループなどが作成した資料についても，同様のはたらきかけを行うことが大切である。

パンフレット
リーフレット
ちらし
びら

　さらに，新聞や雑誌に掲載された地域関係の記事は，切り抜いたり，当該箇所を

複写したりして,取りまとめる必要がある。こうした切り抜き資料は,「クリッピング資料」とよばれるが,利用者の求めそうなテーマやトピックごとに整理した例が多い。その上で,クリッピングの対象とした記事の主題,見出しやリード,掲載紙(誌)名,掲載日時などのデータを確認して,「記事索引データベース」を作成すると,さらに有用である。

> クリッピング資料

●………地域情報・資料の発信

　公共図書館には,地域に関する情報・資料を収集して組織化するだけではなく,その成果をもとに,積極的に発信することが期待されている。例えば,地域情報の発信の具体例として,つぎのようなものを挙げることができる。

(1)　地域資料の所蔵目録の作成・提供
(2)　地方紙・誌の記事索引の作成・提供
(3)　地域に関する情報・資料の展示
(4)　地域情報・資料のデジタル化,アーカイブ化,公開
(5)　地域情報・資料へのリンク集,ポータルサイトの整備

　(1)は,地域情報・資料が,その所在自体が一般に知られていないことと関係する。こうした事情から公共図書館では,収集した地域資料の目録整備に努める必要がある。都道府県立図書館においては,県内の図書館が所蔵する地方紙・誌の総合目録を作成したり,横断検索のしくみを整えたりして,所蔵情報を公開することが望まれている。

> 総合目録
> 横断検索

　(2)は,地方紙・誌の記事を探す上で必要となる作業である。全国紙と異なり,地方新聞では,新聞社が新聞記事索引を公開していないことのほうが多いことから,当該地域の公共図書館が作成し,提供することが求められる。また,地方誌は,一般的な雑誌記事索引の採録対象に含まれないこともあるし,その地域の特性に対応した索引語や見出し語が設定されないこともあるため,公共図書館が独自の索引作成に取り組むことには意義がある。

　(3)は,現物資料,すなわち,ものとしての資料の公開である。近年では,これに加えて,(4)の活動におけるインターネット上での公開が進んでいる。とりわけ,都道府県立図書館を中心に取り組みが盛んであり,利用者のニーズが顕著で,かつ,資料保存の観点からも重要な地域資料が優先的にデジタル化されている。デジタル化された資料を地域情報アーカイブとして蓄積し,図書館のウェブページからアクセスできるようにしたものは,地域情報の発信の好例となっている。

> 現物資料
> アーカイブ

　(5)において,リンク集の作成は,地域資料・情報の組織化の常套手段である。こ

|ポータルサイト| れに加えて，ポータルサイトの整備は，さらに積極的な取り組みとなる。すなわち，図書館が作成して提供するアーカイブに加え，図書館外にある地域情報源に対するナビゲーションを目的としたシステムの構築となるのである。例えば，岡山県立図書館が運営している「デジタル岡山大百科」(http://digioka.libnet.pref.okayama.jp/)では，県内の図書館の蔵書を調べられる横断検索システムを搭載するとともに，岡山県に関する各種のウェブページやビデオを集めた「郷土情報ネットワーク」を整えている。また，県内の公共図書館に寄せられたレファレンス事例をデータベース化して利用に供している。

●………生活課題への対応

|コミュニティ情報| 地域生活にかかわる情報のことを，欧米では「コミュニティ情報（community information）」とよび，そうした情報を収集して組織化し，提供するサービスを，「コミュニティ情報サービス」とよんでいる。ただし，「コミュニティ情報」と言った場合，地域に関係する一般的な情報というよりは，生活上の課題や問題の解決に直結する情報のことを指すことが多い。例えば，「台風で街路樹が倒れてしまったが，どうすれば撤去してもらえるか」，「新種のスポーツを指導してくれる人や機関があるか」といった問題に対して，それを解決することができる情報を提供するのである。それゆえ，このサービスを展開するには，地域における種々の団体，企業，

|インフォメーションファイル| 機関に関する情報をあらかじめ収集し，インフォメーションファイルとして整理し，要求に的確に対応できるようにしておかなくてはならない。

このコミュニティ情報サービスに影響を与えたとされるものに，アメリカの公共

|案内・紹介サービス| 図書館の一部で行われている「案内・紹介サービス（I&R service : Information and Referral service)」がある。このサービスは，地域内の各機関の最新の活動やデータを体系的にまとめ，必要に応じて利用者を該当機関に紹介したり，さらに伸展的な便宜を提供したりするものである。

サービス内容としては，特定地域内において，住民の生活に直接役に立つような

|リソース| 活動を行なっている各種の機関や団体，専門家や個人などをリソース（情報資源）として扱い，このリソースに関する情報を利用者に提供したり，利用者をそうしたリソースに紹介したりすることが基本となっている。つまり，利用者とリソースとを仲介するサービスである。

案内・紹介サービスの具体的な活動内容は，基本的なものと，発展的なものとがある。基本的なサービスには，単純な情報提供，詳細な情報提供，紹介，リソースファイルの構築が含まれる。一方，発展的なサービスには，リソースの評価，利用計画の立案，フォローアップ（追跡確認），障害除去，フィードバック，カウンセリング，交通手段の提供，エスコート（付き添い）が含まれる。公共図書館では，

基本的なものに限定して対応していることも少なくない。
　また，つぎのような分け方もなされている。

(1) 案内（サービスを受けるためには，どこへ行けばよいかということに関する情報や，リソースの探し方に関する情報を提供すること）
(2) 紹介（利用者に代わってリソースに連絡すること）
(3) アドボカシー（利用者の権利を代弁する者としての立場から，その権利が保証されるように活動すること）
(4) フォローアップ（紹介したリソースで，利用者が必要としていたサービスを受けられたかどうかを追跡して確認すること）

　(1)は，利用者が寄せた質問の回答として，リソースファイルに記載されているデータを提供することである。単純な情報提供としては，情報資源の名称，電話番号，所在地などを回答として提供する。また，詳細な情報提供としては，利用者のニーズを明らかにした上で，リソースについての詳しいデータを提供する。
　(2)は，利用者を利用可能なサービスに仲介することである。内容としては，交通手段や予約担当者を指示し，利用者を特定のリソースに導くこと，リソースと連絡できるように利用者を援助すること，利用者に代わってリソースの予約を行うこと，利用者がうまく予約できるように援助することが含まれる。
　(3)は，単に利用者の権利を代弁するだけでなく，利用者に何らかの障害があって必要としているサービスが受けられない場合，利用者とリソースとの間に入って，その障害を取り除いていくことである。具体的には経済援助をする機関と交渉すること，リソースまでの交通手段を用意すること，担当者が利用者をエスコートすること，担当者が通訳を行うことなどが含まれる。
　(4)は，サービス結果の状況やその良し悪しを，利用者とリソースの両方に確認することである。
　図書館で行う案内・紹介サービスにおいて重要なことは，情報の収集と整備である。図書館資料としての団体名鑑や人名をはじめ，入手が困難な各種団体の活動案内書，利用案内書，広報パンフレットなどをきめ細かく収集し，住民の関心と要求に即したリソースファイルを作成しなければならない。しかも，情報を常に更新できるように，地域の関係各機関と親密な協力関係を結んでおくことも大切である。

UNIT 12 ●多様な情報サービス
専門的な情報提供

●………**情報提供の展開**

　公共図書館におけるレファレンスサービスでは，あらゆる主題が対象となり得るが，近年の展開においては，これまでとは異なる取り組みも現れてきている。とりわけ，活動の性質としては，レファレンスサービスに含めることができるものの，その名称を用いず，個別に新たなサービス名を付与したものが登場している。例えば，「ビジネス支援」や「健康・医療情報サービス」は，その代表である。前者は，ビジネス（仕事，職業）を効果的に行うために必要な情報と資料を提供することを中心としたサービスである。また，後者は，健康の促進や維持に関する情報や資料，あるいは，病気の治療や闘病に関する情報と資料の提供を基本に据えた活動である。

　これらはいずれも，特定テーマに関する情報サービスととらえることができる。また，情報や資料の利用目的を強く意識し，その目的に資する情報や資料を提供することを目指した活動と位置づけることができる。さらに，利用者の関心の高い分野の資料を集約し，一つのサービスとして提示することによって，利用者の図書館サービスに対する意識を刷新することをねらいにしたものとみなすこともできよう。ただし，サービスの性質や構造においては，これまでの情報サービスと異なるものではない。サービスのはたらきは，レファレンスサービスそのものなのである。

●………**ビジネス支援**

　ビジネスに関する情報を求める利用者の要求は多様である。例えば，就職活動やキャリアアップのために，資格取得に関する資料や業界情報を求める人，最新の法律や社会制度について理解を深めたい人，新たにビジネスを始めるために起業に関係する情報を求める人など，ひとりひとりの目的に応じて，必要とする情報はまったく異なる。

　こうした多様なビジネスに関する情報源を，求める人々に対して提供する支援活動全体が「ビジネス支援」である。したがって，レファレンスサービスはもちろんのこと，レフェラルサービス，資料提供サービスなど，図書館の諸サービスがこれに関係することになるが，特徴となるのは，つぎの二つである。

起業

ビジネス支援

(1) ビジネス関連の情報を一つの資料群として集約し，提供すること
(2) ビジネス支援活動を行なっている他機関や専門家と連携し，利用者のビジネス機会の実現に貢献すること

(1)は，地域情報の提供方法とも共通するが，従来の図書館サービスにおいても取り入れられている手法である。すなわち，間接サービスとして，ビジネス関連の情報と資料のコレクションを整備し，それに基づいて，直接サービスが行われる。直接サービスにおいて，図書館職員は，利用者から寄せられたビジネス情報要求に対し，インタビューによってその内容と目的を明確にする。その上で，情報検索や文献調査を行い，利用者が求める情報と資料の提供を行うのである。

> 間接サービス
> 直接サービス
> インタビュー

(2)の他機関との連携や外部専門家との協力についても，以前から図書館サービスの一部として行われている。しかし，ビジネス支援においては，従来は取り組みが希薄であった地方自治体内の他の部署との連携を行う点において，また，ビジネスの支援に有効であれば，外部の諸機関との協力を積極的に進める点において，これまでとは異なっている。

例えば，経済産業部門，商工部門などを担当する他の部署と連携し，関連情報を提供してもらったり，内部資料の寄贈を促したりする。また，協同で起業相談の場を設けたり，融資その他の諸制度を利用者に紹介したりすることを行う。このように，図書館がビジネス情報を提供することにとどまらず，他機関と協力することによって，地域のビジネスを活性化したり，地域住民の起業活動を誘発したりするといった効用（アウトカム）が期待され，これまでにない成果を産み出すことに図書館が貢献できるという点で，注目されているのである。

> アウトカム

なお，ビジネス支援においては，これまでの図書館職員養成では扱われることの少なかったノウハウの獲得が求められる。そのため，研修活動の整備と推進が重要な課題となっている。研修会の代表例には，ビジネス支援図書館推進協議会が実施している「ビジネス・ライブラリアン講習会」がある。

● ·········· **ビジネス情報の種類**

ビジネス支援で扱う資料や情報は，つぎのとおりとなる。

(1) ビジネス関連図書
(2) ビジネス関連雑誌・新聞
(3) パンフレット，リーフレット
(4) データベース
(5) ウェブページへのリンク集

(1)は，多くの図書館で採用している日本十進分類法（NDC）に基づく排架資料の中から，関連する資料を抽出してとりまとめる作業となる。ビジネス関連図書といった場合，その図書の主題は多岐にわたる。経済分野の資料のみならず，関連法規や統計，書式，資格取得，商業，情報通信など，実にさまざまである。また，通読を目的とする一般資料だけではなく，レファレンスブックについても扱う必要がある。このことは，(2)にもあてはまり，多様な主題の業界紙や専門誌が関係する。

また(3)として，ビジネスに関する新しい制度の説明や，ビジネスに関する各種の相談や学習機会の情報などは，官公庁刊行物や類縁機関が作成したパンフレットやリーフレットに掲載されることが多い。このような広報を目的としたビジネス情報源は，利用者にとってわかりやすい説明を試みているものが少なくないことから，これらを積極的に収集し，提供することが望ましい。

最新の情報源の入手という点では，(4)のデータベースの提供が欠かせない。特に，商用のデータベースは，情報の信頼性が確保されている上，検索ならびに情報の更新性においても優れている。ビジネス情報として活用できる商用データベースの代表的なものとしては，「日経テレコン21」がある。

さらに，(5)のような，インターネット上に公開されたさまざまなビジネス情報源に対してリンク集を作成し提供することも必要となる。ウェブページは，図書館資料と併せて，テーマ別のパスファインダーを作成する際に取り上げると，利用者の情報探索を援助する重要なツールとすることができる。

●………健康・医療情報サービス

インフォームドコンセント

1997年に「医療法」が改正され，インフォームドコンセント，すなわち，医師が患者に対して説明を行なって患者の同意を求めることが必要となった。これをきっかけに，健康や治療についての患者の関心が従来にもまして深まり，治療方針に関する判断を行うためにも，健康や医療に関する情報への需要が高まっている。こうしたニーズに応えるため，健康や医療に対する情報を一つの資料群として配備し，健康・医療情報サービスとして提供する図書館が増えてきている。

健康・医療情報サービス

健康・医療情報サービスとして，図書館が取り組んでいる例を眺めると，つぎのような活動を確認することができる。

(1) 医学，薬学関係の専門資料の提供
(2) 健康維持，健康促進を目的とした各種資料の提供
(3) 健康・医療関係の機関や専門家についての情報提供
(4) 闘病記の提供
(5) データベースの提供

(6) 書誌，パスファインダー
(7) ウェブページへのリンク集

(1)は，医学，薬学関係の専門書や専門誌の提供である。また，これらの資料に記載されている情報提供が行われる。したがって，図書館職員自身もまた，資料の内容を紹介するために，一定の主題知識を持つことが要求される。(2)については，医学や薬学の専門資料ではないが，数多く刊行されている健康関係の資料を提供することを指す。健康維持や健康促進を謳った資料の中には，内容的に問題のあるものも少なくないといわれている。また，資料によって，相反する健康法が記されているものもある。したがって，そうした資料を収集ならびに提供する際には，資料の内容に対する適切な判断を必要とする。

主題知識

なお，医療や投薬に関しては，医師や薬剤師といった専門家が存在する。それゆえ，図書館は，利用者の求める医療・健康に関する情報や資料の選択と提供を中心に展開すべきである。それを越えた援助については，(3)の外部の機関や専門家についての情報を紹介することで対応するのが望ましい。

(4)は，患者の闘病の手記や介護の記録を提供することである。「闘病記」は，患者や介護者の視点で記述された健康・医療情報であり，具体的な事例を通じて治療の実際や結果を知ることができる。また，同じ病気と闘っている者にとっては，治療を続ける際の精神的な糧や希望といった効用（アウトカム）を産み出すことも期待されている。

闘病記

医学関係の情報については，専門的な論文であれば，(5)としてデータベースを提供することが求められる。代表的なものとして，医学中央雑誌刊行会が運営する「医中誌 Web」（http://www.jamas.or.jp/service/index.html）がある。また，(6)は，関連図書の書誌を作成したり，特定の病気に関する情報や資料にたどり着くためのパスファインダーを編集したりすることになる。さらに，健康・医療情報が掲載されているウェブページへの案内を行うために，(7)のリンク集を作成することも，このサービスの主要な活動となる。

● ──── option E

闘病記文庫の意義と実際

つぎの文は，東京都人権啓発センターの機関誌『TOKYO人権』31号（2006年9月）に掲載された「闘病記文庫：病と向き合うためのレファレンス」からの抜粋である（http://www.tokyo-jinken.or.jp/publication/tj_31_feature2.html）。

「あなた，もしくはあなたの身近な人が難病と告知されたとき，同じ病気を経験された方の闘病記は患者サイドからの症例報告として，貴重な情報源となります」。これは，闘病記専門のインターネット古書店「パラメディカ」のホームページに記された言葉です。みなさんが「闘病記」と聞いてすぐに思い浮かべるのはどんな本でしょうか？　一部の著名な作家やタレントが書いたものを除けば，普段なかなか手に取ることが少ないジャンルですが，自分自身や身近な人が病気になったとき，「貴重な情報源」となる闘病記。この闘病記を一カ所にまとめて，閲覧しやすいようにした図書館が増えてきています。最近の動きを調べてみました。

公共図書館での試み

東京都立中央図書館（港区）の4階・自然科学室に「闘病記文庫」が設置されたのは，昨年の6月のこと。同じフロアにある「医療情報コーナー」のすぐ近く，閲覧スペースの一角に開架式の書棚が置かれています。この医療情報コーナーは，患者の立場から，医療に関するさまざまな情報を探せるようにすることを目的に設置されたもので，同館が提供する新しい情報サービスの一つとして位置づけられています。

従来，医学・医療に関する情報は，専門的知識の集積に重点が置かれ，必ずしも患者の立場に立って整理・提供されているとは言えませんでした。このコーナーでは，薬や治療法に関する患者向け図書・雑誌を始め，知識を深めるための基礎的な医学書，医学論文のデータベース，新聞記事の切り抜きや，病院探しのためのガイドブックなどが，情報としてまとめられ，利用者に提供されています。

同館への闘病記文庫の設置は，闘病記ライブラリーの設置を推進してきた民間グループ「健康情報棚プロジェクト」（代表・石井保志さん）からの働きかけによるもので，そうした活動が，図書館におけるサービスのあり方を見直す動きと合致して，実を結んだものです。公共図書館としては全国で初めての試みでした。

闘病記文庫の書棚には，全部で931冊の本が，病気ごとにまとめられて配架されており，利用者が自分で調べたい病気について書かれたものを，容易に探し出せるように工夫がされています。分類された病気の種類は200以上。時代を反映してか，およそ半数近くを「がん」が占めていますが，患者数の少ない難病に関する本も，

きちんと備えられています。また，書棚の傍らには，闘病記のリストとともに「なんでもノート」が置かれ，閲覧者は自由に感想等を記すことができます。

闘病記はなぜ必要か

インフォームドコンセント（病状・治療に関する説明と同意）やセカンドオピニオン（主治医以外の見解）といった言葉は，近頃ようやく社会に定着しつつあるように思われます。このことは，かつてのような，いわゆる「医者任せ」の医療に対して，患者側がより主体的に病気と向き合うようになってきた状況を示しているものと言えるでしょう。

医療と人権の問題を考えるとき，この患者の立場というものがとりわけ重要なものになってきます。

人が，自らの問題として，病気と相対したとき，まずもって必要になるのは，それによって自分の生活がどう変わるのか，また，直面するその不安とどう向き合えばいいのかということについての情報です。医学的知識を記した専門書は，こうした患者側のニーズに応えることはできません。自分と同じ病気にかかった人が，どのように治療し，どのように日々を送り，そしてどのように不安と闘ったのかを知りたい…人々が闘病記を求める根拠は，おおよそここに集約されると言えます。

病気ごとにわかりやすく区分け

闘病記は往々にしてタイトルから内容が判断できない場合があります。それが「いまを大切に生きる」といったたぐいの抽象的なタイトルであった場合，実際に本を手にとって，ページを開いてみなければ，何の病気に関するものであるかはわかりません。もちろん，病名を冠した闘病記もたくさんありますが，例えば「がん」にも様々な種類があるわけですから，必ずしも容易に探せるわけではありません。

もうひとつの問題は，闘病記が，多くの図書館では，文学やノンフィクションの棚などにバラバラに分かれて並べられていたこと。これでは，不安と闘う前に，情報を探し出すことに多大な労力を費やしてしまうことにもなりかねません。こうした問題を解決するため，闘病記文庫では病名ごとに本が分類されています。利用者は自分の病気についてどういう闘病記が出されているのか，書棚を見れば一目で知ることができます。都立中央図書館の場合，病名分類は全部で221種類。これら病名を記したインデックスが書棚に立てられ，またその一覧がすぐ横に掲出してあります。

この病名ごとの分類という方法は，今年の6月から始まったインターネットの闘病記検索サイト「闘病記ライブラリー」(http://toubyoki.info/　国立情報学研究所・高野明彦教授が主催するNPO法人・連想出版が運営）においても取り入れられています。画面上に現れる仮想の本棚には，全部で700冊分の闘病記が分類されて並べられ，その背表紙をクリックすると目次その他の情報や，表紙・裏表紙の画像などが閲覧できるという仕組み。同サイトは図書館等との連携を視野に入れており，今後，利用者はこの仮想本棚で，どの本が自分に合っているかを確認した上で，書店や図書館に足を運べばいいということになります。

UNIT 13 ●デジタルレファレンスサービス
デジタル環境下におけるレファレンスサービス

●⋯⋯⋯⋯アナログからデジタルへ

　現代の図書館におけるレファレンスサービスは，デジタル環境のもとで提供することが当然のこととされる。図書館では，印刷メディアを長年にわたって提供してきたことから，レファレンスサービスにおいても，印刷メディアを用いた活動が原則であるかのような認識が根強い。本書においても，印刷メディアの情報源を中心に活動を組み立てることを意識させる説明をしている。しかし，それが原則であるとはしていない。そうした説明をするのは，印刷メディアに基づく活動には，電子メディアとの比較において，情報源としての妥当性や確実性が高いと考えられる点が多いという判断によるものである。

　今日のレファレンスサービスでは，印刷メディアと電子メディアそれぞれの特性を考慮し，それらを有効に使い分けて行う必要がある。すなわち，アナログとデジタルの情報源を組み合わせた，ハイブリッドな利用方法が期待されていると言えよう。また，情報源だけではなく，インターネットに代表される，デジタル技術を用いて構成されている情報ネットワークを有効に活用し，レファレンスサービスを提供することが求められているのである。こうしたデジタル環境のもとで行われるレファレンスサービスは，「デジタルレファレンスサービス」とよばれる。

　ここで注意したいのは，「デジタル」の解釈である。デジタルと言った場合，「電子的なもの」あるいは「コンピュータによる処理」といったニュアンスがある。そうなると，1990年代に盛んに行われたCD-ROMに収められたデータベースを利用してレファレンス質問に回答するサービスは，デジタルレファレンスサービスの一部として扱ってもよさそうである。しかし，現在のデジタルレファレンスサービスの議論では，そうした利用は主要な話題にはなっていないばかりか，まったく視野に収められていないことも少なくない。すなわち，「電子的な情報を利用したレファレンスサービス」という理解とは，大きくかけはなれている。むしろ，世界的な規模で，かつ，だれもが参画できる広範なデジタルネットワーク，つまり，インターネット環境を前提としているのである。そのもとで，レファレンスサービスをいかに再構築するかが，図書館が直面している課題の焦点となっている。

　なお，本書では，デジタルレファレンスサービスという言葉を用いて説明を行う

（欄外）
ハイブリッド

デジタルレファレンスサービス

が，関連文献を眺めると，さまざまな用語が登場することに気づく。「エレクトロニックレファレンスサービス」「バーチャルレファレンスサービス」「eレファレンス」「ネットレファレンス」などである。しかも，各語が使用されている文脈や背景，執筆者独特の用法も見受けられる。したがって，それぞれの用語の定義や概念も同じではないことに注意しなくてはならない。社会的に新しい状況が生まれたときには，こうした錯綜が起こりやすいと思われるが，レファレンスサービスにおけるデジタル環境の問題は，まさに最先端の現象なのである。

● ICTの特性とレファレンスサービス

デジタルレファレンスサービスに関して，『図書館情報学用語辞典』（第3版）を参照すると，「インターネット・WWW・電子メール・チャットシステムなど双方向で利用可能な情報技術を利用した質問回答サービス」としている。それゆえ，デジタルレファレンスサービスについて検討する際には，ICT（情報通信技術，Information and Communication Technology）との関係を考慮する必要がある。

ICTの特性，とりわけ，インターネットの機能に基づいてデジタルレファレンスサービスをとらえようとする場合，つぎの三つが重要になると考えられる。

(1) コミュニケーション機能
(2) リソース機能
(3) ネットワーク機能

(1)は，通信装置としてのはたらきである。インターネットを介して，サービスのやりとりを行うことをイメージできよう。(2)は，情報資源としてのはたらきである。インターネット上に発信される多様な情報を，レファレンスサービスの情報源として取り扱う場合である。また，図書館が独自に作成したツールを，インターネット上にリソースとして発信することにも関係する。(3)は，情報共有の場としてのはたらきである。インターネット上で図書館が協同してレファレンスサービスを提供することを，すぐさま思い浮かべることができる。

ただし，実際の活動は，複数の機能に基づいている。例えば，後記のバーチャルレファレンスサービスは，利用者とのコミュニケーションをインターネット上の仮想的な場で行い，また，インターネット上のリソースをもとにした情報提供を行う。しかも，全世界の関係者の協力をネットワーク上で得て，実践することになる。

● コミュニケーション機能に基づく活動

インターネットのコミュニケーション機能に基づいて，現在のデジタルレファレ

ンスサービスの状況を整理すると，四つの活動があることを指摘できる。

(1) 電子メールの利用
(2) SDI（Selective Dissemination of Information：選択的情報提供）
(3) メーリングリストの利用
(4) チャットによるサービスの提供

　(1)は，多くの図書館での取り組みが進みつつある。利用者が，図書館のレファレンス部門（担当者）に，相談内容（レファレンス質問）を電子メール，あるいは，ウェブページ上のフォーマットを用いて送信し，図書館はこれを受けて回答を行うものである。

SDI　　(2)は，電子メールの配信機能を利用したサービスである。SDI は，利用者が継続的に入手したい情報や資料の主題（キーワード，ジャンルなど）をあらかじめ図書館に登録しておき，その主題に合致する情報や資料が収集されたときに，利用者に通知して利用を促すサービスである。もともとは，専門的・学術的な情報や資料を対象にした活動として，専門図書館や大学図書館の一部で行われていた。しかし今日では，専門的な情報や資料ばかりではなく，一般的な図書資料を対象にして，公共図書館でも実施されている。インターネット上で多数見られる「アラート

アラート
リコメンデーション
(alert)」あるいは「リコメンデーション（recommendation）」の機能を活かしたサービスの一つと考えることも可能である。

メーリングリスト　(3)は，メーリングリストを用いて，レファレンス質問を関係者に回送し，サービスを行うものである。複数の図書館が協力してメーリングリストを運用することによって，特定館において回答不能なレファレンス質問を確認し，協同で解決すると

協力レファレンスサービス
いった利点が生まれる。それゆえ，協力レファレンスサービスとしての性質を有する。また，ネットワーク機能に基づく活動でもある。

同期
非同期
チャット
　(4)は，(1)との関係では，同期／非同期の対比になる。(1)では，受信した電子メールがすぐ読まれるとは限らないのに対し，(4)では，両者がリアルタイムでやりとりを行う。また(3)の場合と同様に，回答不能なレファレンス質問をチャットの参加館に公開して支援を仰ぎ，他の参加館との協同によって，回答していくこともできる。

● ……… リソース機能に基づく活動
　リソース機能の面からは，三つの活動を導くことができる。

(1) ウェブページの情報源としての活用
(2) レファレンスリンク集の作成・公開

(3)　パスファインダー類の作成・公開

　(1)は，多くの図書館のレファレンスサービスの場において，すでに当然のものとなっている。すなわち，インターネット上に掲載されている情報を，レファレンス質問への回答のための情報源として用い，これを提供したり提示したりすることである。

　(2)は，他の UNIT でも触れていることであるが，間接サービスとしての実践である。すなわち，利用者が自ら情報を検索して入手するのを容易にするために，レファレンス情報源として有用と考えられるウェブページを図書館があらかじめ確認し，それをリンク集として整備するものである。

　(3)は，すでに数々の事例が存在する。情報の検索プロセスや調べ方に関する案内は，レファレンスサービスにおいて蓄積される貴重なノウハウである。そうした図書館職員の専門的なノウハウを利用者に積極的に伝えるために，パスファインダー類を作成し，ウェブページに掲載することは有用である。

●……ネットワーク機能に基づく活動

　ネットワーク機能の点からは，つぎの二つのサービスの可能性が模索されている。前述したメーリングリストの利用やチャットレファレンスを，ここに位置づけることもできる。

　(1)　バーチャルレファレンスサービス
　(2)　レファレンスサービスの成果の共有

　(1)は，レファレンスサービスそのもののバーチャル化である。すなわち，複数の図書館が協力して，ネットワーク上でレファレンス質問を受けつけるシステムを構築し，受けつけた質問を担当館や担当者に振り分け，回答していくものである。詳しくは，UNIT 14（バーチャルレファレンスサービス）で扱う。

　(2)は，レファレンスサービスのさまざまな成果をネットワーク上で共有し，活用する活動である。一つの例が，協同でのレファレンス事例のデータベース化である。すなわち，複数の図書館が協力してネットワーク上にレファレンス事例を随時アップロードして蓄積し，共有するのである。これは，(1)の成果として形成することもできる。UNIT 16（協同レファレンスサービスの展開）で取り上げる，国立国会図書館の「レファレンス協同データベース・システム」は，この代表例と言えよう。

レファレンス事例

UNIT 14

● デジタルレファレンスサービス

バーチャルレファレンスサービス

●……概要

デジタルレファレンスサービスにおいて，ネットワーク上に仮想的なレファレンスデスク（レファレンス質問の受付窓口）を設け，利用者の質問に対応して回答となる情報を提供したり，利用指導を行なったりする活動を「バーチャルレファレンスサービス」とよぶ。アメリカ図書館協会のレファレンス・利用者サービス部会では，このサービスを導入するためのガイドラインを発表しており，つぎのような定義を示している。

> バーチャルレファレンスサービスは，電子的に行われるレファレンスサービスであり，多くは即座にサービスが開始される。利用者は，レファレンス担当者とコミュニケーションを行うために，インターネット技術を用い，レファレンス担当者と同じ場所にはいない。…（中略）…オンラインで使用する情報源は，バーチャルレファレンスサービスにおいて用いられることが多いが，回答を求める際において電子情報源を利用することそのものは，バーチャルレファレンスサービスの本質ではない。("Guidelines for Implementing and Maintaining Virtual Reference Services." http://www.ala.org/rusa/resources/guidelines/virtrefguidelines)

バーチャルレファレンスサービス

ICT

このサービスは，図書館が単独で提供する場合もあるが，ICTの特性の一つであるネットワーク機能を展開させて，複数の図書館で協同の窓口を開設して進めることが多い。このサービスは，日本では模索の段階であり，ごく一部の図書館の実践を除いて，一般的になっているとは言えない。これに対し，欧米を中心とする国々では，チャットレファレンスサービスが普及して久しい。また，アメリカ議会図書館とOCLCが協同して開発に携わったQuestionPointが，バーチャルレファレンスサービスのしくみとして広まっている。

●……チャットレファレンスサービス

チャットレファレンスサービスは，ICTの特性の一つであるコミュニケーション機能に基づく活動であるが，バーチャルレファレンスサービスのしくみの一部とし

ても位置づけられている。このサービスの性質を明らかにするために，場所，時間，媒体（メディア）という観点から，従来から行われているレファレンス質問を受けつける方法である，対面，電話，電子メールによる活動と比較してみよう。比較結果を整理すると，下表のようになる。

	対　面	電　話	電子メール	チャット
場　所	図書館	遠　隔	遠　隔	遠　隔
時　間	同　期	同　期	非同期	同　期
媒　体	話し言葉	話し言葉	文　字	文　字

　まず，チャットレファレンスサービスは，場所の点では対面と異なるが，遠隔型のレファレンスサービスという点では，電話や電子メールによるものと共通する。
　一方，時間の点では，電子メールによる対応は，利用者から質問が寄せられたときと，それに対応して処理が開始されるときとの間にタイムラグが生じるのに対して，チャットレファレンスサービスでは，即座に質問の処理が開始される。すなわち，利用者と図書館員が時間を共有している形態，つまり，「同期」形態の活動である。この点においては，対面ならびに電話によるレファレンスサービスと共通している。

タイムラグ

同期

　さらに，媒体の点では，対面ならびに電話によるレファレンスサービスは，話し言葉が中心となるのに対し，チャットレファレンスサービスの場合，電子メールによるサービスと同じく，文字（書き言葉）によるコミュニケーションが行われる。もちろん，チャットレファレンスサービスにおいても，音声や画像の転送を可能にする機能が付加されたシステムも存在するが，基本となる媒体が文字であることは確かである。

● ………バーチャルレファレンスサービスの特性
　バーチャルレファレンスサービスは，インターネットのネットワーク機能を効果的に用いているが，つぎの点から考察することによって，従来のレファレンスサービスとは異なる性質を見いだすことができる。

(1)　時間
(2)　遠隔
(3)　協同
(4)　職員
(5)　構造

(1)は，二つの状況があることを意識する必要がある。一つは，レファレンス質問を寄せる利用者にとっての時間である。これは，チャットレファレンスサービスの性質に関して説明した，同期と非同期の問題と関係する。すなわち，バーチャルレファレンスサービスでは，同期形態のチャットレファレンスサービスが行われる一方で，ネットワーク上に寄せられた質問に対して，しばらくしてから処理が開始される非同期形態の活動もある。正確には，レファレンス質問の受付は「24時間／7日間」対応となっているものの，リアルタイムで利用者とのコミュニケーションが行われるわけではなく，また，回答がすぐさま得られるわけではない。もう一つは，ネットワーク機能を用いて協同でサービスを提供する場合，複数の担当者間でやりとりをする時間の問題が発生する。

(2)は，図書館から離れた場所にいる利用者でもサービスを利用できることである。それゆえ，従来よりもサービスの利便性を高めることになる。一方，これまで自ずと限定されていた利用者の範囲がなくなることから，一定の制御が求められることにもなる。この点では，バーチャルレファレンスサービスばかりではなく，電子メールや電話によるサービスとも共通する課題となる。例えば，日本の地方自治体の図書館の中には，他の地域に住む者からレファレンス質問が寄せられたときは，その地方自治体の地域情報を求める場合に限って対応するといった措置を講じているところがある。

●………期待と課題

(3)に関して，バーチャルレファレンスサービスでは，これまでにない形態での図書館間の協力が生まれることが期待される。まず，従来の協力体制の前提ともなっている「館種」の壁が取り払われる可能性がある。すなわち，公共，大学，学校，専門の各図書館が協力することによって，利用者からのレファレンス質問への対応や回答の確実性や妥当性を高めることにつながるのである。また，特定館で回答不能であったレファレンス質問を他館に「回送」し，回答を提供するということが一般的になれば，レファレンス質問の受付館を問わない状況が生まれることにもなる。極言すれば，「各図書館（インターネット上のものも含む）に設けられたレファレンスデスク」という概念そのものが不要になり，窓口は一つで済むとみなされることにもなる。言い換えれば，「（仮想的な）図書館界」としてレファレンス質問を受けつけ，「図書館界」として回答を提供するしくみとなるのである。

さらに，この考え方を進展させると，図書館という枠組みの中だけではなく，図書館以外の組織との協同にも広がる。そして，一般市民との協同という構想にも発展する。人々の知識や知恵を含めた情報の処理（知識マネジメント）に，図書館が関与することにもなる。ちなみに，英国のpeople's networkは，こうした活動の一

例と位置づけることができる（英国図書館情報委員会情報技術ワーキンググループ『新しい図書館：市民のネットワーク』永田治樹ほか訳，日本図書館協会）。

(4)に関しては，図書館職員の能力への影響が大きい。レファレンス質問の処理という面では，従来のサービスの延長上に位置づけられるが，利用者に対する配慮や支援という役割が，バーチャル空間での対応という点で異なることになる。例えば，利用者に対してメンタリングを行う知識や技術を挙げることができる。レファレンス担当者が，利用者の課題解決に有効な助言を与え，また，行動を支援かつ促進させるはたらきかけをすることが期待されるため，メンターとしての役割を果たす可能性か生まれるのである。

> メンタリング
>
> メンター

また，レファレンス質問に対して協同でサービスを提供する場合，質問の回送に人的な判断が求められる。すなわち，特定の質問をどの図書館，あるいは，どの専門機関に回送するのか決める「分配者（スイッチボード）」となる必要が生まれるのである。

● ………… **基本原理の変容可能性**

(5)の問題として，バーチャルレファレンスサービスは，レファレンスサービスの基本原理の変容を促す可能性がある。レファレンス質問に対する回答においては，典拠に基づく情報提供を原則としている。すでにいくつかのUNITで触れたように，レファレンスサービスにおける典拠とは，一定程度長期にわたって，再度情報源を参照できること，つまり，「再参照」の可能性が高いことを暗黙の前提としてきた。しかし，バーチャルレファレンスサービスでは，情報の更新や改編を特徴とするウェブページを情報源の中心として扱う可能性が高く，典拠に基づく情報提供のあり方が変容しつつあるともみなせる。

> 典拠

また，バーチャルレファレンスサービスでは，サービスの諸段階を自動的に記録し，統合的なデータベースにすることができる。すなわち，受けつけたレファレンス質問，処理プロセス，回答といった内容が，そのまま電子的な記録として保持され，データベース化することも容易となる。また，こうしたサービスの成果をデータベース化することによって，それ自体が一つの情報源として組織され，公開することによって，新たなサービスに活用することができるのである。

UNIT 15 ●デジタルレファレンスサービス
協同レファレンスサービスの展開

●·········レファレンス協同データベースの登場

　デジタルレファレンスサービスの利点の一つは，ネットワーク上での協同が有効かつ容易になることである。協同レファレンスサービス，あるいは，協力レファレンスサービスは，デジタル環境となる以前から行われてきたものであるが，インターネットの普及により，図書館の日常的な活動の一つとなった。UNIT 14 で解説したバーチャルレファレンスサービスも，協同レファレンスサービスの一つである。この UNIT では，協同レファレンスサービスを展開した活動として，ネットワーク上でレファレンスサービスの成果を共有する取り組みに焦点を合わせ，これを検討する。

　日本におけるレファレンスサービスの成果を共有するための取り組みとしては，2000年代前半に試行的に行われた例がいくつかある。しかし，現在も続けられているのは，国立国会図書館が運営するレファレンス協同データベース事業である。この事業では，データベースのシステムそのものは，国立国会図書館が構築して運用しているが，そこに蓄積されるデータそのものは，国立国会図書館が作成したものだけではない。すなわち，国立国会図書館とともに，全国の公共図書館，大学図書館，専門図書館が，この事業の参加館となり，逐次データを登録しているのである。

協同レファレンスサービス

●·········データベースの構造

　このデータベースシステムは，四つのデータベースから構成されている。

(1) レファレンス事例データベース
(2) 調べ方マニュアルデータベース
(3) 特別コレクションデータベース
(4) 参加館プロファイルデータベース

　(1)は，このデータベースシステムにおいて，最も知られているものである。このデータベースは，参加館が自館で処理したレファレンス質問に関して，一定のフォーマットに基づくデータを登録して形成している。登録にあたっては，参加館

の判断によって，そのデータの公開に関する指定をすることができる。指定は，「一般公開」「参加館公開」「自館のみ参照」のいずれかで，インターネット上でだれもが自由に閲覧できるのは，一般公開されたデータに限られている。

　(2)は，特定の資料や情報にたどり着くための調べ方に関するデータを登録したものである。レファレンスサービスの一環として行われる利用案内（利用指導）の内容に，これは相当する。印刷メディアで作成しているものを電子化してこのデータベースに登録すれば，「電子版」の利用案内資料やパスファインダーにもなる。

　(3)は，「特定の主体，又は資料種類，資料形態から構成されたコレクションに関する情報」を蓄積したデータベースである。特別コレクションと聞くと，「○○文庫」と名がついていたり，貴重資料の部屋にあるものを想像しがちであるが，そのような「格別な」ものばかりではない。図書館の主要な資料の集積である「一般コレクション」と切り離して，主題や資料種類・資料形態に着眼して，独自に収集・組織し，また，別置するなどして排架・保存し，利用に供しているものを指している。例えば，公共図書館において，設置自治体に関係する資料のコレクションは，典型的な特別コレクションになる。また，UNIT 12（専門的な情報提供）で触れた，ビジネス支援，健康・医療情報，闘病記などの資料群も，特別コレクションとして位置づけることができる。

　(4)は，この事業に参加する図書館に関する基本情報を蓄積したものである。(1)から(3)に蓄積されたデータに対する責任の所在を示すものでもある。

● ……… **レファレンス事例データベースの意義**

　レファレンス事例データベースや調べ方マニュアルデータベースは，図書館におけるレファレンスサービスの成果をデータとして登録したものと言える。とりわけ，レファレンス事例データの内容は，レファレンスサービスという専門性の高い活動の結果として産み出されたもの，すなわち，サービスの「成果物（products）」と言うことができる。

成果物

　したがって，「レファレンス協同データベース・システム」は，レファレンスサービスの成果を公開し，他者と共有できるデジタルレファレンスサービスのしくみの一つとなる。また，ネットワーク機能に基づく活動という点であることを視野に入れると，このシステムは，「成果共有ネットワーク（product sharing network）」とよぶことができる。従来図書館においては，所蔵（所有）する資源を共有するためのしくみとして，総合目録の検索やOPACの横断検索などのしくみを構築し，ネットワーク上に公開してきた。こうしたしくみは，「資源共有ネットワーク（recource sharing network）」とよばれ，その構築に対して，図書館界での関心は高かった。しかし今後は，図書館サービスの成果を共有するしくみの構築もまた，日常の業務

成果共有ネットワーク

総合目録

横断検索

資源共有ネットワーク

業務フロー

フローの中に位置づけることが求められよう。

●⋯⋯⋯⋯レファレンス事例データのフォーマット

次ページの図版は，レファレンス事例データの入力用標準フォーマットに基づいた「レファレンス記録票」である。この図版からわかるように，質問，回答，回答プロセス，事前調査事項，参考資料といったレファレンス事例を構成する中心的な項目とともに，管理番号や登録日時をはじめとするデータベース運用上の項目が設定されていることがわかる。なお，項目の中で，「管理番号」「公開レベル」「質問」「回答」は，データ登録における必須入力項目である。「回答プロセス」から「質問者区分」までは，参加館の判断に基づく任意入力項目である。「質問者連絡先」以下の項目は，参加館の内部処理用に設けられているもので，データベースには登録されない。

ここで留意したいのは，蓄積されているデータが，表面的な事実だけではないということである。すなわち，図書館に寄せられたレファレンス質問とそれに対する回答だけではなく，「回答プロセス」が明示されていることに着目する必要がある。「回答プロセス」には，どのような手順で，どのような判断で，どのような資料を用いて回答に至ったかが記されることになる。言い換えると，専門職としての図書館職員の判断や意思決定の様相が記録されており，専門的知識を集積したものとしての意義を有している。

したがって，レファレンス事例は，図書館職員の能力（知識，技術）を駆使した成果であるが，この事業において形成されているのは，単なる成果のデータベースではなく，図書館職員のナレッジベースと位置づけることも可能である。また，他の職種においては産み出すことが難しい技能に関する情報が蓄積されていることになり，その点で貴重である。したがって，レファレンス事例を蓄積することは，図書館職員の能力を広く活用してもらう機会となり，社会的な貢献につながる可能性は高い。

ナレッジベース

レファレンス記録票

館　名			管理番号	
公開レベル	□自館のみ参照　　□参加館公開　　□一般公開			

質　問	

回　答	

回答プロセス	

事前調査事項	

Ｎ　Ｄ　Ｃ		ＮＤＣの版	□7版　□8版　□9版
			□7版　□8版　□9版

参考資料	

キーワード	
照会先	
寄与者	

備　考	

事例作成日	年　　月　　日	解決／未解決	□解決 □未解決（メール配信　する　しない）
調査種別	□文献紹介　□事実調査　□書誌的事項調査　□所蔵調査　□所蔵機関調査 □利用案内　□その他（　　　　　　　　　　　　　　　　　　　　）			
内容種別	□郷土　□人物　□言葉　□地名　□その他（　　　　　　　　　　）			
質問者区分	□未就学児　□小中学生　□高校生　□学生　□社会人　□団体　□図書館 □その他（　　　　　　　　　　　　　　　　　　　　　　　　　）			
質問者連絡先	氏名（　　　　　　　　　　）　氏名ヨミ（　　　　　　　　　　） 住所（〒　　　　　　　　　　　　　　　　　　　　　　　　　） TEL（　　　　　　　）　FAX（　　　　　　　）　E-mail（　　　）			
受付窓口			担当者	
受付方法	□来館　□電話　□FAX　□E-mail　□その他（　　　　　　　　　）			
回答方法	□来館　□電話　□FAX　□E-mail　□その他（　　　　　　　　　）			
受付日時	年　月　日　時　分	回答日時	年　月　日　時　分	

メ　モ	

option F

レファレンス協同データベース上のレファレンス質問

　国立国会図書館が運営するレファレンス協同データベース・システムのレファレンス事例データベースには，さまざまなレファレンス事例が登録されている。それを眺めるだけでも，どのようなレファレンス質問が寄せられているのかがわかる。ここでは，一般公開されている事例の中から，公共図書館が比較的最近登録・更新したものをランダムに選び，「質問」のみを掲載する。かっこ内は，登録した公共図書館名である（「図書館」という表記は省略）。

- 「排架」と「配架」の違いについて知りたい。（香川県立）
- クリスマス（Christmas）はなぜ Xmas と書くのか知りたい。（福井県立）
- "ぷえる"という刊行誌があるがその発行所を知りたい。（倉敷市立中央）
- 長野県内にある文学記念館にはどんなものがあるか知りたい。（塩尻市立）
- 日本経済新聞の2008年5月8日（木）夕刊の1面の記事が，図書館で所蔵している「原紙」と「縮刷版」で異なっているが，地方版だと地方面だけでなく1面も違うのか。（市川市中央）
- 片倉製糸工場について調べる宿題が出たので，わかりやすい本を紹介してほしい。できれば写真が載っている本が良い。（鳥栖市立）
- スラヴォイ・ジジェクのインタビューか論文が雑誌『批評空間』の1990年代に掲載されているようなので，読みたい。（石川県立）
- 無償の愛（奉仕）の心が実は自分のためになるのは，どうしてか。人のことを考えると人生が生き生きしてくるという本はないか。（新潟市立中央）
- 牛頭天王（ゴズテンノウ）と蘇民将来（ソミンショウライ）について書かれた資料を見たい。（相模原市立相模大野）
- 千葉神社（千葉市）や人見神社（君津市），久留里神社（君津市）など，妙見様のお祭りはみな7月22日だが，そのいわれを知りたい。（千葉県立中央）
- 数珠（念珠）の種類と作り方について知りたい。（京都市右京中央）
- ロシア，ロマノフ王朝時代の美術品「インペリアル・イースター・エッグ」の写真がみたい。また，エルミタージュ美術館の工芸品が多く載っている本もみたい。（島根県立）
- 仇討ちを扱った本の中に出てきた「重敵」という漢字の読みを知りたい。ネットでは「またがたき」「じゅうがたき」と出てくるが，辞典等の参考図書で確認できるものはあるか。（秋田県立）
- 明治20年（1887）から明治21年（1888）にかけて起きた，いわゆる「秘密出版事件」に関する鳥取県内の動きに言及した図書はないか。（鳥取市立中央）

- 済南（サイナン）事件について，どんな事件だったか書かれている資料はないか。（牛久市立中央）
- 旧ソ連の詩人パステルナークが，著作『ドクトル・ジバゴ』で受賞したノーベル文学賞を辞退するに至った経緯を知りたい。（岩手県立）
- ロゼッタ・ストーンは，なぜラシード・ストーンではなく，ロゼッタ・ストーンと呼ばれるようになったのか知りたい。（山梨県立）
- アメリカのワシントン大統領が1796年に三選を拒んで，美徳や道徳について述べた「告別の辞」（Farewell Address）を見たい。（広島県立）
- 昭和50年代の上北山村の国道169号線の様子（地理的条件など）が分かる写真，もしくはそれに類する書籍はあるか。（岐阜県）
- 日本の歴史が簡単にまとめてある資料があるか。外国人に日本の歴史を説明するつもりだ。自分が理解してそれを英語に訳そうと思っている。（福岡県立）
- 世界の国の中で憲法を持たない国がどのくらいあるのか知りたい。表になっているようなものがあれば見たい。（名古屋市立鶴舞中央）
- 古文書『女今川操鑑』（天保15年）の中の読みを知りたいのですが，本文あるいは解説書はありますか。『往来物解題辞典』に解説があるかもしれません。『女教第一女今川操鑑』とも言うようです。（横浜市中央）
- 御畳瀬の震洋特攻隊で，8月14日に爆発事故が起こったことについて書いてある資料はないか。（高知県立）
- なぜ鏡に映る像が逆になるのかを知りたい。（成田市立）
- 割り算九九の表は持っているが，読みまで書かれておらず，読み方がわからない。割算九九の読み（ふりがな）までついた書籍はないか。（宮城県）
- 昔あった首を傾けて水を飲む鳥のおもちゃのしくみが知りたい。（金沢市立泉野）
- 水あかの正体はなんでしょうか。（長野市立長野）
- 「サイカチ」という植物の絵や写真が見たい。（取手市立）
- 体脂肪と中性脂肪の違いについて知りたい。（西東京市中央）
- 今年の干支はウサギ。月にはウサギがいるという話を聞いたことがあります。原話はどのような物語だったのですか？大人だけでなく子供も分かる資料が必要です。（北九州市立中央）
- 佐賀軌道（川上軌道）の電車の写真が載っている資料はありますか？（佐賀県立）
- 別府の坊主地獄に関する資料を入手したい。（大分県立）
- 新潟駅には「忠犬タマ公」の銅像があるそうですが，実在した犬なのですか。（新潟県立）
- 岩国の竹林が日本三美竹林と聞くことがあるが，どの辺りを指すのか。由来などについて書かれた資料はないか。（山口県立山口）
- 「パーシー・ビッシュ・シェリー」の「Arethusa」という詩の中に出てくる，「Acroceraunian Mountains」という山は実在するのか，あるとしたらどこにあるのか知りたい。（栃木県立）

UNIT 16 ●情報源整備の実際
印刷メディアと電子メディア

●……情報源のメディアの現状

情報サービスに活用する情報源を類別する観点の一つに媒体（メディア）があることは，UNIT 5（情報利用のための情報源の整備）で触れた。メディアによって情報源を類別した場合，印刷メディア（冊子体）と電子メディアがある。前者は，古くから図書館が扱ってきた情報源であり，レファレンスブック（参考図書）とかレファレンス資料とよばれる。後者には，データベースが含まれる。従来データベースというと，CD-ROM や DVD といったパッケージ系の電子メディアによるものと，オンラインデータベースのような通信系の電子メディアを指していた。しかし，今日では，これらは必ずしも主流ではなく，インターネット上で利用するもの，すなわち，ネットワーク系メディアによるものの利用範囲が広がっている。

この類別からは，情報を記録するメディアの違いとともに，記録手段の違いを意識することができる。すなわち，紙に印刷して記録されたものと，ディスクに磁気的に記録されたものの違いである。また，図書館における取り扱いの違いともなる。例えば，収集方法，利用環境，利用方法といった面で，さまざまな相違につながるのである。

これらのメディアに収められる情報は，同じもしくは類似していることが多いため，メディアとメディアは競合関係にあると理解することになる。しかし，図書館における利用の実態に目を向けた場合，競合ではなく，併存する状況になっていると考えられる。例えば，レファレンスブックとインターネット上のデータベースとを比べた場合，情報を検索するという観点からは，後者にはさまざまな特性が備わっている。しかし，レファレンスブックに対する需要がなくなるほどまでには至っていない。確かに，一般図書のように通読することを目的に作成された図書の電子書籍化や，学術雑誌の電子ジャーナル化も進んでいる。しかし，利用方法に応じてメディアの使い分けもなされているし，印刷メディアに対する愛着や利用習慣の影響も否定できない。音楽のレコード盤（フォノディスク）が CD に取って代わられ，それがまた，インターネット配信の音楽作品の聴取にまで変容しそうな様相は，現在のところ見られないのである。したがって，図書館では，メディアそのものの特性を考慮するとともに，利用者の嗜好や習慣にも配慮する必要がある。

［傍注］
レファレンスブック
パッケージ系
通信系
ネットワーク系
電子書籍
電子ジャーナル
レコード盤（フォノディスク）

● ………利用条件に関する比較

　利用条件の第一は，収集ならびに利用契約に関してである。印刷メディアの場合，図書ならびに逐次刊行物と同様の形態となる。すなわち，一部の加除式資料を除けば，書店からの購入が大半であり，物理的に破損しない限り半永久的な保存を可能にしている。CD-ROM や DVD の場合も，購入を前提としている。

加除式資料

　これに対し，データベースの場合は，図書館内でアクセスがなされてはいるものの，情報源そのものは図書館外にあることから，収集という考え方を適用することは難しい。もちろん，インターネット上に無料で公開され，自由に利用できるものもあるが，あらかじめ利用契約を結んでおく必要のあるものも少なくない。したがって，こうした情報源を利用する環境を整えるためには，館内情報源に準じた扱いをすることになる。また，期間ならびに同時に利用できる人数によって，異なる契約となることが多い。

　第二は，施設や機器に関してである。印刷メディアの情報源の利用に必要な施設は，書架と閲覧空間となる。すなわち，書架に情報源を排架し，ブラウジングできる空間を整備するものである。一般資料と別置することが多いため，独自の書架スペースが用意されることになる。また，大型資料が多いため，書架に特別なものを用いたりもする。閲覧空間は，書架に近接した場所に座席を配置し，調べものに適した配慮を行う。

ブラウジング

別置

　CD-ROM や DVD の場合は，各ドライブを付設した PC が必要となり，そのための利用空間も必要となる。データベースの場合には，インターネットに接続できる端末装置としての PC を用意することになる。

● ………利用の料金と競合性

　印刷メディアの利用にかかる費用は，利用空間の整備に必要な経費を除けば，購入費によって算出できる。したがって，ひとたび購入されれば，多数の利用者が何度利用しても変わることはない。機器を準備するための経費を除けば，CD-ROM や DVD も同様である。

　一方，データベースの場合は，インターネット上で無料で利用できるものが増えているものの，登録や利用に際して，料金が徴収されるものも少なくない。料金体系には，定額制もしくは従量制によるものがある。前者は，利用するデータベースの数やアクセス数，アクセス時間の上限を定め，固定された費用を支払うものである。大学図書館で契約しているデータベースの中には，その大学の総利用者数（学生数や教員数）に応じて料金を設定した，サイトライセンスとよばれる方式を採用しているものも見られる。後者は，データベースにアクセスする回数や時間に応じて料金が請求されるものである。しかも，アクセスするファイルによって料金体系

定額制

従量制

サイトライセンス

が異なることも珍しくない。

　しかし，料金は情報源の使用頻度とその利便性の評価に基づいて考える必要がある。データベースが有料だからといって，すぐさま高額であると断定するわけにはいかない。一方，料金を図書館予算から支出するか，利用者に転嫁するかといった点が検討課題となる。データベースの利用に関しては，後者の方法をとり，利用料金を徴収している図書館もある。

　情報源の利用に関する競合という点では，これまで印刷メディアの優位性が指摘されてきた。レファレンス情報源は，ひとりの利用時間が比較的短いことから，利用が競合しにくいと考えられてきたからである。百科事典のように，多巻ものの資料の場合には，同時に複数の者が利用できるのである。この点で，電子メディアの場合，利用機器の台数にまず制約される。また，契約が必要なデータベースでは，アクセスの上限による制約もある。しかし，PC環境が一般化し，インターネット上で自由に利用できるデータベースが増えてきていることをふまえると，電子メディアにおける利用の競合は，従来よりも少なくなっているとみなすことができる。

多巻もの

●‥‥‥‥収録情報の比較

マルチメディア
インタラクティブ

　収録されている情報については，網羅性と新鮮さ，マルチメディア，インタラクティブといった点での比較ができる。まず，情報量を考えた場合，電子メディアに圧倒的に分があり，印刷メディアよりも網羅的な検索が可能である。データベースの場合には，データベースファイルの容量に依存しているが，技術的には無限に近いデータを蓄積することが可能である。多巻ものの百科事典が一枚のDVDに収められ，また，インターネット上でも利用できることを考えると，印刷メディアとは比べものにならないのは明らかである。

タイムラグ

　情報の新鮮さに関しては，インターネット上で公開されているデータベースに優位性がある。印刷メディアの場合は，収集した情報を編成して情報源として産出するまでに，数週間から数か月のタイムラグが生じるのが一般的である。

　電子メディアでは，印刷メディアとは異なり，マルチメディアとしての特性が期待できる。すなわち，音声情報，静止画ならびに動画による画像情報を，文字情報とあわせてディスプレイ上に表示させることが可能になっている。現在の日本の図書館を取り巻く状況においては，電子メディアというと，印刷メディアに収録された文字情報を電子化したものという意識が強い。しかし，これでは，マルチメディアとしての有効性を活かすことにはつながらない。マルチメディアの特性を活かした電子メディアを整備することは，図書館の情報サービスの範囲と可能性を広げることになるはずであり，注視すべき側面である。

　インタラクティブもまた，電子メディアに固有の特徴である。これは，情報の提

示が，利用者の行為との相互作用で行われるものである。例えば，PC 上で，表示された画面の一部をクリックすることで，異なる画面に移ったり，文字情報に加えて音声や画像を示したりする機能を指す。

●……… 検索方法の比較

　検索方法においては，以下の点からの比較ができ，大半において電子メディアの有利さを指摘することができる。

　(1)　アクセスポイント
　(2)　検索機能
　(3)　排列に対する意識

　まず，電子メディアでは，印刷メディアより，アクセスポイントが多様である。データの索引機能とアプリケーションに依存している部分もあるが，基本的にはデータ中のすべての項目から検索ができる。印刷メディアでは，見出しによる排列以外のアクセスポイントを設けようとするならば，アクセスポイントごとに索引を作成する必要があり，多大な労力を必要とする。電子メディアにおいても，この原理は共通するものの，きわめて簡単に対応できる。検索機能は，UNIT 32（データベースの検索機能／演算子）と UNIT 33（トランケーション）で詳述しているように，さまざまな方法での検索ができる。

　印刷メディアの場合には，主として見出しの排列に着目する必要があるが，電子メディアの場合には，特定の検索語を指定するだけであり，排列に関して意識しなくとも検索が可能である。しかし，印刷メディアの場合には，特定の情報を探そうとする場合に，前後に排列された情報をたまたま見つけるといったことがあり得る。これは，セレンディピティ（serendipity）とよばれる現象であり，情報検索行動の中で無視することはできない。電子メディアの場合には，このセレンディピティはおよそ皆無に近いため，「何か情報はないか」といった探し方をする情報探索行動に対応することは難しい。

<!-- マージン注: アクセスポイント / 排列 / セレンディピティ -->

UNIT
17

● 情報源整備の実際

館内で作成・編成する情報源

● ……… 館内作成情報源の意義

　図書館の情報サービスで活用する情報源の大半は，図書館以外の機関が出版もしくは製作したものである。しかし，そうした情報源には制約も多く，図書館が独自に情報源を作成したり，編成したりする必要がしばしば生じる。独自に作成・編成したものは，「自館製ツール」あるいは「自館作成ツール」とよばれ，情報源の一つとして扱う。自館製ツールの多くは，書誌や記事索引といった二次資料，もしくはそれらをデータベース化したものである。また，クリッピング資料の作成，コミュニティ情報ファイルの編成なども，ここに含めることができる。

自館製ツール
二次資料
クリッピング資料
コミュニティ情報ファイル

　図書館で情報源を作成する理由は，おおむねつぎのようになる。

(1) 有用な情報源が出版もしくは製作されていない場合
(2) 地域特有の情報のために，記録されることが少なく，情報源として編成されない場合
(3) カレントな情報のため，情報源として編成されるまでに一定の時間が必要とされる場合

　(1)に関しては，出版界の事情も関係する。情報源の製作者には，大学出版局や学術団体も多く，営利目的のものばかりではない。しかし，商業出版社が刊行する情報源も多く，営業面での制約が影響し，情報の取り上げ方が十分ではないこともある。これとは逆に，営利を追求しない情報源の場合には，製作経費の調達が難しくなり，製作・出版そのものを継続できず，刊行の中止を余儀なくされた例もある。こうした事情を考えた場合，既存の情報源だけに頼り，情報を提供することには限界がある。

　(2)では，UNIT 11（地域情報の提供／発信）で触れた，地域情報にかかわる要求の処理が関係する。地域に特有の情報の場合，全国的な出版物になることは少ない。それに加えて，地方出版社の大半は小出版社であり，レファレンス情報源のように規模の大きな企画を立てたり，それを継続して発行することは容易とは言えない。経営基盤が比較的強固な地方新聞社や地方放送局が，地域情報を掲載した書籍を刊

行してはいるが，やはり限度がある。

　一方，地域のさまざまな機関が，ウェブページを作成し，そこに地域情報を掲載している。しかし，個別の機関が独自に作成しているため，どのウェブページにどのような情報が掲載されているのか，とりまとめが行われていないことが多い。さらに，地域における情報の中には，びらやちらし，インターネット上の掲示板(BBS)を活用した情報発信に基づくものもあり，収集あるいは編成することが難しい資料や情報が存在する。コミュニティ情報ファイルのように，個別の団体や専門家に問い合わせて，図書館が独自に編成する必要性が生じるのは，こうした事情を反映してのことである。

BBS

　(3)は，情報源が作成されるまでの期間に，情報を求められた場合の対応でもある。すなわち，情報源発行までのタイムラグの問題である。例えば，カレントな話題について知ろうとする場合，どのような処理が可能であろうか。一年もすれば，年鑑類に掲載されたり，『現代用語の基礎知識』（自由国民社）のような新語辞書の見出しになるような内容のものであっても，話題となってから数週間しかたっていなければ，利用できる二次的な情報源は皆無に近い。評価が定まらず，共通理解が得られていない段階だからである。

年鑑

　しかも，こうした段階においては，関連図書を探すのも難しい。話題性の高い事柄は，まず新聞記事やインターネット上の情報として世に表され，一定の論述が可能なだけの材料が揃うと雑誌記事になる。こうした記事が蓄積されてはじめて，図書として執筆・編集されるのが一般的だからである。図書になれば，参考文献リストが付されることも期待でき，二次的な情報源の活用が可能にもなるが，それは時間の経過を待たなくてはならない。したがって，話題となっている主題に関して，新聞記事のリストを独自に作成して提供する図書館の事例が数多く見受けられるのである。また，インターネット上の情報は，アーカイブに組織されれば後からでも検索可能であるが，数日のうちに消えてしまうものも少なくない。それゆえ，地域に関係するインターネット上の記事に関しては，著作権の問題が生じない範囲でダウンロードし，図書館が独自に組織化することも必要である。

アーカイブ

●‥‥‥‥‥二次資料

　上述の新聞記事のリストに代表されるように，図書館では適宜，数々の二次資料，ならびにデータベースを作成している。例えば，つぎのようなものがある。

(1) カレントな主題を取り上げたもの
(2) 地域に独特の話題や人物を取り上げたもの
(3) 特定の利用者集団に向けて作成したもの

(4) 所蔵コレクションについて解説したもの
　　(5) 展示や集会行事に対応させて作成したもの

　(1)は，話題性のあるカレントな主題を取り上げて，関連文献の書誌や索引を作成したものである。情報源として整備されるには，タイムラグがあるため，利用者のニーズを予測して独自に作成したものが多い。(2)は，地域特有のテーマ，地域の出身者や居住者に関して，主題書誌や人物書誌を作成することになる。

主題書誌
人物書誌
探究学習

　(3)は，ターゲットとなる集団を特定し，作成する二次資料である。例えば，公共図書館が学校や学校図書館と協力し，児童・生徒の探究学習（課題解決学習，調べ学習），休暇期間中の自由研究や学習課題の解決に役立つ図書リストを用意するといった試みが見られる。近年では，パスファインダーとして整備することも盛んである。

解題目録

　(4)は，図書館で収集したり，寄贈された個人文庫や貴重書などのコレクションを対象にしたものが多い。これは目録であるが，内容解説を添えることも多く，解題目録としての意義もある。(5)は，特定テーマを設けて行なった展示の資料一覧や，集会行事に関連した資料のリストを作成する場合である。それぞれのリストの規模は小さいが，蓄積されれば有用な情報源となることが期待される。

書誌データ

　こうした二次資料は，かつてはカードなどを利用し，手作業で多大な労力をかけて作成されていた。しかし，PCのアプリケーションを用いて，データベースを容易に作成できる現在では，作業そのものは簡便になっている。書誌データが正確に採取でき，選択や表示の処理が十分でさえあれば，手軽に作成できるのである。

　なお，レファレンスサービスにおいては，利用者からの求めに応じて二次資料を作成し，提供する場合もある。ただし，これは受動的な意味での二次資料作成であり，図書館独自の情報源作成とは位置づけが異なっていることに注意すべきである。ここで解説したのは，利用者のニーズを先取りしての活動であり，能動的な性格を有している。また，受動的な意味での二次資料作成は，利用者への直接サービスと考えられ，ここでの二次資料作成は，間接サービスに含まれる。

直接サービス
間接サービス

●………編成資料

インフォメーションファイル

　図書館で独自に編成される資料の例としては，クリッピング資料とインフォメーションファイルを挙げることができる。前者は，新聞記事や雑誌記事の切り抜き資料であるが，かねてより図書館で独自に編成される資料の代表であった。かつては，資料を文字通り切り抜き，台紙やカードに貼って整理していたが，近年では切り抜かずに，記事を複写して扱うようにもなっている。なお，多くの新聞記事の本文がデータベース化されている現在では，関連記事をダウンロードして，テキストデー

テキストデータ

タを編成し直す作業が，電子時代のクリッピングに相当する。

　インフォメーションファイルは，非図書形態の印刷物をバインダーやホルダーに整理し，定形的な扱いを可能にしたものであり，やはり図書館で独自に編成する情報源である。このファイルは，一定の主題や用途に応じて編成されたものであるが，その仲間として「レフェラル資料」が話題にのぼることが多い。図書館内の情報源で回答ができない場合，関連機関に問い合わせて情報を入手し，利用者に提供するサービスをレフェラルサービスとよぶことは，UNIT 8 で解説している。レフェラル資料とは，そうした外部の機関を紹介するための関係資料を指す。こうした資料には，各機関が発行する案内書が多く含まれ，非図書形態であるため，図書館で独自に編成し直す必要が生じるのである。

> レフェラル資料
>
> レフェラルサービス

● ………… **地域情報**

　前述したように，地域情報を図書館が独自に収集し，整理することがある。これは，「コミュニティ情報ファイル」とよばれるものである。案内・紹介サービスにおけるリソースのファイルも，性格的にはこれに類するものである。

> 案内・紹介サービス

　なお，インフォメーションファイルといった場合，バインダーやホルダーのような物理的なファイルがイメージされる。しかし，今日では，物理的なファイルのイメージはもはや薄れており，電子化されたファイル形式のものを指すことが多い。したがって現在では，情報を収集して蓄積したまとまりを意味する言葉として，「ファイル」が使用されていると考えてよい。

● ………… **サービスの成果に基づく情報源**

　レファレンスサービスでは，受けつけた質問について記録されることが推奨されており，サービスの管理運営業務の一つともなっている。質問受付票をこれに代えている場合もあるが，基本的には処理した質問ごとに，別途記録を残すことになる。この記録では，質問者と質問内容，使用情報源と処理プロセス，結果と回答様式などが記入されることになる。これにより，同一の質問に対して回答するための情報源として利用したり，類似の質問事例を処理する際に，既知の情報として手がかりにすることができるのである。

> 質問受付票

　このように，レファレンスサービスの成果が記録として蓄積されれば，それ自体が情報源としての価値を有することになる。記録を情報源として整備する取り組みは，都道府県立図書館で盛んであり，データベース化も進められている。UNIT 15（協同レファレンスサービスの展開）で紹介した，国立国会図書館の「レファレンス協同データベース・システム」も，サービスの成果を共有して活用するためのものである。

UNIT 18 レファレンス情報源の構築

● 情報源整備の実際

● ………… レファレンスコレクション

　情報サービスにおいては，一般図書や新聞・雑誌を情報源として活用することもしばしば生じるが，やはりサービス専用のコレクションの形成が必要となる。このコレクションは，レファレンスコレクションとよばれ，印刷メディアとしての冊子体資料と CD-ROM や DVD 形態の電子資料からなる。また，本来図書館外の情報源ではあるが，利用契約をあらかじめ結ぶ判断を要するため，オンラインデータベースもコレクション形成の段階で検討しておく必要がある。さらに，インターネット上の有用な情報源に関しては，あらかじめ URL を確認し，利用できるものをリンク集として整理しておくことが望ましい。

　レファレンスコレクションの形成においては，つぎのような点が考慮される。すなわち，個別の資料を選択して収集する際には，これらを総合して判断しているのである。

> レファレンスコレクション
>
> リンク集

(1) 情報サービスの前提条件
(2) 他の資料との関係
(3) 予算による制約
(4) 一般資料との類別

　(1)は，館種と図書館全体の運営目標，情報サービスの方針，利用者の特性と情報ニーズといった条件に対する配慮である。公共図書館と大学図書館とでは，自ずとコレクションのバランスが異なるであろう。学校図書館のように，学齢が判断要因として重要になることもある。また，情報サービスを積極的に実施する図書館と，他のサービスを優先して提供する図書館とでは，コレクションの位置づけが変わってしまう。さらに，利用者の多くが求める情報が専門的であるか一般的であるかは，情報源の選択に影響を及ぼす。利用者の特性や属性によっては，求められる主題やテーマが大きく違うことにもなる。

　(2)は，すでに所蔵されている資料に対して，代替資料となるかどうか，補完資料となるかどうかといった判断である。例えば，同様の情報が入手できる類似の資料

> 学齢

がコレクション中にあった場合，それで十分と判断されれば，新たな資料は収集されない。逆に，類似の情報源であっても，編集方針や執筆者の考え方による違いが内容に反映されているような場合には，類似の資料（類書）を数多くそろえることによって情報獲得の効果が高まることから，収集の対象とすることを考慮する。

<small>類書</small>

　類似の資料といった場合，異なるタイトルの資料ばかりではない。旧版と，新版や増補版などとの関係も考えなくてはならない。また，印刷メディアと電子メディアのどちらを選択するか決める必要もある。両者は内容となる情報は同一であっても，検索機能やその利用方法などの点で大きく異なるからである。

　(2)は，(3)の予算によっても変わってくる。例えば，旧版を所蔵しているので，当面新版の収集を見合わせるとか，類似の内容の資料があれば購入しないといった決定をすることがある。

　また，利用頻度との関係で安上がりとの判断をし，冊子体での購入を中止して，データベースの利用に切り替える場合もある。同一内容の情報が，冊子体とデータベースの両方で供給されている場合，利用料金がかかるからといって，データベースの利用が高いものとは限らない。まれにしか求められないのに，冊子体の資料を購入することこそ，経費を圧迫することにもなってしまう。さらに，予算の制約に関しては，中長期的な将来展望が求められる。逐次刊行される資料の多くは，継続して購入してこそコレクションとしての価値が高まるため，将来的な予算の使用に影響するからである。

　(4)は，資料を一般資料として扱うか，情報サービスの情報源として扱うかの判断である。教養書や大学のテキストブックの中には，本来調べものをするための資料として刊行されたわけではないものの，そうした利用に十分耐えることができるものが多数存在する。そうした資料を，レファレンスコレクションに加えるかどうか判断する必要がある。一般資料として出版されているものを，レファレンスコレクションに加える場合，「レファレンス資料扱い」をしたとよぶことになる。

<small>レファレンス資料扱い</small>

● **情報源選択のツール**

　情報源を選択するためのツールとは，冊子体ならびに CD-ROM や DVD 形態のものならば，出版（製作）ならびに販売に関する情報を掲載しているものを指す。図書館では，それらによって情報を入手し，個別のタイトルごとに評価を行い，コレクションに加えるかどうか判断をするのである。ツールとしては，以下のものが活用できる。

(1)　三次的情報源
(2)　書評

(3) 各種出版・作成情報

　(1)は，レファレンス資料に対するガイドとしての役割を果たす書誌であり，情報源を確認するための情報源という性格を持ち，三次的情報源とみなされる。これは，カレントなタイトルを扱っているものと，遡及的なリストとなっているものとに分けることができる。

　インターネット情報源に関しては，インターネット上に存在するディレクトリやリンク集を活用し，利用可能かつ有用な情報源を把握しておくことが，コレクションの形成に類する活動となる。データベースに関しては，国立国会図書館が提供している Dnavi (http://dnavi.ndl.go.jp/) を用いることも視野に入れるとよい（2014年3月31日にサービス終了）。

　(2)と(3)は，方法としては一般図書の選定と同様である。(2)では，書評紙や書評（レビュー）記事を掲載しているウェブページが中心となる。(3)は，取次会社や出版関係団体が作成している新刊情報誌，出版者によるPR誌や案内リーフレット，それ以外の一般書誌類が活用できる。これらは，それぞれの会社・団体が作成しているウェブページ上でも確認できるようになっている。データベースに関しては，データベースのディストリビューターや代理店が作成した資料を検討することになる。

●………情報源の整備

　情報源の構築には，その情報源を有効に活用できる利用空間と利用のしくみを整備することも含まれる。すなわち，コレクションとして形成された情報源に，利用者が的確にアクセスでき，その情報源を用いた検索が容易になるよう配慮することが求められるのである。

　利用空間の整備においては，排架スペース，排架方法，人的サービスとの関係などが重要になる。まず，印刷メディアの情報源の場合，一般資料と別置するか混排するかを決めることになる。規模の小さな図書館の場合には混排することもあるが，一般的には読み通すための資料と調べもののための資料とは，物理的にも分けておいたほうが便利である。調べもののための資料は，主題や種類が異なるものを複数組み合わせて利用することも少なくないため，書架上で近づけたほうが検索しやすいからである。別置する場合は，スペースとして独立した空間が設けられることになるが，これは図書館の機能を考慮した空間づくりともなる。レファレンスコレクションには大型資料が比較的多いことから，それに対する設備を整え，閲覧用の施設を用意することになる。

　電子メディアの場合には，CD-ROM や DVD を利用するための PC を用意し，図書館内の適切な位置に配備することになる。また，データベースやインターネット

別置
混排

を利用するためのPCについても同様である。

　排架方法は，NDCなどの書架分類に基づくことが一般的であるが，利用者を誘導するサインには，分類番号とともに，情報源の種類を示すわかりやすい言葉を使ったほうがよい。また，人物情報源などは主題に分散してしまう可能性もあるため，一か所に集中させるかどうかの判断が求められる。規模の大きな図書館の中には，事実を検索するための情報源と書誌データを検索するための情報源とを別に排架している例もあり，情報源の性格を考慮した空間づくりが必要となる。

[傍注：排架　書架分類]

　逐次刊行される資料や頻繁に改訂される資料の場合，カレントな資料だけを開架書架に排架し，その他を書庫に移している場合を見かける。これは，スペースのゆとりや，利用者の情報ニーズとの関係もあるが，個別の情報源の性格を無視することはできない。例えば，逐次刊行される情報源の場合，累積版が刊行されたり，他の媒体に変換されたりしない限り，一定期間を遡及して検索するためには，古くからのものも一か所に排架しておく必要がある。また，改訂版において，旧版に含まれた情報の一部が削除されてしまうような場合には，新版をもって旧版の代替とすることができないことになる。

[傍注：累積版　遡及]

　一方，時期を見てコレクションを精選し，除架していく必要もある。あまりにも規模が大きくなると，かえって情報源の活用に混乱をきたすことも少なくないからである。既存の資料を書架から除く理由としては，旧版や出版年が古いもので，掲載されている情報の価値が失われてしまった場合，累積版が作成された場合，他のメディアによる提供に切り替えた場合，いっそう有効な類書が登場した場合，利用のニーズが減じた場合などが考えられる。このことは，ウェブページに対するリンク集を作成した場合のメンテナンスにも共通する。すなわち，リンク先のウェブページがなくなっていたり，URLが変更されたりすることは少なくないからである。また，リンク先となるウェブページは存在していても，掲載情報が変わり，レファレンス情報源としての特徴が薄れてしまうこともある。

[傍注：除架]

　なお，排架スペースやPC端末のスペースは，人的サービスの場と近接していることが望ましい。これは，利用者が情報源ならびにその機器の利用に関して援助を申し出やすくするためでもあるし，質問回答サービスにおいて，即座に資料を活用できるようにするためでもある。

UNIT 19 ●情報源整備の実際
情報源の評価

●……… 評価の意義

　情報サービスで用いる情報源を蓄積する際には，情報源の評価を行うことを前提としている。評価は，個別のタイトルごとに，既存の情報源との関係を考慮しながら行われる。評価というと，それぞれのタイトルの「良し悪し」を判定したり，あたかも点数づけをしたりするかのように思いがちであるが，そうした作業では決してない。もちろん，良し悪しも判断の一部にはなるが，それよりは，情報源それぞれの特徴を把握し，有効に活用できるよう認識することが重要なのである。また，すでにコレクション中にある情報源との関係を明らかにし，使い分けができるようにすることが肝要となる。もちろん評価に際しては，図書館に期待されている役割やサービスの種類，図書館の運営方針などを考慮することになる。

　情報源の評価は，コレクションの形成段階で行われる。すなわち，特定の情報源の特徴を把握し，コレクション中の既存の情報源との関係を明らかにするのである。これは，その情報源を図書館で選択し，受け入れるかどうかを判断するためにも必要である。また，コレクションとして受け入れることが決定されたならば，その情報源が果たす役割を認識することにもつながる。さらに，利用者に情報源の内容を紹介したり，実際に検索に活用したりする際の基礎知識にもなる。

●……… 評価の手順

現物

　情報源を評価するためには，関連資料に基づいて行うか，現物を手にしたり試用したりして行うかのいずれかとなる。関連資料としては，出版者で作成された宣伝資料（パンフレット類），PR誌や業界誌における紹介，書評が参考になる。印刷メディアの情報源の場合，内容とともにレイアウトや装丁などにも目を向ける必要があるため，サンプルページや見本が紹介されている資料は役に立つ。

凡例

　印刷メディアの場合は，現物を手にして評価することが最も望ましい。装丁や色，形などから，その情報源に対するイメージの形成にも役立つ。もちろん，まえがきやあとがきを読み，凡例や目次，本文と索引などに目を通すことによって，後述する評価項目に関して確認することが大切である。電子メディアの場合には，試験的に検索してみることが必要となる。

評価に際しては，情報源と情報源との関係を明らかにするために，評価項目を共通にしておかなければならない。そこで，項目を整理して表形式にしておくと役に立つ。こうした評価表は，複数の者が同一の情報源を評価して比較する場合にも有効である。

●⋯⋯⋯⋯印刷メディアの情報源の評価項目

印刷メディアの情報源では，四つの面からの評価が考えられる。

(1) 製作と出版にかかわる面からの評価
(2) 収載されている情報にかかわる面からの評価
(3) 利用にかかわる面からの評価
(4) 「もの」としての情報源の形態にかかわる面からの評価

(1)においては，編著者，出版者，出版年といった項目に関して，確認する必要がある。まず，その情報源が扱っている主題領域で著名な編集者，編纂者であるのかどうか，執筆者の人選が適切であるかどうかといった点に着目する。出版物の中には，実質的な編集作業をしていない名目的な監修者を掲げていることもある。また，署名入りかそうでないかは，信頼性の判断にもつながる。

署名入り

出版者に関しても，情報源の製作に定評があるかどうか，実績が積まれているかどうかといった観点からの判断が可能である。また，営利性を追求するあまり興味本位になってしまっている出版物もある。出版者の性格からも，ある程度これを判断することができる。

出版年は，内容面での新しさに関係する。初版初刷のものはともかく，改訂や増刷がしばしばされている場合には，信頼性が高いものと考えることができる。したがって，奥付を確認し，版次や刷次などにも目を向ける必要がある。また，加除式資料の場合には，契約時に加除の頻度を確認することが求められる。

奥付
版次
刷次
加除式資料

(2)においては，収載している情報の範囲，扱い方，正確さを確認する必要がある。情報の範囲とは，主題，地域，年代，言語に関して，広がりがどうなっているか，制約があるかどうかといったことである。とりわけ主題に関しては，情報源のタイトルに一定の主題を示す言葉が入っていても，内容的には関連領域を含んでいることも少なくないため，まえがきや凡例などによってその広がりを確認することが求められる。また，同一の内容を扱っていても，専門的か入門的か，学術的か一般的かといった違いは，入手できる情報の違いともなる。実際の情報サービスにおいては，利用者のニーズとも関係するが，回答段階で重要になる。

情報源が正確であるのは当然のことである。また，誤植の多い情報源も困りもの

である。さらに，剽窃は言うに及ばず，孫引きが多かったり，出典が明示されていない情報源にも注意する必要がある。

剽窃

(3)は，見出し項目の選定，排列方法，検索手段といった点からの評価であり，情報を検索する上での認識である。見出し項目の選定は，主として事典の編纂の方法の違いでもある。すなわち，上位概念を見出し語にして，そのもとにさまざまな概念を収めて解説している大項目主義のものと，個別の下位概念をそれぞれ見出し語に立てて解説を行なっている小項目主義とがある。中には，どちらの項目もおりまぜて編纂している事典もある。両者の違いは，情報を検索する際に，見出し語からの検索が有効かどうか，索引の活用が必要かどうか，特定見出し語のもとで幅広く情報を検索できるかどうかといった利用面に影響を及ぼす。

大項目主義
小項目主義

排列方法は，基本的な検索手段である。一般的には，五十音順，あいうえお順，アルファベット順，年代順，地域順などがあり，これらに加えてさまざまな体系的分類順が考案されている。また，五十音順といっても，拗音や長音の処理，外来語や略語の扱いなどによって，少しずつ違いがあるため，凡例を注意して読む必要がある。また，年代順や地域順は，一般的な時代区分が確立していたり，地域ごとに行政によって定められた順序があり，それを採用していることが少なくない。

収載情報の検索手段としては，目次と索引が中心になる。構成がわかりやすい目次は，それだけで求める情報にたどり着くことを容易にする。また，本文に対応する種類の索引が作成され，適切な索引語が選ばれているかどうかは重要である。大項目主義の事典や便覧では，索引の利用がきわめて重要になる。さらに，特定項目からの「を見よ」ならびに「をも見よ」の参照指示が適切かつ豊富であるかどうかにも注意する必要がある。

目次
索引

を見よ
をも見よ

(4)は，印刷と造本に関してである。情報の探しやすさには，往々にして印刷面での良し悪しが関係する。活字のポイント，字間と行間，見出しのインデンション，刷り上がりなどが，読みやすさに大きく影響を与えるからである。また，図表や写真が適切な場所に挿入されているかどうかも関係する。

また，情報源は不特定多数の利用者が利用することになるため，造本面への配慮が，一般資料よりも求められることになる。繰り返しの利用に耐えられるよう堅牢であることは言うまでもない。複写の対象になることが少なくないため，のどや背の部分が傷みやすいからである。開閉のしやすさやページのめくりやすさも重要である。

● ………… 電子メディアの情報源の評価項目

電子メディアの情報源，とりわけデータベースでは，三つの面からの評価が考えられる。

(1) 蓄積されている情報
(2) 検索構造
(3) 作成形態

 (1)は，データベース中のレコードとフィールドに関しての問題となる。レコードに関しては，その範囲が評価の対象となる。すなわち，カレントな情報までが対象になっているかという最新性，過去に遡っての検索が可能かどうかという遡及性，一定の絞り込みがなされているかという選択性，情報の広がりが十分にあるかという網羅性について判断することになる。また，フィールドに関しては，多様なフィールドによってレコードが構成されているかどうかが重要になる。これは，後述するアクセスポイントの問題でもある。また，レコードの最新性は，個別のフィールドの情報が更新されているかどうかにかかっている。

 (2)は，多様な検索が可能かどうかということと，検索を支えるしくみが整っているかどうかということが関係する。まず，多様なフィールドでの検索が可能かどうかということ，すなわち，アクセスポイントが豊富かどうかが重要となる。また，トランケーションや各種の演算子が検索機能として含まれているかどうかも，多様な検索の成否にかかっている。検索を支えるしくみとしては，例えば，初心者から上級者までを対象にしたわかりやすさがあり，ユーザーフレンドリな設計がなされているかどうか，途中での手順変更などが容易になっているかが重要になる。これらは，人間工学的な発想に基づく配慮がなされているかどうかの問題でもある。また，ヘルプ機能やトラブル対策が講じられているかどうか，補助ツールとしてマニュアルやガイドが整備されているかも重要である。

 (3)は，データベースの作成者の性格，データベースのメンテナンス状態，データベースの持続性などに関する内容である。これらは，データベースに収められている情報の確実性や妥当性を判断する際にも有効である。データベースの作成者の性格では，公的な機関が作成したものであるか，営利目的のものであるかどうか，個人が作成したものであるかどうかなどを確認する。また，データベースのメンテナンスについては，そのデータベースが適宜更新され，新規な内容を得やすいかどうか，あるいは，古い情報がアーカイブ化されて保持されるのかどうかなどを確認する。さらに，データベースの持続性については，そのデータベースが将来的にも維持され，図書館のレファレンス情報源として継続的な利用が可能であるかどうかを確認する。

> レコード
> フィールド
>
> アクセスポイント
>
> トランケーション
> 演算子
> ユーザーフレンドリ
>
> アーカイブ

● ── option G

レファレンスブックの性質

注目すべきは作り方

　レファレンスツール，あるいは参考図書と聞いても，図書館をよく利用している人でないと，どのようなものか，なかなかわからない。参考図書というのは，学校の学習や大学受験のためのもの，すなわち学習参考書のことだと勘違いしている者も多いといわれる。しかし，辞書や事典のことだ，図鑑とか年鑑も含まれる，あるいはさまざまな文献リストもその一つであるといわれると，イメージが沸いてくる。

　そうしたイメージを受けて，レファレンスツールに対して，「調べもののための本」あるいは「調査用資料」という説明がしばしば行われる。この説明は間違いでは決してない。しかし，誤解を招く恐れがあり，できれば避けたい。レファレンスツールの使い方にだけ焦点が合わせられてしまっているからである。

　まず，「調べる」ということを，もう少し丁寧に考えてみよう。何か知りたいことがある，あるいは解決したい問題があるときに，図書館で所蔵している資料を利用するとして，私たちはどのような行動をとるだろうか。上に述べた辞書や事典などのレファレンスツールを利用することだけが調べるという作業ではない。関係するさまざまな資料を手に取るはずである。教養書から専門書に至る各種の本を読んで，あるいは雑誌や新聞の記事を確認して，知りたい事柄を探し出すと思われる。すなわち，図書館で所蔵しているあらゆるタイプの資料が「調べる」ことに役立つのであり，レファレンスツールだけが「調べもののための本」ではない。

　それでは，どのような点に注目すればレファレンスツールの本質に迫れるかというと，「作り方」への着目が大切である。すなわち，どのような使われ方を想定して作られているか，という点を考えてみるのである。教養書にしても専門書にしても，多くの場合複数の章から構成されており，それぞれの章を順番に読み進めていくことによって，作り手（著者や編者）の主張の展開が理解できるようになっている。こうした本では，一冊の本を最後まで読み通すこと，「通読」が基本的な使い方として想定されていることになる。図書館で「一般図書」とよばれる本は，「通読」するものを指しているのである。これに対し，レファレンスツールの場合には，「通読」することを想定して作られておらず，一冊の本の中の必要なところだけを見ればよいようになっている。すなわち，特定箇所を「参照」し，そこに記載されている情報を容易に入手できる（調べられる）ように作られているのである。これこそが，レファレンスツールに対する説明の基本となる。実は，「レファレンス（reference）」を原義に忠実に訳すと，「参照」が最も適した訳語となる。

　なお，辞書や事典だって「通読」することがあるではないか，という意見が出てきそうである。なるほど，使い手の側からすれば，そのような使い方をするのは勝

手である。昔，大学受験に際して，英和辞書をAから順番に読んで覚え，しかも破り取って(場合によっては，食べて)しまうという使い方をした，という逸話が残っているくらいである。しかしながら，作り手の側からすると，そうした利用をそもそも「想定」しているわけではないので，この意見は単なる「屁理屈」であろう。

「道具」なのだから

　つぎに着目したいのは，「ツール」という面である。これは，情報を容易に探し出すための「道具」としての性格を有していることを意味している。したがって，レファレンスツールとは，記載されている情報を参照するといった作り方をしているのはもちろんであるが，そればかりではなく，容易に記載内容にたどり着けるように，さまざまな工夫や手段を講じた編集・編纂をしているものを指すことになる。

　工夫や手段といっても，大袈裟なものではない。基本の一つは「排列」である。例えば，辞書や事典では，見出し語が示されているが，必ず何らかの順序に沿って，それが並べられている。また，図鑑では，対象となった事物が一定の分類体系のもとに整理されて並べられていることが少なくない。さらに，文献リストでは，文献の著者名やテーマを表す言葉（件名）の順で並べられたりもしている。

　どのように排列されているかということ，すなわち排列原理もいろいろある。五十音順，アイウエオ順，アルファベット順といった，比較的単純なものもあれば，漢字辞書に見られる部首画数順あるいは総画数順，年代順や地名コード順，植物や動物の区分に適用されている分類体系順など，さまざまな並べ方が存在する。もちろん，それぞれのレファレンスツールにおいて，その目的や内容との関係で，どのような排列原理が適切であるか，有効であるかが定まる。それゆえ，排列原理は，レファレンスツールを評価する際の重要な要素の一つとなると考えられている。

　もう一つ重要なのは「索引」である。例えば，事典において，見出し語にはなっていないが，他の見出し語のもとに情報が記載されていることはよくある。そうした場合，索引が用意されていなければ，情報を見つけ出すことは難しい。言い換えれば，特定箇所に記載されている内容を参照することを容易にするためには，索引は欠かせない。もしも地図帳や年表において索引がなかったら，地名や事件を探すのに端から端まで通覧するしかないことになってしまう。多くのレファレンスツールにおいて，索引の有無は，ツールとしての存在意義を左右するのである。

　また，索引の必要性は，上述した排列原理とも関係する。例えば，漢和辞書では，見出しとなる漢字（「親字」という）の部首画数順を，基本の排列原理としている。しかし，巻頭あるいは巻末を見るとわかるように，総画数，音や訓の順で探すことのできる索引が付されている。このように，見出しに採用された基本の排列原理とは異なる探し方に関して，索引を設けることによって情報を容易に参照できるようにすることが，レファレンスツールに求められている。

（出典：小田光宏「レファレンスツール（参考図書）：確かに「調べもの」のための本ではあるが…」『図書館情報学の地平』日本図書館協会，2005．一部修正）

UNIT 20 ●利用者の情報利用に対する理解
情報ニーズ

●………情報サービスと情報ニーズ

　利用者が図書館の情報サービスを利用するのは，情報ニーズに基づいた情報探索行動の一環であるととらえることができる。それゆえ，情報サービスの企画・運営にあたっては，利用者の情報ニーズに対する理解を深め，把握・分析のためのノウハウを持つことが，図書館にとって重要である。

　まず，情報ニーズの概念であるが，日本語の「ニーズ」ではなく，英語としての本来的な意味，すなわち，「必要であること（もの）」として理解すべきである。日本語では，商業的な文脈における「購買の意欲・意思」といった意味合いが強いからである。「ニーズ」は，「ウォント（want）」「ディマンド（demand）」という概念と，つぎのように対比的にとらえておくとよい（Line, Maurice B. "Draft Definitions: Information and Library Needs, Wants, Demands and Uses" *Aslib Proceedings*, Vol.26, No.2, p.87, 1974. 訳文は，齋藤泰則「情報探索の論理」（田村俊作編『情報探索と情報利用』勁草書房，2000）に基づく）。

ニーズ
(1) ニーズ：個人が意識するしないにかかわらず，仕事，研究，教育，レクリエーション等のために得るべきもの。ニーズは社会の価値と不可分なものであり，また，個人の要求（ウォント）に沿うとは限らない。ウォントと異なり，欲しくない情報でも，得なければならない情報への要求があれば，それはニーズとなる。ニーズは，以下で述べるディマンドとなりうる。

ウォント
(2) ウォント：個人が得たいと思っているもの。個人は欲し（want）ない情報を必要とする（need）かもしれないし，得る必要のない情報を欲するかもしれない。個人が欲する情報と，他者や社会の視点からその個人に必要と思われる情報とは必ずしも一致しないことがある。ニーズと同様，ウォントも次に述べるディマンドとなりうる。

ディマンド
(3) ディマンド：個人が請求するもの（ask for），より正確には欲しいと思っている，あるいは必要とされている情報へのリクエスト（request）。必要とされていない情報を求める場合や，逆に必要なものや欲するものが求められていない場合もある。

着目すべき点は，ニーズとは，当人の意識・自覚とは直接には関係のないものであり，ウォントやディマンドと必ずしも一致しないことである。図書館が重視すべきは，ウォントやディマンドだけではなく，むしろニーズなのである。

● ……… 情報ニーズのレベル

レファレンスサービスをはじめとする情報サービスにおいて，利用者の情報ニーズを満たすことは重要である。しかも，顕在的なニーズのみならず，潜在的なニーズにも留意しなくてはならない。そして，ニーズ（潜在的ニーズ）をディマンドへとつなげていくことも必要となる。

図書館にとっては，検索サービスなどの情報システムや図書館などを利用することによって，利用者の情報ニーズを満たすことが目指される。これについて，テイラー（Robert S. Taylor）は，ニーズを四つのレベルに分けて説明している（Taylor, Robert S. "Question-Negotiation and Information Seeking in Libraries." *College and Research Libraries*, Vol.29, No.3, p.178-194.）。これは，ニーズが四段階で発展・変化する様子を，レファレンスデスクにおけるやりとりをもとに組み立てられたものである。

(1) 第一レベルのニーズ（背景化されたニーズ：visceral need）
(2) 第二レベルのニーズ（意識化されたニーズ：conscious need）
(3) 第三レベルのニーズ（言語化されたニーズ：formalized need）
(4) 第四レベルのニーズ（定式化されたニーズ：compromised need）

(1)は，問題が生じ，ニーズは発生しているものの，利用者本人も必ずしも明確に意識していない段階である。何らかの情報が必要であると自覚した段階が，(2)である。いわば「頭の中」にあって「自分」はわかっているという段階である。「頭の中」のものが，もっぱら文章によって，「他者」にも理解できるようになった段階が(3)である。さらに，その「文章」を，例えばデータベースに入力する場合には，検索語や検索式にするとか，図書館の書架でブラウジングする場合には，分類記号で表現するとかのように，「システム」に適応した形式にあてはめた段階が(4)ということになる。

利用者は，初期の段階ではニーズを明確には自覚できていない（第一レベルのニーズ）。しかし，ニーズを満たすには，必要な情報（源）にアクセスしなければならない（第四レベルのニーズ）。すなわち，第一レベルのニーズを第四レベルのニーズへと進展させること，しかも，レファレンスインタビューのような利用者との相互作用によって進展させることが，図書館の情報サービスにおいて求められる

ことになる。したがって，意識化（第一から第二へ），言語化（第二から第三へ），定式化（第三から第四へ）という流れを理解・意識しておくことが，図書館の情報サービスの設計ならびに実施において必要であることになる。

● 情報ニーズと問題解決

情報ニーズは，そもそもどういうときに生じるのであろうか。齋藤は，これについて問題解決という観点から整理している（齋藤，前掲）。すなわち，「問題」とは，現在の状況（初期状態）と，達成したい，あるいは達成しなければならない将来の状況（目標状態）との間に「差」があることと定義される。例えば，レポートを書かなければならないが，今はまだ書けていない，という場合を想定できよう。したがって，初期状態から出発して目標状態に到達することが「問題解決」と定義できる。このとき，「初期状態」と「目標状態」以外に，「操作子」と「制約」という要素も定義することになる。「操作子」とは，一つの状態からもう一つの状態に変化させるための操作のことであり，目標状態に到達するための言わば手段である。レポートの例で言えば，図書館で文献を入手することなどに相当する。「制約」は，操作子の適用に課せられている条件のことである。レポートの例で言えば，提出期限，字数指定，テーマ設定などである。

こうした四つの要素を定義したとき，すべてが明確であれば，その問題は解決可能となる。すなわち，操作子を用いて目標状態に近づいていくことになる。一方，四つの要素のいずれか一つあるいは複数が明確でないときは，その問題は解決が難しい。例えばレポートにおいて，提出期限がわからないとか，執筆のもととなる文献の探し方がわからないとかの場合である。こうした場合，不明確な要素を明確にするために必要な情報を収集することが求められる。すなわち，四つの要素を明確にするために情報ニーズが生じ，それを充たすために，情報を探索するための行動を起こすことになる。

● 情報ニーズの把握・分析

ある情報が，情報ニーズを充たすかどうかという判断・評価の視点あるいは尺度のことを，一般にレレバンス（relevance）という。レレバンスには，大別すると，テーマやトピックが合致しているかどうか，という主題的レレバンスと，ニーズを持つ人間にとって役立つかどうかという状況的レレバンスとがある。前者を，狭義のレレバンス（適合性）と位置づけ，後者をこれと区別して「パーチネンス（pertinence）」（適切性）とよぶこともある。例えば，前者については，「鎌倉仏教について書いてある本がほしい」ときに，ある本が鎌倉仏教について書かれているかどうかをタイトルや目次，本文などから確認するというように，ある程度，客観

的に測定が可能であるとされる。一方，後者においては，鎌倉仏教について書かれた本であっても，「すでに読んだことがある」「内容が難しすぎる」「図書館で借り出そうとしたが貸出中だった」などの理由により，レレバント（パーチネント）でないとされる場合がある。すなわち，利用者の置かれた状況に依存するため，主観的であり，測定が困難であるとされる。

主題的レレバンス（狭義のレレバンス）は，テイラーの「第三レベル（あるいは第四レベル）の情報ニーズ」と「情報」とを，状況的レレバンス（パーチネンス）は，「第二レベル（あるいは第一レベル）の情報ニーズ」と「情報」とを比べているとみることもできよう。これらを図式化すると，下図のようになる。

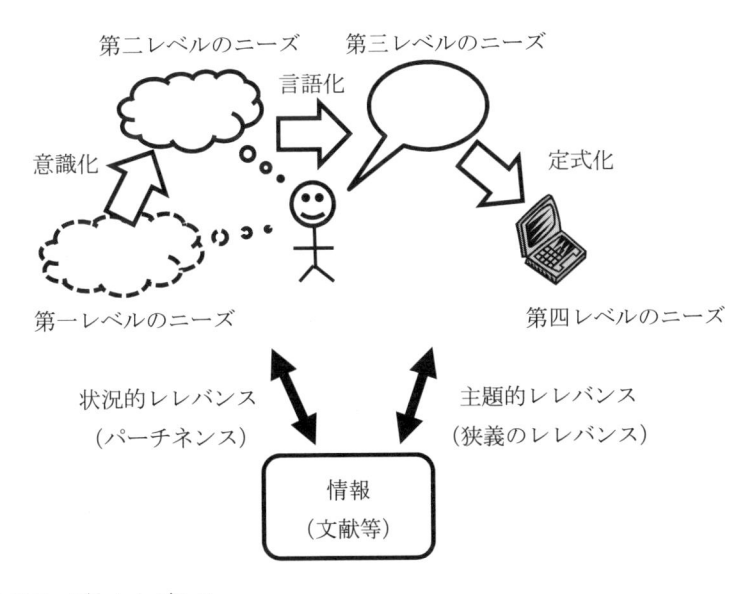

図　四つのニーズとレレバンス

　図書館の情報サービスが目指すのは，利用者が入手し，利用する「情報」が，状況的レレバンスという意味において，情報ニーズを充たすことにあるのは言うまでもない。そのためには，利用者研究に基づく知見を活かしつつ，利用者調査を適宜，実施していくことによって，情報ニーズを的確に把握・分析していくことが求められる。また，一定のコストを要する利用者調査に限らず，図書館の平常業務の中で，あるいは図書館内外で流通するさまざまな情報（源）に基づいて，情報ニーズを把握し，分析する機会を見いだし，活用することが重要となる。

UNIT 21 ●利用者の情報利用に対する理解
情報探索行動

●……情報探索と情報サービス

　私たちは，情報ニーズが生じたとき，これを充たすために情報を探索・入手する。このときに起こす行動を，一般に「情報探索行動（information seeking behaviour）」という。情報探索行動には，情報の探索・入手だけでなく，その前段階である情報ニーズを認識する段階や，探索・入手した情報を整理・分析したり，加工・発信したりする段階を含めることも少なくない。もちろん「探索」を中心に限定的に用いることもある。広く一連の行動を含めることを明確にするときには，「情報探索・利用行動」や「情報利用行動」と記すこともある。ただし，図書館情報学においては，図書館の中心的機能である情報提供を念頭に論じられることが多いため，情報探索行動ないし情報探索・利用行動という表現が用いられる傾向にある。

　なお，「情報行動」あるいは「情報利用行動」という表現は，図書館情報学以外の学問分野においても用いられるが，「情報」の対象範囲は必ずしも同一ではない。例えば，「消費者」が「マスメディア」にどう影響されて行動するかといったことも，「情報行動」という語を用いて論じられている。

　図書館利用者の情報探索行動について論じるときに注意しなければならないことは，情報探索のための数ある「手段」のうちの一つが図書館の利用である，という点である。情報探索のための手段としては，「インターネットを利用する」「他の人に尋ねる」「テレビを視る」「だれかに代行してもらう」「偶然，手に入るのを待つ」といったように，多様な選択肢を指摘することができる。「図書館を利用する」のは，そうした選択肢の中の一つであり，「図書館の情報サービスを利用する」のは，さらに限られた場合である。必要とする情報（情報ニーズを満たす情報）を探索・入手するためには，図書館を利用しなくても必ずしもよいのである。

　このように考えると，「情報利用者」にとって，どのような選択肢が存在し，どのような場合にどのような選択肢を採用するのが適切であるのか，図書館（情報サービス）を利用することが適切なのはどういう場合なのか，といった点について整理しておくことが必要となる。理論的な意味でも実践的な意味でも，情報サービスのあり方をめぐるそうした検討は，きわめて重要である。言い換えれば，「図書館」の利用者にとって情報サービスがいかにあるべきかだけを考えるのではなく，

あるいはそれを考えるためにこそ，図書館以外をも含めた社会において，すなわち，利用者が属するコミュニティあるいは生活世界において，「情報」の利用者に対して，図書館の情報サービスが，いかにあるべきかを考えることが期待されていると言えよう。図書館以外で提供されている社会的サービスと比較対照し，「図書館ならでは」のサービスのあり方を再考することが，「インターネット社会」の現在，強く求められている。

●……… 情報探索のプロセス

情報探索行動はどのような過程（プロセス）をたどるのかについては，クールソー（Carol C. Kuhlthau）による下図の「情報探索プロセスモデル」がよく知られている（Kuhlthau, C.C. et al. "The 'Information Search Process' Revisited: Is the Model Still Useful?" *Information Research*, Vol.13, No.4, 2008. 図は，三輪眞木子「情報探索行動」（日本図書館情報学会研究委員会編『情報アクセスの新たな展開』勉誠出版，2009）p.61による）。このモデルは，高校生のレポート執筆を対象とした調査研究に基づいて構築されたものであるため，あらゆる場合に適用できるわけではないが，特に教育・学習・学術・研究などの活動に対しては一定程度の汎用性があると認識されている。

タスク	開 始 initiation	選 択 selection	探 究 exploration	形 成 formulation	収 集 collection	提 示 presentation
感 情（フィーリング）	不確実 不安	漠然とした希望	混乱・フラストレーション・疑い	明快	方向性 自信	満足 不満足
認 知（思 考）	漠然 →			焦点形成	開放感（関心増大） →	明快
行 動（肉体的）	関連情報の探索・探究 →				適合情報の収集	文書作成

図 情報探索プロセスモデル

このモデルの有用性は，いくつか指摘できる。まず，情報探索の過程（段階）を六つに分けた点である。行きつ戻りつすることなどはあるものの，段階に分けることで，それぞれの特徴・傾向を把握しやすくしている。つぎに，行動だけでなく，感情や思考（認知）の側面をとらえていることである。しかも，行動，感情，思考（認知）は，それぞれ関連を有しながら変化していく。例えば，何をすべきかよくわからない最初の段階（第一段階）においては不安な気持ちに満たされているが，具体的な選択行動ができれば希望が湧いてくるようになる（第二段階）。例えば，

レポート作成の場合に，テーマが決まれば，少し希望が持てるようになるのである。ただし，実際に文献などを探し始めると，いろいろな情報を目にして混乱したり，疑問を抱いたりもする（第三段階）。一方，思考は，段階を経るにつれて，漠然としていたものが明確かつ明快なものになっていく。

クールソーによるもの以外にも，情報探索行動に関するモデルはいろいろと提案されている。いずれにしろ，人間の情報探索行動という複雑な事象をモデル化してとらえる意義は大きい。クールソーのモデルについていえば，とりわけ感情的要因や認知的要因が行動と影響関係にあることを忘れてはならない。特に，焦点の形成が，プロセスを遂行できるかどうかの分岐点となっていることに注意したい。

なお，UNIT 20（情報ニーズ）で触れたテイラーによる情報ニーズのレベルは，クールソーのモデルにあてはめることができる。すなわち，第一レベルから第三レベルのニーズが情報探索プロセスモデルの第一段階から第三段階におおむね対応する。また，第四レベルが第四段階およびそれ以降にほぼ相当する。

●……… **情報ニーズと情報探索行動**

三輪は，感情的側面・認知的側面を含めた情報探索行動をめぐるさまざまな研究成果から，情報サービスに対する示唆が得られると指摘し，二つの点に絞って議論を展開している（三輪眞木子，上掲，p.51-69）。一つは，情報ニーズは情報探索を進める中で変化するものであることから，これに対する支援のあり方をめぐる示唆である。情報ニーズが変化するのに対応して，図書館職員はどのタイミングでどのように介入すべきかなどについて，情報探索プロセスモデルなどをもとに考えることができる。レファレンスサービスにおいては，プロセス全体を視野に入れて，最終的な目的を把握・共有した上で，利用者からの相談に応じ，情報提供を行うことが重要であることがわかる。

もう一つは，利用者の感情の支援に関する示唆である。不安，混乱など，感情がマイナスの状況にあるとき，情報ニーズを抱えていても図書館や情報サービスの利用に結びつかないことがある。また，図書館や情報サービスを利用しても，段階によってはマイナスの感情が利用者に生じることも想定される。マイナスの感情を軽減・回避していくためには，感情を支援する情報サービスのあり方を考えることが求められる。すなわち，「正確な情報を提供することだけでなく，それによって利用者の感情がどう変化するかにも配慮して対応する」のである。例えば「レファレンスインタビューで，質問者が自分の曖昧な情報ニーズにまつわる質問や状況や感情を自由に語れるような環境を整備」することなどが考えられる。「情報リテラシー教育の一環として情報探索スキルだけでなく感情を抑制する方法を教える」ことも対象となり得る。これには，三輪が指摘する「自己効力感」を高めるという視点が

重要となろう（三輪眞木子『情報検索のスキル』中公新書，2003）。

●——option H

「探索」と「検索」

　本書を通覧するとわかることであるが，情報を探し求める意味で「探索」と「検索」の二つの語が各所で登場する。この二つの語の意味の上での違いは，どのようになるのであろうか。

　図書館のレファレンスサービスでは，かつては「探索」が主流であった。ところが，オンラインデータベースがサービスにおいて活用する情報源として登場し，コンピュータによる情報の探索が始まったころから，「検索」が併用されるようになったのである。一般的には，コンピュータを用いて情報を探し求める場合に「検索」を用い，マニュアル方式で情報を探し求める場合には，「探索」が用いられるようになった。

　この使い分けは，英語の search を「探索」，retrieval を「検索」としたものとも考えられ，なかなか都合がよいものではあった。「検索」が使われる文脈が限られており，多くは information retrieval（情報検索）や computer retrieval（コンピュータ検索）といった用法が大半だったからである。しかも，「検索」そのものが，一般には普及していなかったことから，多くの者が「探索」を広く使用していたので，混乱が生じることも少なかった。

　しかし，情報を探し求める手段としてコンピュータを利用することが当然のものとなり，また，印刷メディアと電子メディアのいずれか一方を用いるのではなく，両者を組み合わせて用いることが多くなり，「検索」は，特殊な言葉とは意識されなくなった。これに伴い，二つの語の境界は曖昧になり，「探索」に代えて「検索」を使用することが増えてきたのである。一方，二つの語に微妙なニュアンスの違いがあることを感じとり，それぞれの用法で使い分けている者も少なからずいる。

　こうした状況から，本書では両者を統一的に使用することは不可能と判断している。ただし，個別のレファレンス資料やデータベースを用いて情報を探し出す場合には，「検索」をあてるようにしている。一方，情報を探し求める行為や能力などを表現する場合には，おおむね「探索」を使用している。前者は，検索戦略や検索プロセスといった用法で登場する。後者は，情報探索行動や情報探索能力といった用語として現れる。もちろん，各 UNIT の執筆者が，微妙な意味の持たせ方をしている部分に関しては，その限りではない。

UNIT 22

●利用者の情報利用に対する理解

図書館を利用した情報探索

●┄┄┄┄情報探索と図書館

　UNIT 21（情報探索行動）でも触れたとおり，情報ニーズに基づいて情報探索行動が起こされたとき，図書館を利用するという選択肢が採用されるとは限らない。これは，下図に示した，テイラーが研究者を対象にした調査結果からもよくわかるとおりである（Taylor，前掲，p.178-189. 図は，三輪眞木子『情報検索のスキル』中公新書，2003による）。

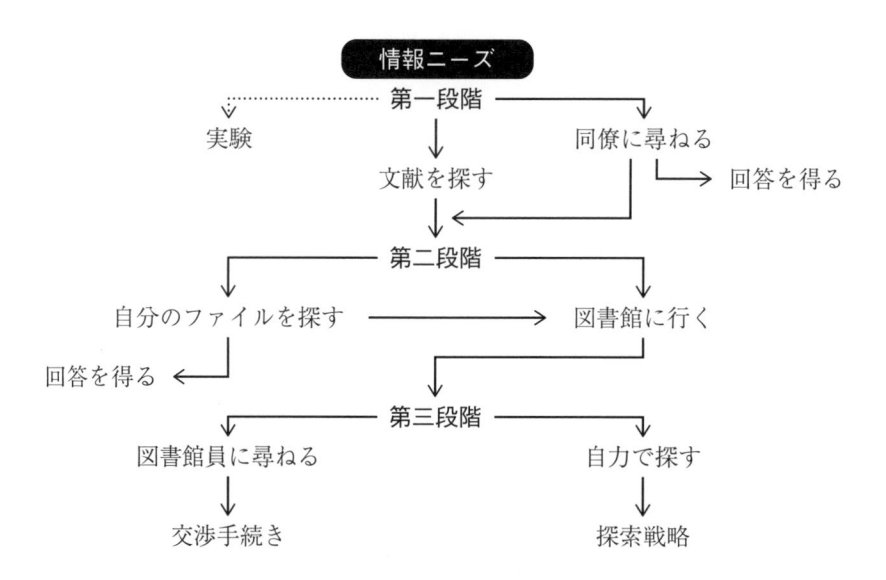

```
                    情報ニーズ
        ┄┄┄┄┄┄┄┄┄ 第一段階 ┄┄┄┄┄┄┄┄┄
        ↓                              ↓
       実験          文献を探す      同僚に尋ねる ── 回答を得る
                        ↓
        ┄┄┄┄┄┄┄┄┄ 第二段階 ┄┄┄┄┄┄┄┄┄
        ↓                              ↓
    自分のファイルを探す ──────→ 図書館に行く
        ↓                              ↓
     回答を得る
        ┄┄┄┄┄┄┄┄┄ 第三段階 ┄┄┄┄┄┄┄┄┄
        ↓                              ↓
    図書館員に尋ねる                自力で探す
        ↓                              ↓
     交渉手続き                     探索戦略
```

図　質問交渉の手順

　しかしながら，現代情報社会における情報探索では，図書館を利用することはやはり重要であり，しばしば不可欠な選択肢の一つとなる。情報リテラシーあるいは図書館リテラシーを高めることによって，自分自身で自由自在に図書館を利用するということも大切であるが，一方で，わからないときは図書館職員に尋ねること，あるいは「わからないときは図書館職員に尋ねることができる」と知っていることも，情報リテラシー（図書館リテラシー）として非常に重要である。

情報リテラシー
図書館リテラシー

● 情報探索の手法

　図書館以外における情報探索の場合と同様に，図書館で情報探索を行う場合にも，多様な手法がある。まず，OPAC に代表される書誌データベース，あるいは印刷メディアを含めた書誌・目録を使った系統的な探索法を挙げることができる。図書館では，古くから所蔵目録を整備・提供し，タイトル，著者名などを検索キーとする探索法を可能としてきた。なお，データの属性をキーとして情報を探すことが可能なように蓄積されたものによる探索（seeking）は，特に検索（retrieval）とよぶほうが適当であろう。もちろん近年では，「検索」という用語をコンピュータ（データベース）による検索を前提として用いる場合も増えており，使い分けは必ずしも明確ではなくなっている（option H（「探索」と「検索」）参照）。

検索キー
探索
検索

　つぎに，書架（雑誌架その他の資料架を含む）を見て回り，「それらしい資料」を手に取ってざっと眺めていく，というのも一般的な探索法である。これをブラウジング（browsing）という。特定の資料ではなく，ある主題の資料を探しているときに，その主題が属する分類記号の書架を探してみたり，ときにはあてもなくぶらぶらと書架の間を歩き回ってみたり，という具合に，ブラウジングは幅広く行われている。

ブラウジング

　なお，雑誌や新聞などをぱらぱらとめくりながら気になる記事を確認することもブラウジングとよぶ。OPAC の検索結果（資料の書誌データのリスト）をざっと眺めていく行為もブラウジングに含めることがある。これに対して，タイトルがわかっているような特定の記事を探して，雑誌・新聞などをぱらぱらとめくりながら掲載されている箇所を見つけることをスキャニング（scanning）とよんで，ブラウジングと区別している。

スキャニング

　また，文献に掲載されている参考文献リストや引用文献リストに挙げられている文献を入手し，入手した文献に掲載されている参考文献リストや引用文献リストなどをもとに，さらに文献を入手していくやり方もある。いわゆる「芋づる式」とよばれる手法であり，なじみ深い。こうした探索手法は，チェイニング（chaining）とよばれている。

チェイニング

　さらに，特定のテーマやトピックについて扱っている専門誌や学術誌の最新号に常に目を通し，研究動向を把握するモニタリング（monitoring）も挙げられる。研究動向の推移が早い理学系の研究者や，常に最新情報を必要とする医療・経済などの専門家の間では，必須の情報探索法となっている。

モニタリング

● 情報探索手法の特徴

　情報探索の手法には，それぞれ特徴がある。まず，系統的な探索（検索）法は，資料の持つ属性が特定されている場合や，特定の属性を持つ情報を網羅的に収集す

る場合に適している。例えば，タイトルがわかっている場合や，ある著者の著作をすべてリストアップする場合である。しかしながら，あらかじめ設定された検索キー以外では，情報にアクセスすることは難しい。例えば，資料の出版元やISBN，ページ数では検索可能かもしれないが，資料の重さや表紙の色などを手がかりに探すことはできない。

　一方，網羅的に収集する必要はなく，特定のものを探しているのではない場合には，書架をブラウジングするのは，気軽で効果的かつ効率的な手法と言えよう。しかも，ブラウジングをしていて，そのときに抱えていたのとは別の問題を解決してくれそうな資料をたまたま見つけたという経験は，多くの人にあると思われる。言わば掘り出し物的な発見であり，セレンディピティ（serendipity）とよばれる，ブラウジングの代表的な効果の一つとされているものである。

セレンディピティ

　チェイニングは，著者などが目を通して参照・引用に足りると判断した資料から探すことができる。つまり，一定の価値判断（評価）を経た資料のリストをもとにしていることから，有用・有効な資料を効率的に見つけることが期待できる場合がある。例えば，経済学の文献において「釣り雑誌」の記事が引用されているというように，およそ異なるジャンルの資料などが挙げられていて，それが大いに参考になることも考えられる。書誌や目録の場合，分類記号や件名標目などを用いたとしても，主題やジャンルが異なる資料を確認することは，実際上は難しい。したがって，「思わぬ出会い」を与えてくれることも，ひとりまたは複数の人間が「読んだ」範囲の資料をもとにしているチェイニングの利点と言えよう。

　モニタリングは，最新の動向を把握していくのに有効な手法である。ただし，それぞれの主題領域の中心的な雑誌，すなわち，「コアジャーナル（core journal）」が明確になっていたり，対象とする雑誌が相応の頻度で刊行されていたりするなど，いくつかの条件が充たされている必要はある。

コアジャーナル

●………**情報探索の多様性と情報サービス**

　情報サービスの設計段階においては，情報探索法の多様性をふまえ，それぞれの特徴を理解しておく必要がある。例えば，モニタリングが有効・必要な利用者層が確認され，モニタリングに適した雑誌などが刊行（あるいは，所蔵・購入）されていない場合，カレントアウェアネスサービス（UNIT 9参照）を提供することが考えられる。また，近年注目されているパスファインダー（pathfinder）は，ブラウジングとチェイニングの利点を活かした探索を支援するツールととらえることもできよう。

カレントアウェアネスサービス
パスファインダー

　情報探索の目的やテーマ，トピックなどによっても適切な手法は異なるが，利用者の性格や年齢，探索にかけられる費用や時間などといった要素によっても，適切

な手法が変わってくる。例えば，大学院の学生が論文執筆のために，研究テーマに関する原著論文を網羅的に収集する場合と，テレビを見ていてちょっと気になった話題について手軽に知ることのできる雑誌記事を探す場合とでは，適切な探索手法は異なってこよう。したがって，情報を探索しようとしている利用者について理解し，その置かれている状況を把握することは，きわめて重要である。

なお，近年のネットワーク環境の発達・普及などを背景に，利用者の情報探索行動も変化してきていると指摘されている。例えば，ブラウジングは，インターネットのウェブサイトを探索するときにも用いられる手法である。また，RSS（RDF Site Summary）などのしくみを活用して，特定サイトから発信される最新ニュースを常に把握すること（モニタリング）も一般的になっている。図書館の情報サービスにおいては，ネットワーク環境を活用したサービスを実施していくとともに，ネットワーク環境下における情報探索行動の特徴・変化に対応したサービスを開発していくことも求められるであろう。

なお，UNIT 20（情報ニーズ）で触れたとおり，情報ニーズは初期段階では曖昧であること，逆に最後の段階では図書館や情報システムに「合わせて」いる（定式化）ため，言語化あるいは意識化された情報ニーズを過不足なく表現しているとは限らないこと，情報ニーズは探索行動とともに変化しうることなどを考えれば，一般論としては，図書館は，利用者の情報探索過程に寄り沿いながらサービスを提供することが望ましいと言えよう。

このことから，利用者の情報ニーズを把握するきっかけとなる問合せ（アクセス）の手段（チャネル）を，幅広く設けることが期待される。例えば，来館者がレファレンスデスクやインフォメーションカウンターにおいて対面で質問や相談を寄せられるようにするとともに，館内のさまざまな場所で図書館職員に話しかけられる工夫や施設づくりも必要であろう。声をかけやすい雰囲気づくりも重要であろうし，いわゆる投書箱や掲示板を活用することも有用であろう。また，電話や FAX による受付も可能である。さらに，インターネットを用いた手段として，電子メールに加えて，チャット，電子掲示板，オンラインフォームなどの利用も考えられる。

UNIT 23 ●レファレンス質問への対応
レファレンスプロセス

●……レファレンスプロセスの意義

　レファレンスプロセスとは，利用者が提示した質問の受付から回答の提供にいたる過程を指す。図1に示すように，レファレンスプロセスは，利用者の情報要求を表現した質問の受付から始まるが，利用者から提示されたすべての質問が回答を提供する対象として受理されるわけではなく，一定の基準（詳細は，UNIT 25 参照）にしたがって，その質問を受理するかどうか判断される。

　受理された質問については，その質問内容を確認し，不明確な点があればそれを明らかにするために図書館職員は利用者に対してインタビューを行う。インタビューの結果，明確となった質問（レファレンス質問）について図書館職員は検索戦略の構築という作業に進む。

インタビュー
検索戦略

　検索戦略は，明らかにされた利用者の質問を分析し，その分析結果に基づいて情報源を選択し，選択された情報源から回答を検索するための検索語を選定し，選定された検索語を使って検索式を作成する，という一連の作業からなる（詳細は，UNIT 27 参照）。

検索語
検索式

　検索戦略の構築の結果，作成された検索式を使って検索が実行される。検索の結果はただちに利用者に回答として提供されるわけではなく，質問の主題に適合しているかどうかが判定される。質問の主題に適合していない場合には，検索戦略の構築をやり直すことになる。すなわち，検索語の選定を再検討し，さらには情報源自体の選択をも見直すことも必要となる。

　検索結果が主題に適合している場合でも，利用者の情報要求を充たしているとは限らない。例えば，文献を求める質問の場合，検索された文献の主題は情報要求に適合しているが，その利用者にとって新規性がなければ，その文献は利用者の情報要求を充足することはできない。また，利用者にとって検索された文献の内容が高度過ぎて難解であると判断された場合，主題は適合していても情報要求を充足する回答とはなりえない。このように，利用者の探索歴や属性といった主題以外の要素からも，検索結果が情報要求を充足しているかどうかを評価することが重要となる。

　評価の結果，利用者によって情報要求が充足されないと判定された場合には，利用者からまだ十分に説明されていない情報要求に関係する諸要素（探索歴，利用者

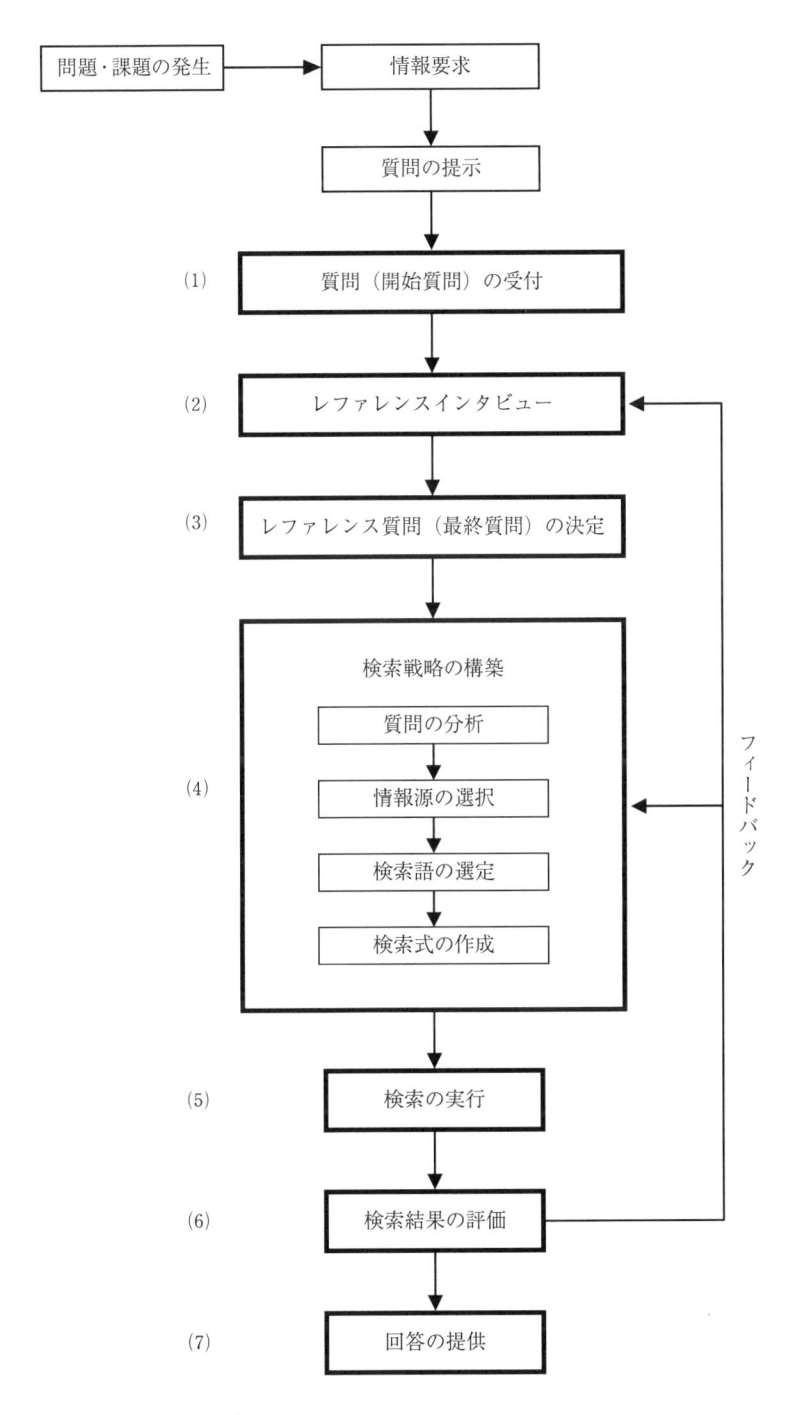

```
問題・課題の発生 → 情報要求
                      ↓
                   質問の提示
                      ↓
(1)            質問（開始質問）の受付
                      ↓
(2)           レファレンスインタビュー  ←──┐
                      ↓                    │
(3)        レファレンス質問（最終質問）の決定 │
                      ↓                    │
              ┌──────────────────┐          │
              │   検索戦略の構築   │          │ フ
              │  ┌──────────┐    │          │ ィ
              │  │ 質問の分析 │    │          │ ー
              │  └──────────┘    │          │ ド
              │       ↓          │          │ バ
(4)           │  ┌──────────┐    │ ←────────┤ ッ
              │  │情報源の選択│    │          │ ク
              │  └──────────┘    │          │
              │       ↓          │          │
              │  ┌──────────┐    │          │
              │  │検索語の選定│    │          │
              │  └──────────┘    │          │
              │       ↓          │          │
              │  ┌──────────┐    │          │
              │  │検索式の作成│    │          │
              │  └──────────┘    │          │
              └──────────────────┘          │
                      ↓                    │
(5)              検索の実行                  │
                      ↓                    │
(6)            検索結果の評価  ──────────────┘
                      ↓
(7)              回答の提供
```

図1　レファレンスプロセス

の属性，情報利用目的など）を把握するために，利用者へのインタビューが必要となる場合もある（詳細は，UNIT 26 参照）。このように，レファレンスプロセスは直線的に進められるのでは決してなく，検索結果の評価によっては検索戦略の構築さらにはインタビューの段階にまで戻って，再検討することになる。

書誌データ　　情報要求を充足すると判断された検索結果については，一定の加工を行い，回答として提供する。例えば，文献情報を求める質問であれば，回答そのものは書誌データになるが，それだけではなく，タイトル，著者，出版者といった事項名を付記して各事項のデータを記述することもある。こうした付記を行うことは，加工の

抄録　　一つである。場合によっては，文献の要旨（抄録）を作成して付すことなども指す。事実情報を求める質問であれば，回答として情報だけではなく，使用した情報源の書誌データを出典として明記することも，加工に相当する。

● ………… レファレンスプロセスの事象モデル

　図1は，レファレンスプロセスを質問の受付から回答の提供にいたる時系列の処理としてとらえたものであるが，レファレンスプロセスにおける時系列上の処理を構成する事象と，それらの事象間の相互関係を示したのが図2である。レファレンスプロセスは，情報要求を提示する利用者，その要求を満たす情報を含む情報源，利用者と情報源を仲介する図書館員の三つの主要な要素から構成されている。

　レファレンスプロセスの主要な事象は，利用者から提示された質問に対して回答を提供する「質問処理」である。この「質問処理」という事象は「利用者の情報要

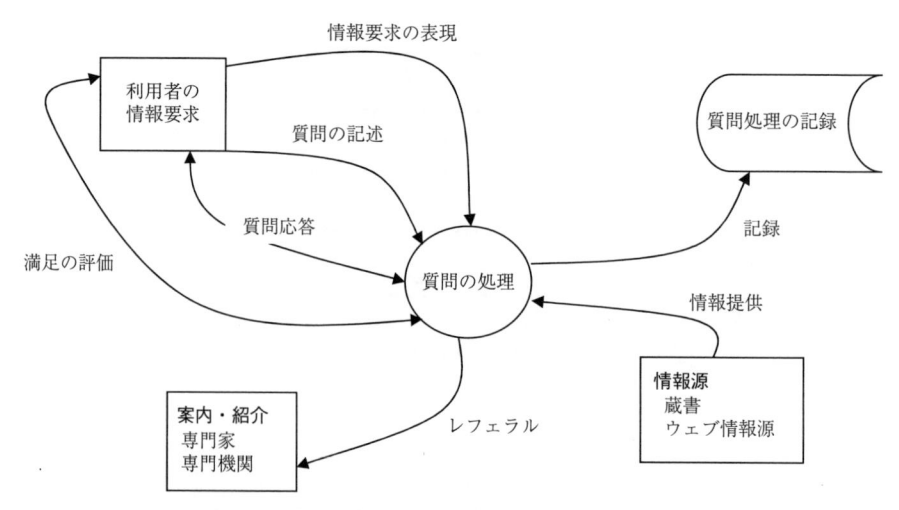

図2　レファレンスプロセスの構成要素と相互関係
（出典：Saxton, Mathew L. and Richardson, John V. Jr. *Understanding Reference Transaction : Transforming an Art into a Science*. Emerald, 2007, p.107の図に加筆。）

求」の存在が前提となるが，利用者の情報要求が質問処理の対象となるためには，利用者が情報要求を表現し，その情報要求が処理対象となるような質問として記述される必要がある。このように，利用者によって表現された情報要求の内容を明らかにし，検索戦略構築に必要な手がかりを得るために行われるのがレファレンスインタビューである。

　このインタビューは，図書館職員が利用者に確認すべき項目について質問を行い，それに対して利用者が応答するという「質問応答」の形式をとる。検索戦略の構築が可能となった質問について，所蔵資料やウェブページなどの情報源を検索し，回答を求めることになる。このように，情報源は質問処理にあたって回答となる情報を提供する，典拠（出典）としての役割を担うことになる。質問応答
典拠

　図書館の所蔵資料やウェブページの情報源では回答が得られない場合には，専門家や専門機関に問い合わせ（照会）を行い，入手できた回答を提供する。あるいは，回答の提供が可能な専門機関を案内（紹介）することになる。すなわち，レフェラルサービスを行う。レフェラルサービス

　つぎに，利用者に提供された回答に対して，利用者は情報要求が充足されたかどうかという満足度の評価を行う。情報要求が充足されないと判定された場合には，質問の処理がやり直されることになる。

　こうした一連の質問処理の内容は，レファレンス事例として記録され，同種の質問の処理に役立てられることになる。レファレンス事例

● ……… **レファレンスプロセスの実際**

　図3は，利用者の質問が図書館職員に提示され回答の提供にいたるまでの過程の事例を示したものである。この事例では，利用者は，まず教育という主題の図書の排架場所を尋ねる質問を図書館職員に提示している。利用者の最初の質問は，このように資料の所在を問う案内指示的質問となる傾向がある。案内指示的質問

　この質問を受けつけた図書館職員は，教育という主題をもとにNDCの370番台の書架を指示するが，教育という主題が広すぎると判断し，主題の特定化を求めるインタビューを行なっている。これに対して利用者は，要求する主題を特定化した応答を返している。この返答を受けた図書館職員は，より適切な回答を提供するためには目的の確認が必要と判断し，目的を問うインタビューを行なっている。それに対して利用者は，自身の職業を明らかにした上で，そうした主題の図書を必要とする理由や目的について述べている。この応答を受けて図書館職員は，いじめによって不登校となった児童への対応を扱った資料を提供することが適切と判断し，また，図書に加えて雑誌記事の提供が妥当と判断し，そのことを利用者に提示している。これに対して利用者は，その判断に同意している。以上が質問の提示と受付

(1) 質問の提示と受付
　利　用　者：教育関係の資料はどのあたりにあるでしょうか。
(2) レファレンスインタビュー
　図書館職員：370番台になりますが，教育のどのようなテーマについてお探しでしょうか。
　利　用　者：いじめや不登校の問題について書かれた図書を探しているのですが。
　図書館職員：もし差し支えなければ，どのような目的でお探しなのかお伺いできますか。
　利　用　者：小学校教員をしていますが，クラスに不登校児がいまして，どうもいじめが原因のようなのですが，その対応について知りたいと思い，資料を探しているのですが。
　図書館職員：はい，わかりました。それでは，図書だけでなく雑誌記事にもあたったほうがよいと思いますので，いじめを受けて不登校となった児童への対応等について具体的に扱った図書や雑誌記事を探してみましょう。
　利　用　者：よろしくお願いします。
(3) レファレンス質問（最終質問）の決定
　「いじめによる不登校について書かれた図書および雑誌記事」
(4) 検索戦略の構築
　① 質問の分析：　　　　主　題：いじめによる不登校
　　　　　　　　　　　要求事項：図書および雑誌記事
　② 情報源の選択：NDL-OPAC（詳細検索・資料種別：図書，記事）
　③ 検索語の選定：「いじめ」，「不登校」，「登校拒否」
　④ 検索式の作成：　　　タイトル：　いじめ
　　　　　　　　and タイトル：　不登校 or 登校拒否
　　　　　　　　　 or　　件名：　いじめ
　　　　　　　　and　　　件名：　不登校 or 登校拒否
(5) 検索の実行
　NDL-OPAC を使って上記の検索式で検索を実行。
(6) 検索結果の評価
　いじめと不登校との関係や対策を扱った図書や雑誌記事が検索され，そのうち数点について利用者から適切な資料であるとの判断が示された。
(7) 回答の提供
　・図書と雑誌記事について，書誌的事項名と書誌データを示したものを提供。
　・図書館に所蔵されている図書と雑誌記事については貸出，複写サービスが利用できることを伝える。
　・図書館に所蔵されていない図書と雑誌記事については，ILLサービスにより，他の図書館から図書の取り寄せ，雑誌記事については複写物の取り寄せが可能であることを伝える。

図3　レファレンスプロセスの事例

からレファレンスインタビューにいたるプロセスである。

　以上のインタビューの結果をもとに，最終的なレファレンス質問を決定した上で，検索戦略の構築に進んでいる。検索戦略の構築では，まず質問の分析を行い，質問内容を主題と要求事項に分けている。質問の分析をもとに回答を得るための情報源として，国立国会図書館のNDL-OPACという文献データベースを選択している。この情報源では，その詳細検索機能を選択することで，図書と雑誌記事の両方をまとめて検索することが可能である。そこで，検索項目として，図書の書名や雑誌記事の論題中に出現するキーワードからの検索が可能な「タイトル」，あるいは，図書や雑誌記事の主題を表現したキーワードからの検索が可能な「件名」を選定している（詳細は，UNIT 29参照）。また，選定された検索語間の論理的関係にそれぞれ基づいて所定の論理演算子によって結合し，検索式を作成している（論理演算子の詳細は，UNIT 32参照）。

NDL-OPAC

論理演算子

　つづいて，検索式を使って検索を実行した結果得られた図書および雑誌記事に対して評価を行い，そのうちのいくつかは，利用者の情報要求を充足する資料として判定された。これを受け図書館職員は，適切と判定された資料の書誌データを回答として提供している。提供に際しては，それらの資料を入手するために利用できるサービスについても紹介している。

　以上の事例が示しているように，図書館職員は利用者との相互作用（会話）を通して利用者の情報要求を把握し，適切な回答の提供につながる検索戦略を構築し，利用者の情報要求を充足する回答を提供していることがわかる。

UNIT 24 ●レファレンス質問への対応
レファレンス質問の理解

●………情報要求とレファレンス質問

　レファレンス質問は，何らかの課題や問題をかかえた利用者が，その解決のために情報が必要であると考え，必要な情報を表明したものである。しかし，利用者が情報要求を意識しているだけでは，レファレンスサービスは提供されない。利用者が，情報要求を自ら処理するのではなく，質問として図書館職員に提示し，援助を求めてはじめて，レファレンスサービスが行われるのである。その意味で，質問回答サービスとしてのレファレンスサービスは，きわめて受動的なサービスと言える。

　ところで，人間の持つ情報要求には，その人自身がまだ気づいていない潜在的な情報要求あるいは無意識の情報要求がある。図1は，この無意識の情報要求を起点にした情報要求と情報源との関係を示したものである。無意識の情報要求とは，何らかの課題や問題をかかえながらも，その解決のために必要となる情報がどのようなものか明確にできない，曖昧とした状態にあるものと言える。

　潜在化している無意識の情報要求が顕在化し，意識された情報要求に移行するための過程には，二つのことが考えられる。一つは，かかえている問題や課題について，利用者自身がその解決方法を熟考し，必要な情報が何かを見きわめた上で，情

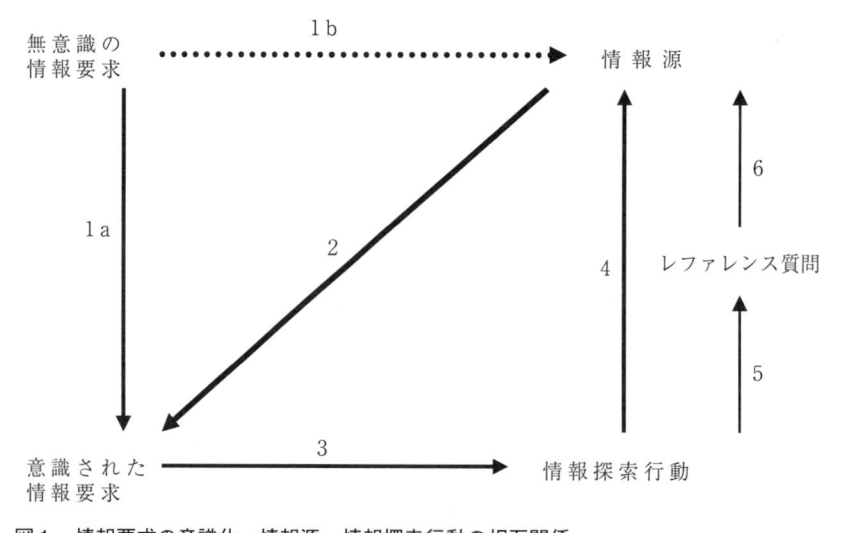

図1　情報要求の意識化・情報源・情報探索行動の相互関係
（出典：齋藤泰則『利用者志向のレファレンスサービス：その原理と方法』勉誠出版, 2009, p.151の図に加筆）

報要求として明確に意識する過程（1a）である。もう一つは，かかえている問題や課題にかかわる情報源との接触（1b）を通して，情報要求を顕在化し，意識する過程（2）である。問題や課題を抱えた利用者にとって，その解決にどのような情報が有効であるか見きわめ，情報要求を明確にする作業は容易なことではない。問題や課題に関係しそうな情報源との接触や出会いの機会を持つことで，問題や課題の解決に有効な情報の見きわめが可能になり，情報要求を明確に意識できるようになると言えよう。

　潜在化していた無意識の情報要求を顕在化し，意識するきっかけを与えるものの一つが，図書館で採用されている開架式である。開架式は，利用者が自由に資料アクセスし，手に取って利用できる優れた資料提供の方式である。潜在化している情報要求は，開架にある資料との接触や出会いによって顕在化し，明確な情報要求となり，貸出サービスやレファレンスサービスの利用につながっていくことになる。

開架式

●……情報探索行動

　情報要求が意識されると，その情報要求を充足するために具体的な情報探索行動を起こす過程（3）となる。情報探索行動において，情報源から必要な情報を入手するやり方には二つある。一つは，利用者自身が開架にある資料を探索するか，あるいはOPACを探索して得られた情報源から，必要な情報を入手する方法（4）である。もう一つは，情報要求をレファレンス質問として図書館職員に提示し（5），図書館職員の協力のもとで，情報を入手する方法（6）である。図1の1〜4の経路は，すべて利用者自身によって実行される過程であるのに対して，5と6の経路は，図書館職員によって実行されることに注意したい。レファレンスサービスは，意識された情報要求を充たすための情報探索を，利用者が図書館職員に委ねることによって成立するものなのである。

　利用者が，情報探索を図書館職員に委ねるために提示した質問は，図書館職員によるインタビューを通して明確にされ，探索可能なレファレンス質問として定式化され，検索戦略の構築の段階に進む。検索戦略を通して作成される検索式では，選択された情報源の検索に可能な検索語が使用される。このことは，レファレンス質問の主題を構成する概念と完全に一致した検索語が使用できるとは限らないことを意味する。すなわち，レファレンス質問は，選択した情報源の検索に使用可能な検索語によって構成される検索式に置き換えられることになる。そのため，利用者の当初の情報要求を正確に反映した検索式が作成されるわけでは必ずしもない。レファレンス質問の主題を構成する概念に，正確に一致した件名標目やディスクリプタが使用できる情報源もあれば，その概念の関連語や上位語で置き換えなければならない情報源もある（詳細は，UNIT 29参照）。

件名標目
ディスクリプタ
関連語
上位語

24. レファレンス質問の理解　121

● 真の情報要求とレファレンス質問

　レファレンス質問は，利用者が何らかの課題や問題をかかえたとき，その解決のために情報が必要であることを意識した上で，図書館職員に援助を求めた場合に提示されるものである。情報要求は，利用者の問題解決という文脈の中で生じるが，レファレンス質問として提示される情報要求が，かかえている問題の解決に必要な情報を直接表現したものになるわけでは必ずしもない。図2は，真の情報要求とそれを充たすために提示されるであろう質問の関係を示した例である。例えば，血糖値が高いという不安をかかえた利用者が，それを克服するための生活改善の方法を知りたいと考えたとしよう。この場合，利用者の真の情報要求は，血糖値を抑えるための生活方法について知りたい，ということである。

　このとき利用者は，図書館に行って医学事典を調べようとしたが，開架にある図書を見回しても，医学関係の事典が見つからなかった。そこで，医学事典の排架場所を尋ねる質問（①）を提示する。つぎに，その利用者は，図書館職員から紹介された医学事典を閲覧しようとしたが，索引の使い方がよくわからず，必要な項目を見つけ出すことができない。そこで今度は，医学事典の検索方法に関する質問（②）を図書館職員に提示することになる。さらに，図書館職員から医学事典の使い方に関する回答を得た利用者は，実際に必要な項目を検索できたが，説明されている内容が不十分であった。そのため今度は，糖尿病関係の専門図書（一次資料）を探したいと考えたが，図書の探し方がわからず，OPACの検索方法を図書館職員に尋ねる質問（③）を提示する。図書館職員から説明されたOPACの検索法にしたがって検索した結果，適切な図書が見つかり，目を通してみた。その結果，現在の血糖値の値は，医師の診断を受けるレベルにまで達していることがわかり，糖尿病治療の専門医がいる病院を調べることにした。これは，それまでの情報源の利用を通して得た知識から，新たな情報要求が生じたことを意味している。そこで，医療機関に関する情報を探してみるが，確認方法がわからず，図書館職員に医療機関の案内資料に関する質問（④）を提示する。

　以上の四つのレファレンス質問は，それぞれ独立した質問として，図書館職員によって処理されるが，利用者にとっては，根底にある真の情報要求を充たす情報を入手するための情報探索過程において，段階的に生成されたものである。この事例では，情報源の所在や検索法を問う四つの質問が提示されている。この事例のように，利用者から提示される質問は，真の情報要求に代わって情報源の所在や検索法に関するものとなることが少なくない。それゆえ，情報源の所在指示や検索法を尋ねる質問が寄せられた場合には，真の情報要求を把握するために，その情報源を使用してどのような情報を得ようとしているのかなど，確認する作業を行うことが必要と言えよう。

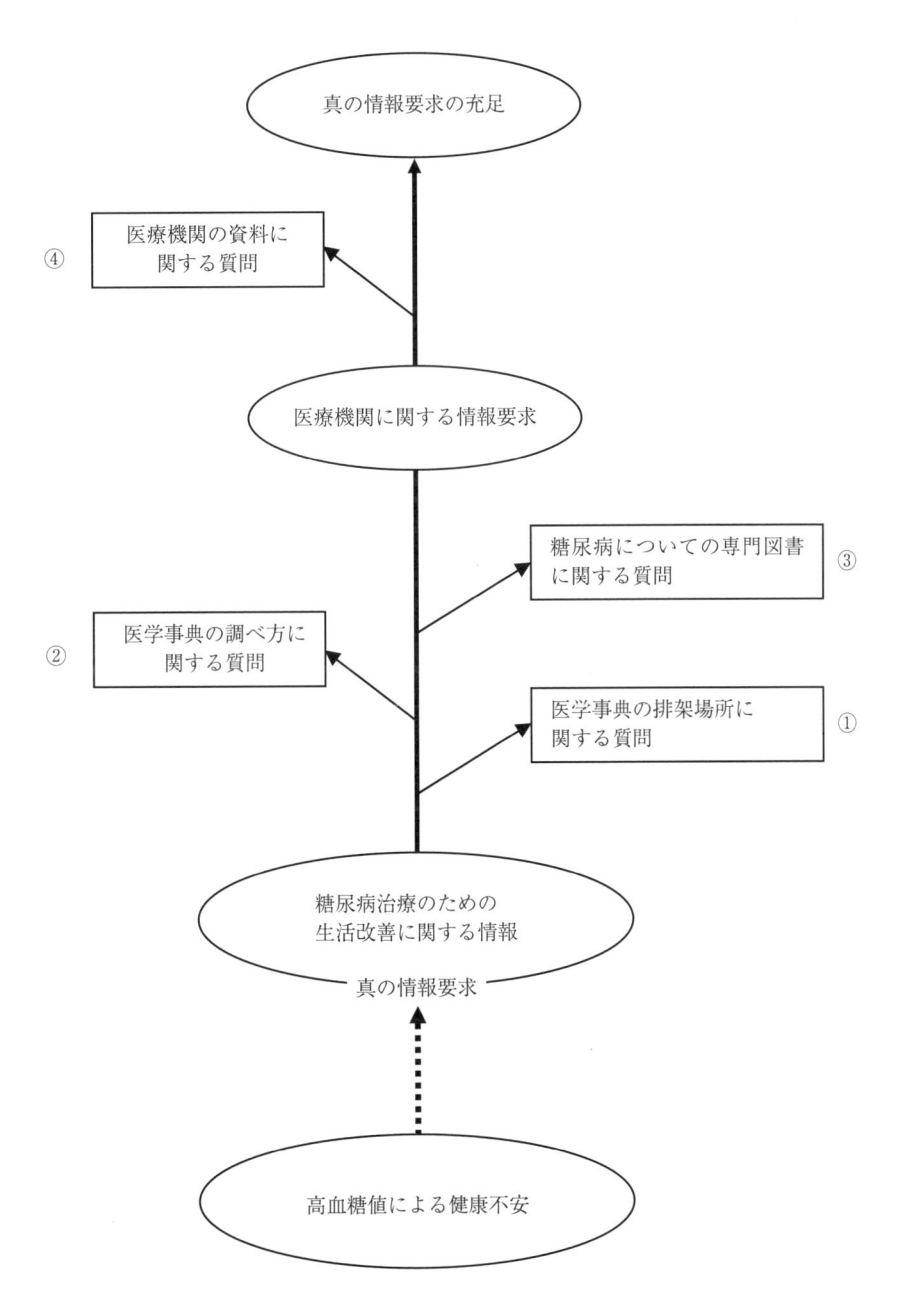

図2 真の情報要求から派生する質問

UNIT 25 ●レファレンス質問への対応
レファレンス質問の受付・分析

●………質問の受付と回答の制限

　質問回答サービスでは，利用者が提示した質問への回答にあたって，つぎのような原則を設けている。すなわち，質問への回答は，図書館が所蔵する資料あるいは図書館からアクセスした資料を使って行うことを基本としながら，それで回答できない場合には，他の図書館あるいは専門機関・専門家への紹介または照会によって対応する，ということである。また，質問への回答が，他人の生命・名誉・財産等に損害を与え，社会に直接悪影響を及ぼすような場合には，サービス対象としない。

紹介
照会

　レファレンスサービスでは，「レファレンス」という用語が示すとおり，情報源を「参照」して得られた情報を，回答として提供することが基本となる。ここでいう情報源とは，歴史的には図書や雑誌を中心とする出版物であり，さらには専門情報機関等への紹介または照会のために各図書館が独自に作成したレフェラル資料などである。近年では，インターネット上の情報源も含むことになるが，利用に際しては，情報源としての信頼性が十分に保証されるものを精選する必要がある。

参照

レフェラル資料

　このように，レファレンスサービスは，印刷メディア（出版物）を中心とする情報源を参照することに依拠してきた。したがって，以下のような質問は回答対象から除外したり，内容を制約したりするという，回答制限事項が設けられることが多い。

(1)　病気の診断や治療について判断を必要とする問題
(2)　法律相談
(3)　人生案内または身上相談
(4)　仮定または将来の予測に属する問題

　また，学校の宿題，懸賞問題，学習課題や論文の作成，古書や美術品の鑑定などに関する依頼や質問については，直接の答えを提供しない。ただし，学校の宿題，学習課題や論文の作成に関する質問に対しては，関連するレファレンス資料の使い方，データベースの紹介と探索法を示すなどして，利用者の情報活用能力の向上に資することが望まれる。

情報活用能力

● ……… 課題解決を支援する際のサービス範囲

　近年多くの図書館で，課題解決を支援するサービスの一環として，健康・医療情報や法律情報の提供を行なっている。東京都立図書館では，健康・医療情報の提供に関して，留意すべきこととして，以下のような説明を加えている。

(1) このサービスは，資料や情報の提供のみを行うものです。医療上のアドバイスはいたしません。
(2) 都立図書館では，診断，治療，薬についての判断はいたしません。
(3) 都立図書館は，このサービスを利用される方のプライバシーを守ります。
　（「東京都立中央図書館医療情報サービス」http://www.library.metro.tokyo.jp/1n/）

　このように，提供するサービスの範囲を，あくまでも情報と資料の提供にとどめ，医療・健康に関する「相談」や法律上の「相談」の域に踏み込まないように注意している。もちろん，図書館職員によって選択・提供された資料を使って得られた情報や知識を参考にしながら，利用者はかかえている問題の解決を図ることを考えることになるので，回答提供の原則である「複数の資料を典拠として提供すること」が重要となる。例えば，ある病気に対して複数の治療法がある場合，特定の治療法を取り上げた資料のみを提供してはならない。それとは異なる治療法を紹介している資料も提供し，利用者自身の判断によって，選択してもらうことが必要である。

● ……… レファレンス質問の受付方法

　レファレンス質問の受付方法には，口頭，電話，文書，FAX，電子メール，チャットなどが挙げられる。口頭とは，利用者がレファレンスデスクに来て図書館職員と対面しながら質問を提示する方法であり，質問の提示と質問内容の確認が，利用者と図書館職員との間で，同期的に行われる点に特徴がある。この同期性については，電話，チャットという方法も同様の特徴を有する。利用者と図書館職員とのやりとりが同期的であることから，口頭，電話，チャットという方法は，図書館職員にとっては，質問内容を把握し，確認するためのインタビューがすぐさま可能であり，利用者から見れば，図書館職員からのインタビューに応じる形で，情報要求を具体的に明らかにすることが可能となる。

　　　　　　　　　　　　　　　　　　　　　　　　　　　　　　　　　同期

　それに対して，文書，FAX，電子メールでは利用者と図書館員とのやりとりが同時に行われない。すなわち，非同期である点に特徴がある。そのため，これらの受付方法では，図書館職員は，利用者から提示された質問に対してインタビューによって，即座に不明確な点などを確認することができない。利用者にとっては，回答の検索に必要となる手がかりを，図書館職員からの問いかけに応じながら伝える

　　　　　　　　　　　　　　　　　　　　　　　　　　　　　　　　　非同期

こともできない。

　このように，検索戦略の構築に必要と考える手がかりが，利用者の提示した質問内容に必ずしも含まれているわけではないことから，文書や電子メールによる質問受付方法を採用する場合は，利用者に対して，確認したい項目をあらかじめ設定した記入フォームを用意し，その項目にしたがった質問内容の記述を求めることが有効である。

　一方，口頭や電話という同期的な方法は，言葉（音声）による質問提示の方式をとることから生じる対人コミュニケーション上の問題により，質問内容を，詳細かつ正確に図書館職員に伝えることを難しくする場合がある。これに対して，文書，FAX，電子メール，チャットは，文字による質問提示の方式を採用している点で，質問内容を詳細かつ正確に記述し，提示することが比較的容易となる。ただし，前述したように，図書館職員が検索戦略の構築において必要と考える情報が，利用者によって記述された質問に含まれている保証はない。

　口頭以外の受付方法は，利用者にとっては，図書館に出向くことなく質問の提示が可能であるという点で，大きなメリットがある。さらに，文書，FAX，電子メールについては，レファレンスサービス受付時間が限られることがなく，いつでも質問の提示が可能であり，利用者にとっての利便性は高い。ただし，回答が提供されるまでに，多くの時間を要するという点でのデメリットがある。

　このように，レファレンス質問には多様な受付方法があるので，利用者が質問提示の方法を的確に選択できるように，図書館のウェブページや利用案内資料等で，丁寧に案内しておくことが望ましい。

●………内容に基づくレファレンス質問の類型

　レファレンス質問の分け方には，いくつかの方法がある。内容に基づいて分けた場合，つぎのような類型化ができる。

(1) 所蔵調査質問
(2) 文献検索に関する質問
(3) 事実検索に関する質問
(4) 利用案内に関する質問

　(1)は，利用者が求めている資料が，図書館に所蔵されているかどうかを問う質問である。この種の質問を処理する前提となるのは，当該資料のタイトル，著者，出版者等の基本的な書誌データが判明していることである。それゆえ，利用者が提示した資料の書誌データが正確であるかどうかを確認した上で，質問の処理を始める

※ 対人コミュニケーション

必要がある。所蔵調査質問の処理にあたっては，まず，自館の所蔵資料の調査を行うが，その結果，未所蔵であった場合には，当該資料の所蔵機関の調査を行う。その上で，図書館間相互貸借によって当該資料を取り寄せたり，文献複写依頼サービスによって複写物を入手したりすることになる。当該資料を所蔵している図書館が近隣の場合には，当該図書館を案内したり，必要に応じて紹介状を発行したりして，利用者にその図書館に直接赴いてもらうことを勧める。なお，未所蔵資料については，リクエストサービスに基づいて，新規購入希望図書として処理する場合もある。

　(2)には二つの特徴がある。一つは，ある特定主題を扱った図書や雑誌記事あるいは特定著者の文献の検索を求める質問である。特定主題を扱った文献検索質問の処理では，書誌・索引等の情報源の選択と検索語の選定が重要となる。その際，質問の主題をどのような検索語（自由語あるいは統制語）を使って表現し，検索式とするかが重要となる。回答としては，書誌データを提供することになるが，それにとどまらず，利用者は当該文献の入手を希望することが多いことから，上記の(1)の質問としての処理が求められることが少なくない。

　もう一つは，書誌データ調査を求める質問である。すなわち，タイトルと著者がわかっている図書の出版者と出版年が不明のため，それを確認することを求めるといった質問である。論題の一部しかわからない雑誌記事について，執筆者，掲載誌，巻号，刊行年，掲載ページといった書誌データを求める質問も，これに該当する。

　(3)は，ある特定の事象・事項等に関するデータや情報を求める質問である。例えば，「日本人女性の合計特殊出生率の推移」や「宮澤賢治の生没年と略歴」などが，これに該当する。こうした質問に対しては，事典類などの事実検索のための情報源を主に利用して，回答を提供することになる。また，求めている情報の内容によっては，上記の文献検索に関する質問として扱ったほうがよい場合もある。例えば，「宮澤賢治の経歴について知りたい」という質問に対して，文学事典や人名事典を利用した回答では不十分な場合には，宮澤賢治に関する資料（伝記や評伝など）を提供することになり，結果として，文献情報に関する質問として扱うことになる。

　(4)には，貸出手続やリクエストの方法など，図書館サービスの利用に関する質問，特定の情報源の排架場所を問う質問，情報や文献の探索法を問うような質問が含まれる。ここで，特定の情報源の排架場所を問う質問とは，例えば新聞の縮刷版の排架位置や児童用図書の排架スペースなどを問うような質問であり，「案内指示的質問」ともよばれる。利用者がレファレンスデスクに来て，最初に提示する質問の多くが，この案内指示的質問となる傾向がある。

　情報や文献の探索法に関する質問は，上記の文献情報に関する質問や事実情報に関する質問と密接な関係がある。文献検索質問の場合，ある特定主題に関する図書や雑誌記事を求める質問となるが，利用者が求める主題に関する文献を自ら探索し

［側注］
図書館間相互貸借
文献複写依頼
リクエストサービス
自由語
統制語
案内指示的質問

ようと考えた場合，文献探索法に関する質問として，利用者は提示することになる。なお，児童・生徒や学生から，学校の宿題やレポート作成のために必要な文献や情報の検索を求める質問が提示された場合，通常は教育上の配慮から，その質問に対する答えを直接提供せず，文献や情報の探索法に関する質問として扱い，求める文献や情報の探し方を回答することになる。

●⋯⋯⋯⋯レファレンス質問の多様な類型

内容とは別に，レファレンス質問の類型としては，難易度に基づくものがある。難易度が低い順から，即答質問，探索質問，調査質問に分けられる。即答質問とは，文字通り，即座に回答が可能なレベルの質問であり，クイックレファレンスクエスチョンともよばれる。図書館職員は，数点の情報源を参照して，容易に回答を確認して提供できるものである。

<!-- 即答質問 -->
<!-- クイックレファレンスクエスチョン -->

探索質問とは，回答の探索に一定の時間と労力を要する質問であり，図書館職員は図書館に所蔵されているレファレンス資料を駆使し，必要に応じて一次資料も利用して回答を探索するレベルの質問といえる。調査質問とは，文献リストの作成などが求められ，網羅的な探索を必要とするレベルの質問である。調査の範囲は図書館の所蔵資料に限定されることなく，各種の書誌やデータベースを駆使して文献探索を行い，包括的な文献リストを添えて，回答を提供することになる。

<!-- 探索質問 / 一次資料 / 調査質問 -->

●──── option 1

レファレンス質問の類型例

下表は，D. G. Warnerが，2001年に発表したレファレンス質問の類型である。ここでは，レファレンス質問を四つのレベルに分けていることに特徴がある。

質問の類型	定　　義	例
レベル1 情報源に依拠しないで回答できる質問	・回答のために情報源を必要としない質問。 ・サインやパンフレットなどで回答できるような質問（場所や方針に関する質問など）	・「本はどこで受け取れるのか。」 ・「金曜日の開館時間はどのくらい延長されるのか。」 ・「今日の新聞はどこにあるのか。」
レベル2 スキルに関する質問	・回答に実演を要する質問（例，的確に作成された案内によって回答可能なハウツー型の質問）。 ・たいていの場合，図書館員が移動して，スキルを実演する必要がある。 ・同じ質問に対しては常に同じ回答が与えられるべきである。	・「フロッピーディスクにどのようにダウンロードすればよいのか。」 ・「自宅からインターネットで図書館のデータベースにどうやってアクセスすればよいのか。」 ・「目録を使ってどのようにビデオを見つければよいのか。」
レベル3 検索戦略の構築を必要とする質問	・回答を検索するために検索戦略の構築を必要とする質問。 ・情報源の選択を要する質問。 ・利用者に応じた主題へのアプローチが必要な可能性のあるもの。	・「癌と栄養に関する論文を探す必要がある。」 ・「この薬にはどんな副作用があるのか。」 ・「1990年の米国における養子縁組の数は。」
レベル4 コンサルテーション	・通常のデスク業務以外により多くの時間を要するもの。 ・教材の選択のために行われる場合がある。 ・図書館員はコンサルテーション業務のために推薦資料の調査や報告書の作成を必要とすることが多い。	・「証拠に基づく医療に関する案内を行なっているウェブサイトのリストを推薦してほしい。」 ・「ウェブサイトを評価するためにどのような基準を用いるべきか。」

（出典：Warner, D.G. "A New Classification for Reference Statistics," *Reference and User Services Quarterly*, Vol.41, No.1, 2001. 訳は，齋藤泰則『利用者志向のレファレンスサービス』勉誠出版，2009，p.103による）

UNIT 26 ●レファレンス質問への対応
レファレンスインタビュー

●……レファレンスインタビューの意義

　レファレンスインタビューは，利用者から質問の提示を受けた図書館職員が，質問の内容を把握し，確認するために行う，利用者とのやりとりである。利用者が最初に提示する質問は，一般に情報源にかかわる質問を提示する傾向にある。例えば，「雑誌のバックナンバーはどこにあるか」や「教育に関する図書を利用したいが，どのあたりにあるのか」，「歴史関係の事典はどこに排架されているか」などである。特に，口頭による質問の提示の場合，特定の情報源の所在を尋ねる案内指示的質問となる頻度が高い。また，質問の内容も漠然としており，主題も明確になっていない場合が多い。

案内指示的質問
主題

　上記の例でいえば，「雑誌のバックナンバーはどこか」という質問については，所蔵する雑誌のタイトル数が多く，分野別に雑誌を組織化している図書館であれば，探している雑誌の分野や誌名を確認するためのインタビューが必要となろう。「教育に関する図書はどのあたりにあるのか」という質問についても，教育に関して多くの図書を所蔵している図書館であれば，教育という主題の中で，どのような領域の図書を探しているのかを確認するためのインタビューを行う必要がある。そうしてはじめて，利用者が求める領域の図書の排架場所を，回答として提供することができるのである。

　このように，レファレンスインタビューは，利用者が提示した質問について，その内容を特定化あるいは具体化させ，利用者が求めている情報や資料に適した回答の提供を可能にする手がかりを得るために行われる。

　上記のような案内指示的質問は，必要な情報が含まれていると利用者が判断した情報源の所在を尋ねる質問という点に特徴がある。そこで問題となるのが，利用者が選択した情報源の妥当性である。「教育に関する図書はどのあたりか」という質問に対して，主題を特定化するためのインタビューを行う意義は，利用者が選択した図書という情報源が，利用者の求めている情報を得る上で妥当かどうかを確認する意味もある。求めている情報によっては，貸出可能な通読用の図書よりも，専門事典類を利用したほうがよい場合も考えられる。また，利用者が求めている主題が最新の教育問題であれば，図書よりも教育分野の専門誌を中心とした情報源やイン

ターネット上の情報源を選択したほうがよい。いずれにせよ，インタビューを行うことにより，図書館職員は，利用者が求めている情報を収めている情報源を，的確に選択するための手がかりを得ることを期待している。

● ………… レファレンスインタビューの範囲

利用者が求めている情報や資料に合致した適切な回答を提供するには，主題以外の要素についても確認することが必要となる。再び上記の「教育に関する図書はどのあたりか」という質問で，これを考えてみよう。

仮に，インタビューによって「不登校への対応」という特定主題が確認できたとしよう。これにより不登校に関する図書や雑誌記事，インターネット上の情報源の検索が可能となり，多くの図書や雑誌記事，ウェブページが存在することがわかる。こうなると，どのくらいの点数の図書や雑誌記事，ウェブページが必要なのかを，利用者に確認する必要が生じてくる。このとき，数を直接尋ねることもできるが，必ずしも具体的な数が利用者から示されるとは限らない。そうした場合，不登校に関する資料や情報を必要とする理由や，それを利用する目的や動機について確認するインタビューを，適宜行う必要がある。

例えば，利用者が小学校の教師で，受け持ちクラスに不登校児がいるような状況だとする。インタビューを通してこうした背景が把握され，不登校児童への対応に関して何らかの手がかりを得ることが目的であるとわかったならば，多くの資料が必要だというわけではなく，具体的な対応方法を考えるのに役立つ教師向けの実践事例が掲載された，ごく限定されたものだけでもよいと判断される。そうなれば，検索結果から，この目的に合致した資料だけを選択して回答することが可能となる。

一方，利用者が教育学を専攻している大学生で，授業のレポートを書くための情報収集が目的である場合ならば，小学校の教師への回答とは大きく異なる。この場合には，数種類の資料や情報源を提示することが求められるであろう。

こうした事例からわかるように，レファレンスインタビューでは，利用者が求める資料や情報の主題の特定化を中心にしながら，それが必要となった背景や問題状況，資料や情報を利用する目的や動機，さらには利用者の職業や身分などの属性について，適宜，把握することが求められる。ただし，これらのうち，目的や動機，利用者の属性については，利用者のプライバシーにもかかわる事柄であることから，インタビューにあたっては，慎重な配慮が必要である。

なお，利用者から質問の提示を受けた場合，常に主題の特定化を含めたインタビューを行うわけではない。利用者側にインタビューを受け入れない態度が見られるような場合には，利用者が提示した質問に直接回答するにとどめなくてはならない。すなわち，「教育に関する図書はどのあたりか」という質問であれば，NDCの

分類記号370番台の図書の排架場所のみを回答し，主題の特定化，目的や動機の確認などのインタビューは控えることになる。

●………レファレンスインタビューの技法

レファレンスインタビューでは，図書館職員が利用者の質問内容の把握，確認のために利用者に質問を行うが，この質問の形式には開質問（open question）と閉質問（closed question）がある。開質問とは5W1H型の質問のことであり，レファレンスインタビューでは，利用者からできるだけ具体的な説明が得られるタイプのものである。具体的には，つぎのような形式の質問となる。

> 教育について何をお知りになりたいのですか。
> どのような目的で資料を利用されるのですか。
> 過去何年くらいまでの出版年の資料を遡って探しましょうか。
> 図書と雑誌記事のどちらを探しましょうか。

これに対して閉質問は，「はい」「いいえ」で答えることを求める質問であり，図書館職員が示した質問内容について，その是非を応答してもらうタイプのものである。具体的には，つぎのような形式の質問となる。

> 学校教育についてお知りになりたいのですか。
> レポート作成のために資料が必要なのですか。
> 過去数年以内に出版された図書でかまいませんか。
> 図書ではなく雑誌を探せばよいですか。

開質問は，利用者に質問内容について，できるだけ主体的に語ってもらうことを意図したものである。特に主題や目的については，図書館職員がその内容を限定することなく，利用者に自由に語ってもらうことが望ましいことから，開質問の使用が推奨される。ただし，利用者からの説明を促すきっかけとして，閉質問を併用する場合もある。例えば，「目的は何か」と直接尋ねるのではなく，大学生と思われるような利用者であれば，「レポートか何かで，資料をお探しでしょうか。」といった閉質問を行い，利用者に具体的な説明を促すというやり方もある。

●………レファレンスインタビューの展開

レファレンスインタビューは，図書館職員による1回限りの質問で終わることはなく，利用者の応答をふまえて，複数回の質問を連続的に行う。そこで，利用者の

質問の提示から最終的に質問を確定するために行われるインタビューの前半において開質問を行い，後半に閉質問を使用する場合もあれば，それとは逆に，前半において閉質問を行い，後半に開質問を使用する場合もある。前者を「漏斗型」といい，後者を「逆漏斗型」という。

漏斗型の前半では，できるだけ利用者から質問内容に関する説明を制約なく自由に話してもらうために，主として主題や目的を問う開質問を使用する。そして，それに対する利用者の応答内容をふまえて，後半では必要とする情報量（文献数）や情報源の形態，出版年の範囲などを，それぞれ確認するための閉質問を使用する。

逆漏斗型では，前半は利用者が応答しやすい主題の特定化や情報量（文献数），情報源の形態や出版年の範囲を閉質問によって確認しながら，徐々に，利用者とのコミュニケーションをはかる。その上で，後半では開質問を使って情報要求の中心的な要素となる主題の特定化を一層進め，必要に応じて，目的・動機の確認など利用者のプライバシーにもかかわる要素についても，開質問を用いて利用者からの説明を求める。

このように，レファレンスインタビューでは，開質問ならびに閉質問を用いて，必要な情報資料の主題，目的・動機，情報が必要な理由（問題状況）を把握する。こうした主題に関する質問，目的・動機に関する質問，問題状況に関する質問を，単に質問形式の違いを表した開質問や閉質問と区別し，「中立質問（neutral question）」と称する。

> 中立質問

●……レファレンスインタビューの評価

レファレンスインタビューの結果は，質問回答サービスの成否を左右する。利用者の情報要求について，求める情報を主題の側面だけでなく，目的や動機，問題状況（理由）を含めた要素について把握されたならば，より適切な回答の提供につながるであろう。利用者から，こうした要素に関する説明を得るためには，利用者に対する図書館職員の接遇が大切であり，レファレンスインタビューに対する利用者の評価の際の重要な指標ともなる。

> 接遇

図1は，レファレンスインタビューについて，利用者に評価してもらう際の評価票である。この評価項目からもわかるように，利用者が快く質問を提示し，かつ，インタビューにも応じてもらえるよう，図書館職員は利用者に対して真摯に，かつ丁寧に，心のこもった接遇を行う必要がある。

■ 援助を求めて図書館員に近づいたとき，あなたが目にしたものを最も的確に示しているものをチェックしてください。
　　図書館員は
　　　　□　支援できる体制にあった。
　　　　□　レファレンス・デスクで他の利用者に応対していた。
　　　　□　レファレンス・デスクから離れていた。
　　　　□　電話中または他のスタッフと話をしていた。
　　　　□　レファレンス・デスクで他の業務にあたっていた。
　　　　　　どんな業務か（　　　　　　　　　　　　　　　　　）

■ 図書館員に近づいたとき，図書館員が何らかの活動にあたっていた場合，その図書館員はあなたの存在に気づきましたか。
　　　　□　はい　　　　□　いいえ　　　　□　どちらともいえない

■ あなたが最初に尋ねた質問を記入してください。（　　　　　　　　　　　）

■ 図書館員の最初の対応（あなたの質問に対応した図書館員が最初に語った言葉）を記入してください。（　　　　　　　　　　　　　　　　　　　）

■ 図書館員が用いたインタビュー技術，様式，戦略はレファレンスインタビューの成功・不成功に大きく関係します。そこで，図書館員とのやりとりをふまえて，つぎの項目について評価してください。

図書館員に関する評価項目	評価のレベル 最低　　　　　最高
図書館員に受入態勢があった	1　2　3　4　5
質問に関心を示した	1　2　3　4　5
丁寧に応対した	1　2　3　4　5
簡単に決め付けるようなことはなかった	1　2　3　4　5
自信が見られた	1　2　3　4　5
やり取り全体を通じて快く感じた	1　2　3　4　5

■ やり取りの最後に，図書館員は確認のための質問，例えば，あなたが求めていたものが得られたかどうかを確認したいと考えているような問いかけをしましたか。
　　　　□　はい　　　　□　いいえ
　　　　図書館員は何といいましたか。（　　　　　　　　　　　　　　）

■ 今回の図書館員との対話を踏まえ，同じ図書館員に再度，質問をしたいと思いますか。
　　　　□　はい　　　　□　いいえ　　　　□　どちらともいえない

図1　レファレンスインタビューの評価票
（出典：Whitlatch, J.B. *Evaluating Reference Services : A Practical Guide.* ALA, 2000, p.59-60.）

● ── **option J**

レファレンス質問受付票

　下図は，奈良県立図書情報館が，インターネット上で提供しているメールレファレンスの申込画面である。この画面は，そのままレファレンス質問の受付票となるものである。質問事項とともに，手がかりとなる出典や情報源，調査済み事項などを記す欄があることに注目してほしい。

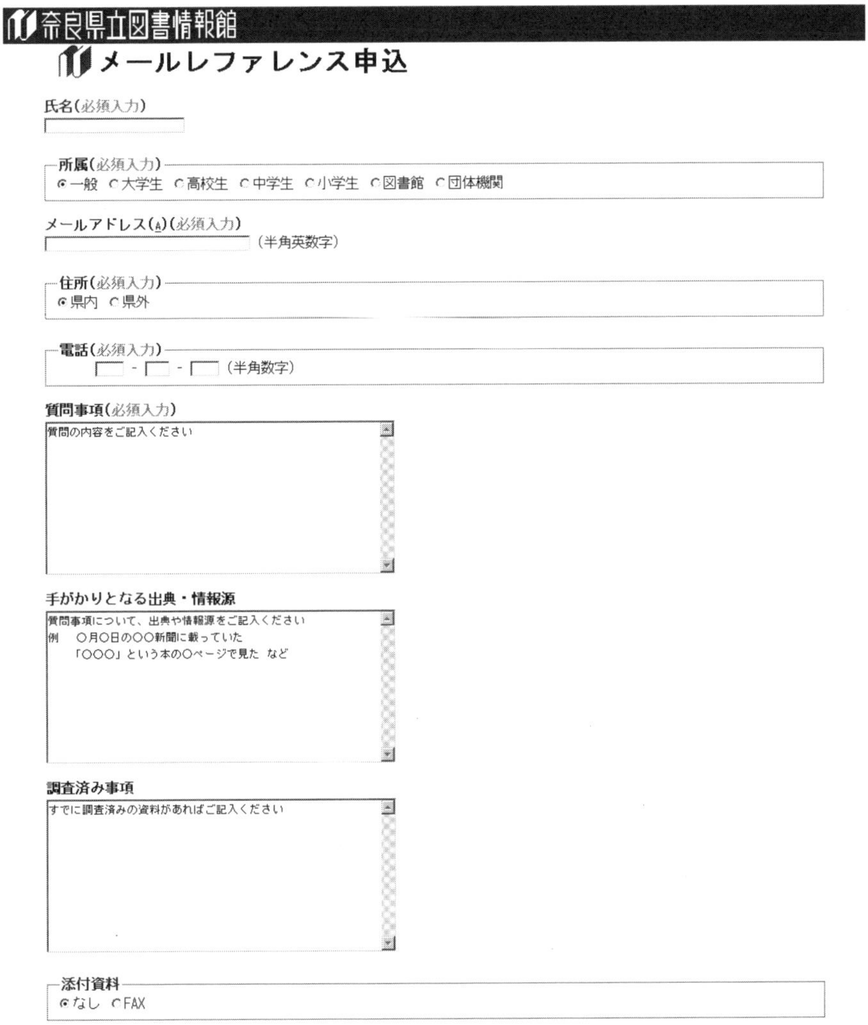

UNIT 27 ●情報の検索と回答
検索戦略の構築

●……検索戦略構築の意義

　検索戦略は，UNIT 23（レファレンスプロセス）で触れたように，四つの段階からなる。すなわち，第一に質問の分析，第二に情報源の選択，第三に検索語の選定，第四に検索式の作成である。このUNITでは，検索戦略の第一段階である質問の分析を詳述するとともに，情報源の選択から検索式の作成に至る概要について解説する。

●……質問の分析

主題
要求事項

　検索戦略の第一段階である「質問の分析」では，質問内容を「主題」と「要求事項」とに分析する。情報要求を表現した質問を，「Aについて，そのBが知りたい。」という形式となるように整理するのである。このAにあたる部分が主題であり，Bにあたる部分が要求事項である。質問の主題の類型と要求事項の類型は，表1のように示すことができる。すなわち，質問の主題の類型には「言語・文字」以下の九つを，要求事項の類型には「解説」以下の七つを，類型の例として用いている。質問の類型は，これらの主題の類型と要求事項の類型を組み合わせで構成される。以下，具体的につぎの3種類の質問を例にして検討してみよう。

　　質問①：「冬眠鼠という語の読みを知りたい。」
　　質問②：「日本の小学生の人数を知りたい。」
　　質問③：「登校拒否児やいじめ問題に関する図書を知りたい。」

　質問①の主題は「冬眠鼠」であり，その類型は「言語・文字」である。要求事項はその語の読みと意味であり，類型は「解説」である。質問②の主題は「日本の小学生」であり，その類型は「事象・事物」である。要求事項は「人数」であり，その類型は「数値データ」である。質問③の主題は「登校拒否やいじめ」であり，その類型は「テーマ」である。要求事項は「図書」であり，その類型は「文献（書誌データ）」である。
　主題の分析にあたっては，その主題を構成している概念を特定する必要がある。

主　題	要求事項
1）言語・文字	1）解説
2）事象・事物	2）数値データ
3）テーマ	3）図・画像
4）地理・地名	4）日時
5）歴史・日時	5）人物・団体
6）人物・団体	6）文献（書誌データ）
7）図書	7）文献（所蔵情報）
8）雑誌・新聞	
9）雑誌記事・新聞記事	

表1　レファレンス質問における主題と要求事項の類型

質問①の主題は，「冬眠鼠」という単一概念からなる。質問②の主題は，「日本」と「小学生」という二つの概念から成り立っている。質問③の主題は，「登校拒否児」と「いじめ」という二つの概念から構成されている。

　質問②と質問③のように，質問の主題が複数の概念から構成されている場合には，概念間の論理的関係も併せて分析しておく必要がある。また，主題を構成する二つの概念のいずれも必須なのかどうかを検討する。主題を構成する概念の分析結果は，第三段階の検索語の選定と第四段階の検索式の作成で用いることになる。

　このように，質問を分析しその類型を明らかにすることにより，質問への回答を得るためには，どのような情報源を選択すればよいか判断することが可能となる。

● ………… **情報源の選択**

　主題と要求事項の分析の結果をもとに，第二段階の情報源の選択に進むことになる。第二段階では，レファレンス質問への回答を得られると考えられる情報源を選択する。事実を求める質問の場合には，辞書・事典や統計資料などの事実検索用の情報源が選択される。文献を求める質問の場合であれば，書誌・索引や目録などの文献検索用の情報源が選択される。レファレンス質問が，事実検索の質問と文献検索の質問のいずれに該当するかを判断するもとになるのが，要求事項の類型ということになる。詳細は，UNIT 28（情報源の選択）で扱う。

● ………… **検索語の選定**

　特定の情報源が選択されたならば，つぎに，その情報源を使って，必要な情報を検索するために検索語を選定する。検索語の選定にあたっては，選択した情報源で，どのような索引語や見出し語の使用が可能なのか，また，いかなる検索方式が採用されているかを確認する必要がある。その情報源が，件名標目表やシソーラスを採

索引語
見出し語
件名標目表
シソーラス

用しており，主題の構成概念を表現する検索語として件名標目やディスクリプタといった統制語の使用が可能かどうか，あるいは，書名や論題中の単語を検索語として使用する自由語による検索のみとなっているのかを把握しておく必要がある。この統制語と自由語の選定の詳細については，UNIT 29（検索語の選定／検索式の作成）で取り上げる。

ディスクリプタ

　冊子体のレファレンス資料では，見出し語の中から検索語を選定する前に，索引語のリストから，質問の主題を表現した索引語を確認する必要がある。その索引語が同時に見出し語となっている場合もあるが，そうでない場合は，その索引語から参照指示（を見よ参照）の出ている見出し語を確認し，その見出し語のもとの解説から求める情報を得ることになる。

参照指示
を見よ参照

● ……… **検索式の作成**

　検索式の作成とは，質問の主題を構成している概念を選択した情報源で用意されている検索語を使って，主題を表現することをいう。このとき，複数の概念で主題が構成されている場合は，注意を要する。印刷メディアの情報源が選択された場合，主題を構成している個々の概念を表した検索語を使って表現することはできない。そこで，索引語や見出し語あるいは目次の項目の中から複数の主題概念の上位概念を検索式とするか，あるいは，複数の主題概念をあらかじめ結合した索引語や見出し語があればそれを検索式とする。後者のように，主題を構成する複数の概念を表す語をあらかじめ結合して索引語や見出し語とするやり方を，「事前結合索引方式」という。例えば，『基本件名標目表』（第4版）では，「日本の教育」という主題については「日本」という主題（地名）を主標目とし，「教育」という主題を細目として扱い，「日本−教育」という表記によって，事前結合索引方式による件名標目を設定している。

事前結合索引方式

　それに対して，電子メディアの場合には，質問の主題を構成している個々の概念を表した索引語が設定される。検索式の作成の時点で，それらの索引語を結合し，質問の主題を表現して検索式とするのである。索引語があらかじめ結合されていないことから，こうした索引方式を「事後結合索引方式」とよぶ。

事後結合索引方式

　事前結合索引方式にせよ事後結合索引方式にせよ，選択した情報源において用意されている索引語を使って検索式を作成するという点では違いがない。したがって，質問の主題を構成している概念を正確に表した索引語が選択した情報源に登録されていない場合は，その概念の上位概念や関連概念を表した索引語に置き換えて検索式を作成することになる。

● option K

基本件名標目表に見るキーワード

トショカシダ	図書貸出 → **資料貸出**	
トショカン	**図書館*** ⑧*010 ; 016* ⑨*010 ; 016*	
	NT：学校図書館．刑務所図書館．国立図書館．視聴覚ライブラリー．児童図書館．情報センター．専門図書館．大学図書館．短期大学図書館．点字図書館．電子図書館．図書館（公共）．図書館員．図書館家具．図書館機械化．図書館行政．図書館協力．図書館経営．図書館計画．図書館情報学．図書館の自由．図書館用品．図書館利用．病院図書館．文書館	
トショカン	図書館（学校） → **学校図書館**	
トショカン	**図書館（公共）*** ⑧*016.2* ⑨*016.2*	
	UF：公共図書館	
	TT：教育 47．図書館 183	
	BT：社会教育．図書館	
	NT：家庭文庫	
トショカン	図書館（児童） → **児童図書館**	
トショカン	図書館（専門） → **専門図書館**	
トショカン	図書館（大学） → **大学図書館**	
トショカンイ	**図書館員** ⑧*013.1* ⑨*013.1*	
	TT：図書館 183	
	BT：図書館	
トショカンカ	**図書館家具** ⑧*012.9* ⑨*012.9*	
	TT：図書館 183	
	BT：図書館	
トショカンガ	図書館学 → **図書館情報学**	
トショカンカ	図書館活動 → **図書館奉仕**	
トショカンカ	**図書館間相互貸借** ⑧*015.38* ⑨*015.38*	
	UF：ＩＬＬ	
	TT：図書館 183．図書館奉仕 185	
	BT：図書館協力．図書館奉仕	
トショカンカ	図書館管理 → **図書館経営**	
トショカンキ	**図書館機械化** ⑧*013.8* ⑨*013.8*	
	TT：図書館 183	
	BT：図書館	
トショカンキ	**図書館教育*** ⑧*015 ; 375.18* ⑨*015 ; 375.18*	
	TT：学校 34．図書館 183	
	BT：学校図書館	
	NT：読書感想文．読書指導	
トショカンギ	**図書館行政*** ⑧*011.1* ⑨*011.1*	
	TT：図書館 183	
	BT：図書館	

UNIT 28 ●情報の検索と回答
情報源の選択

●………情報源選択のための類型把握

　情報源の選択については，質問の類型をもとに情報源の類型を把握し，つづいてその類型に属する情報源を実際に選ぶという手順で進める。表1は，実際の質問例とその類型，その質問への回答を得るために選択すべき情報源の類型を示したものである。以下，いくつかの質問例に基づいて，情報源選択の実際を解説する。

　選択すべき情報源の類型は，質問の類型に依拠して決めることができる。質問①（「エントロピーとはどういう意味か」）については，「用語-解説」という類型から，「辞書」という類型の情報源を選択することができる。また，質問②（「宮澤賢治に関する図書を知りたい」）については，「人物-文献（書誌データ）」という類型から，「書誌-索引」という類型の情報源を選択することができる。

　質問③（「下野新聞の2010年度の発行部数は」）については，「新聞-数値データ」という類型となる。要求事項の類型が「数値データ」の場合は，一般に「統計資料」という類型の情報源が選択されるが，主題の類型が「新聞」であり，ここでは特定の新聞紙が対象となっていることから，新聞や雑誌を対象にした「逐次刊行物書誌」を選択することが適切である。それに対して質問④（「日本のビールの生産量を知りたい」）については，「事物-数値データ」という類型から，「統計資料」という類型の情報源が選択されることになる。

　質問⑤（「西郷隆盛の生没年を知りたい」）と質問⑥（「日本図書館協会の創立年を知りたい」）は，要求事項の類型はともに「日時」であるが，情報源の選択にあたっては主題の類型である「人物」，「団体」という類型を扱った情報源を選択する必要があり，質問⑤については「人名事典」，質問⑥については「団体名鑑」という類型の情報源を選択することになる。

●………類型に基づくレファレンスブックの選択

　情報源の類型が決まれば，つぎに，その類型に属するレファレンス情報源を実際に選択する。例えば，レファレンスブックの選択にあたっては，二次資料であるレファレンスブックをリストした三次資料を使用する。

二次資料
三次資料

　代表的な三次資料としては『日本の参考図書』（第4版，日本図書館協会）が挙

レファレンス質問	レファレンス質問の類型				情報源の類型
	主題		要求事項		
	内容	類型	内容	類型	
①エントロピーとはどういう意味か。	エントロピー	用語	意味	解説	辞書
②宮澤賢治に関する研究図書を知りたい。	宮澤賢治	人物	図書	文献（書誌データ）	書誌・索引
③下野新聞の2010年度の発行部数は。	下野新聞	新聞	発行部数	数値データ	逐次刊行物書誌
④日本のビールの生産量を知りたい。	日本のビール	事物	生産量	数値データ	統計資料
⑤西郷隆盛の生没年を知りたい。	西郷隆盛	人物	生没年	日時	人名事典
⑥日本図書館協会の創立年を知りたい。	日本図書館協会	団体	設立年	日時	団体名鑑

表1　レファレンス質問の類型と情報源の類型

げられる。これには，レファレンスブックの書誌データが，解題とともに掲載されており，NDCによって分類排列されている。1999年12月までに出版されたレファレンスブックが収録対象となっているため，2000年以降に出版されたレファレンスブックについては，『日本の参考図書　四季版』（日本図書館協会）や『年刊参考図書解説目録』（日外アソシエーツ），国立国会図書館の「参考図書紹介」（http://rnavi.ndl.go.jp/sanko/）などを参照するとよい。

　情報源選択の実例として，質問②（「宮澤賢治に関する図書を知りたい」）を取り上げてみよう。質問の類型は，「人物－文献（書誌データ）」であることから，選択すべき情報源は，「書誌・索引」となる。つぎに，具体的な情報源を選択するために，主題の類型とその内容に着目する。ここでは，宮澤賢治という大正時代と昭和時代の初期に活躍した作家についての調査であることから，選択すべき情報源は，近代日本文学の研究文献を収録対象としている書誌や索引となる。

　近代日本文学を対象とした書誌や索引を確認するためには，上述の『日本の参考図書』の「日本文学一般」の見出し語を参照すればよい。「日本文学一般」の項目のもとには，「書誌」という情報源の類型を示す見出し語がある。その「書誌」という見出し語を参照すると，『近世文芸家資料総覧』（東京堂出版，1973）以下，数点の日本文学に関する書誌が示されている。その中に，『日本文学研究文献要覧　現代日本文学編』（日外アソシエーツ）があり，これが質問②に回答するために選択すべき適切な情報源であることが確認できる。

　この質問②については，「人物－文献（書誌データ）」という質問の類型に依拠して，人物関係の書誌や索引を選択することも可能である。具体的には，『人物文献

目録』（日外アソシエーツ）という書誌を挙げることができる。また，要求事項の類型「文献（書誌データ）」に着目して，一般書誌や蔵書目録を選択することも可能である。例えば，国立国会図書館のNDL-OPACによって，関係する文献を探すことができる。

一般書誌

　以上のように，情報源の選択にあたっては，質問の類型に基づいて情報源の類型を検討し，次いで必要に応じて三次資料を参照しながら，具体的な情報源を選択する。質問の類型に依拠して情報源の類型を検討するにあたっては，まず，要求事項の類型に着目する。特に，要求事項の類型が「文献（書誌データ）」あるいは「文献（所蔵情報）」の場合，書誌・索引，目録という類型が選択される。その上で，質問の主題の類型と主題の具体的な内容から該当する分野を特定し，その分野の具体的な書誌・索引を選択することになる。

　それに対して，要求事項が「解説」「数値データ」「日時」などの事実情報の場合には，要求事項の類型からただちに情報源の類型を決定することはできない。すなわち，数値データという類型から「統計資料」という情報源の類型が常に選択されるわけではなく，「日時」という類型からすぐさま「年表」という情報源の類型が選択されるわけではない。要求事項の類型が「日時」であっても，主題の類型が「新聞」であり，かつ特定の新聞紙であれば，統計資料ではなく逐次刊行物に関する書誌を選択する。同様に，要求事項が「日時」であっても，主題の類型が「人物」であれば，人名事典を選択する必要がある。

●……… 電子メディアの選択

　質問への回答に使用すべきレファレンス情報源の中には，印刷メディアとともにネットワーク情報源を含む電子メディアも含まれる。質問回答サービスに使用する頻度がきわめて高く，日本の代表的な百科事典である『日本大百科全書』（第2版，小学館），歴史事典としてきわめて重要な『国史大辞典』（吉川弘文館），さらには代表的な国語辞書である『日本国語大辞典』（第2版，小学館）をはじめとする辞書・事典類が，有料の情報源サイトの一つであるJapanKnowledge（http://www.japanknowledge.com/top/freedisplay）において利用できる。こうした電子情報源は，索引語と見出し語に加えて，本文（見出し語のもとの解説）中のテキストデータを，キーワードで検索することができ，検索語を選ぶ際に，その範囲が広い。

　JapanKnowledgeに代表されるように，印刷メディアで利用されてきた主要なレファレンス資料が，現在ではインターネット上でも利用できるようになっている。ただし，冊子体の持つ索引語や見出し語の通覧性は，検索語を選定する上できわめて重要であることから，検索語の範囲の拡張と迅速な検索結果の入手という理由だけで，電子メディアのレファレンス情報源を機械的に選択することは避けなければ

通覧性

ならない。

● ……… **ネットワーク情報源の選択**

　上記のようなインターネット上で利用できる情報源には，有料で利用するものに加えて，無料で提供されている膨大な情報源が含まれている。それらも，質問への回答に使用できる情報源として，選択の対象となる。しかし，インターネット上で利用可能なネットワーク情報源については，慎重な選択が求められる。

　実績のある出版者から発行されている冊子体の事典類は，編集方針が明記されており，項目の執筆者には各領域の専門家を擁するなど，情報内容の信頼性を保証するための配慮がなされている。図書館が提供するレファレンスサービスは，情報内容の信頼性が担保された情報源に依拠して提供されてきており，今後も，その点を最重視してサービスを提供する必要がある。したがって，ネットワーク情報源をレファレンスサービスのための情報源として選択し，使用する場合には，情報内容に信頼性があるかどうかを，十分に評価することが肝要である。

ずらっと並ぶインフォメーションファイル（出雲市立ひかわ図書館）

UNIT 29 ● 情報の検索と回答
検索語の選定／検索式の作成

●……… **検索語と検索式**

　質問の分析を経て情報源が選択されたならば，つぎは回答を検索するための検索語の選定となる。検索語の選定とは，質問の主題を構成する概念を，情報源で使用可能な索引語に置き換える作業である。検索語の選定において注意しなくてはならないのは，利用者が質問の主題を表現するために使用した語句が，そのまま検索語として選定されるわけではないことである。選択した情報源において，質問の主題を表現している語句が索引語として登録されていれば，その語句を検索語として選定すればよい。しかし，その語句が索引語として登録されていなければ，質問の主題を構成している概念に着目し，その概念を表現した索引語を選定する。

索引語

●……… **索引語と見出し語**

　印刷メディアの情報源において，回答を得るための検索語を選定する際には，索引語の活用が重要である。検索に使用できる語には，見出し語と索引語がある。見出し語は，解説されている内容に設定されている項目名のことであるが，情報源に付されている索引には，見出し語だけでなく，見出し語のもとに記載されている解説文中のキーワードも，索引語として取り上げられている。

見出し語

　例えば，「大賀ハスという古代のハスについて知りたい」という質問（以下，質問①）を検討してみよう。この質問の類型は，「事物・事象－解説」であり，選択される情報源の類型は事典となる。実際には，『日本大百科全書』（第2版，小学館）を選択することができる。この百科事典の最終巻にある索引を見ると，「大賀ハス」は索引語として採用されているものの，見出し語ではないことがわかる。索引の「大賀ハス」を参照すると，他の見出し語への参照指示（を見よ参照）が，「大賀ハス　→大賀一郎，→検見川，→ハス」と示されている。これにより，「大賀ハス」については，「大賀一郎」，「検見川」，「ハス」という三つの見出し語のもとに解説があることがわかる。ちなみに，この百科事典では，約13万項目が見出し語となっているのに対して，索引語は約50万にのぼり，見出し語には選定されていない項目の多くが，索引によって検索可能となっている。

参照指示

を見よ参照

144　情報の検索と回答

● ･････････ **自由語と統制語**

　検索語の選定にあたっては，選択した情報源が文献検索用情報源の場合，索引語として「自由語」と「統制語」のいずれが登録されているかを確認する必要がある。自由語とは，収録されている文献のタイトル中のキーワードや付与された抄録中のキーワードなどが該当する。タイトル中のキーワードや抄録中のキーワードを自由語とよぶのは，その意味範囲や他のキーワードとの関係について，情報源の作成者によってコントロール（統制）されていないからである。

自由語

統制語

　これに対して，文献の主題を表す索引語として使用される件名標目やディスクリプタは，件名標目表やシソーラスに収録されている優先語を指し，その意味範囲や他の概念との関係がコントロールされているため，統制語とよばれる。統制語が使用されている情報源の場合，収録されている文献の主題を分析し，その主題を表現している件名標目やディスクリプタが索引語として付与されていることになる。このことは，収録されている文献のタイトルがその文献の主題を的確に表現していない場合であっても，統制語によって関係文献の検索が可能であることを意味している。また，同一概念を表す複数の語（同義語，類義語）が存在する場合でも，その中から一つの語が優先語として選ばれているので，同一概念を扱った文献のタイトルにどのような語が使用されていても，その概念を表した統制語を使って検索すれば，もれのない検索ができる。

件名標目

ディスクリプタ

件名標目表

シソーラス

　文献検索用情報源のうち，書誌データベース等の電子情報源では，自由語は索引語として登録され検索語として使用できるが，統制語を索引語として登録し検索語として使用できるものは限られている。国立国会図書館が提供しているNDL ONLINEは，一般書誌と所蔵目録の機能を併せ持った文献検索用情報源であるが，その図書検索（詳細検索・資料種別：図書）では，書名中に出現する自由語だけでなく，国立国会図書館件名標目表（NDLSH：National Diet Library Subject Headings）に収録されている件名標目が索引語となっていることから，統制語による検索も可能と理解することになる。

　一方，NDL ONLINEの記事検索（詳細検索・資料種別：記事または雑誌索引）では記事の論題中に出現する自由語と，記事の主題を表現したキーワードが件名として使用されている。ただし，ここでの件名は，特定の参考資料（専門事典等）を典拠にして選定された語を用いたもので，同義語の処理や上位語・下位語・関連語の設定がされているものではない。これに対して，科学技術振興機構が提供する科学技術全分野の文献情報を収録しているJ-Dream Ⅲ（http://jdream3.com）では，「JST科学技術用語シソーラス」が採用されており，自由語による検索だけでなく，統制語による検索も可能である。

● ……… **検索語の選定の実際**

ここでは，具体的な質問事例を使って検索語選定の実際を解説する。まず，検索語の選定は，「(1)質問の主題を構成する概念を表す語を同定する。」「(2)同定された語が選択した情報源で使用可能かどうかを調べる。」「(3)同定された語を，選択した情報源で使用可能な検索語に置き換える。」の順で進める。

先に挙げた質問①（「大賀ハスという古代のハスについて知りたい」）の場合には，以下のような手順で検索語を選定することになる。

(1) 質問の主題を構成する概念を表す語として「大賀ハス」を同定する。
(2) 「大賀ハス」という語が索引語にあるかどうかを調べる。
(3) 「大賀ハス」から参照指示されている見出し語「大賀一郎」「検見川」「ハス」に置き換えた語を検索語とする。

つぎに自由語と統制語を使った検索語の選定の実際について，「登校拒否といじめ問題を扱った図書と雑誌記事が知りたい」という質問（以下，質問②）を用いて検討してみよう。この質問は，類型が「テーマ－文献（書誌データ）」に該当し，主題は二つの概念から構成されている。すなわち，「登校拒否」と「いじめ」である。この質問に回答するための情報源の類型は，主題書誌あるいは一般書誌となる。そこで，NDL-OPACを用い，図書の検索については「詳細検索・資料種別：図書」，雑誌記事の検索については「詳細検索・資料種別：記事」をここでは選択する。

質問②に回答するための検索語として，まず，図書検索のための検索語の選定を行う。この質問の主題を構成する概念は「登校拒否」と「いじめ」であるが，これらの概念がどのような件名標目で表現されているかを確認しなければならない。NDLSHを参照すると，「登校拒否」「いじめ」という各概念は，図1のように示されている。「登校拒否」という語は件名標目として採用されておらず，代

```
不登校 // フトウコウ
 ←登校拒否 // トウコウキョヒ
 ←登校拒否児 // トウコウキョヒジ
 ←学校恐怖症 // ガッコウキョウフショウ
 ← School phobia
 →：上位語：問題行動 // モンダイコウドウ
 →：関連語：ひきこもり // ヒキコモリ
 →：関連語：不就学児童 // フシュウガクジドウ
 →：関連語：保健室登校 // ホケンシツトウコウ
 →：関連語：適応指導教室 // テキオウシドウキョウシツ

いじめ // イジメ
 ← Bullying
 →：上位語：問題行動 // モンダイコウドウ
 →：下位語：パワーハラスメント
 →：下位語：ネットいじめ // ネットイジメ
```

図1　国立国会図書館件名標目表（NDLSH）の実際

わりに「不登校」が件名標目として採用されている。一方,「いじめ」という語は,件名標目として採用されていることがわかる。したがって,この質問の検索語は,「不登校」と「いじめ」を選定することになる。

さらに,雑誌記事の検索のための検索語の選定を行う。NDL-OPAC（詳細検索・資料種別：記事,または雑誌記事索引）では,論題名に使用されているキーワードを,検索のための検索語として使用することになる。それゆえ,「登校拒否」という概念を表現する同義語を検索語として選定する必要がある。そこで,検索フィールドを「タイトル」とし,「登校拒否」という概念を表す語として「登校拒否」に加えて,「不登校」という検索語を選定する。件名については,先述のとおり,同義語処理がなされていないため,「不登校」に加えて「登校拒否」も選択する。

● ………… 検索式の作成

検索式の作成とは,選定した検索語を使って質問の主題を表現することである。検索は,この検索式を使って実行することになる。質問①では,「大賀一郎」「検見川」「ハス」という三つの検索語が選定されている。選択された情報源は,冊子体の『日本大百科全書』であるから,三つの検索語のそれぞれが検索式となる。

質問②では,図書検索用の検索語として「不登校」と「いじめ」という件名標目が検索語として選定されたが,質問の主題を構成するこの二つの概念は,いずれも必須なので,「不登校」と「いじめ」という検索語は,論理演算子の論理積「and」を使って結合し,検索式とすることになる（演算子の詳細は,UNIT 32 参照）。ただし,雑誌記事の検索を同時に行うため,「不登校」に加えて,その同義語「登校拒否」を論理和「or」で結合したものを「件名」という検索項目の検索式とする。また,図書の書名中あるいは雑誌記事の論題中に,「いじめ」,さらには「不登校」や「登校拒否」というキーワードが出現する図書や雑誌記事を検索する検索式も「タイトル」という検索項目に加えておく。件名による検索とタイトルによる検索のいずれの条件でも検索できるように,検索項目の「タイトル」と「件名」との間は「or」で結合する。最終的な検索式はつぎのようになる。

論理演算子

論理積

論理和

```
        「タイトル」：いじめ
and     「タイトル」：不登校 or 登校拒否
or      「件  名」：いじめ
and     「件  名」：不登校 or 登校拒否
```

UNIT
30

● 情報の検索と回答

回答の評価と提供

● ………回答提供の概要

　検索式を使って検索された結果は，そのまま利用者に回答として提供するのではない。利用者の情報要求を充足する結果が得られているかどうか評価し，情報要求を充足すると判断された結果のみを提供する必要がある。検索結果の評価にあたっては，まず質問の主題に適合しているかどうかを判定し，つぎに利用者の情報要求を充足するものかどうかを判断する。

　回答の評価については，事実検索の質問と文献検索の質問とでは，やや異なる面がある。例えば，「日本の小学生の人数」という，特定の数値データを求めるような事実検索の質問の場合には，選択された情報源を検索して得られた数値データは一つであり，基本的に，それ以外の数値データは存在し得ない。したがって，その回答は質問の主題に適合し，情報要求をも充足する適切なものと言える。同じく「冬眠鼠という語句の読み」という質問のように，特定の語句の読みを求めるような事実検索の質問についても，辞書から得られた読みは質問の内容に適合し，情報要求をも充足する回答と言える。

　しかし，事実検索の質問であっても，特定のデータや事実でなく，解説を求めるような質問の場合，質問の主題には適合していても，利用者の情報要求を充足しないことも起こり得る。例えば，「宮澤賢治の経歴を知りたい」という事実検索の質問については，人名事典，日本文学事典，児童文学事典などの類型の異なる情報源によって回答が得られるが，宮澤賢治の経歴について各情報源から得られる解説は，同じであるとは限らない。

年譜

　宮澤賢治の経歴について，特定の時期に重点を置くことなく年譜として基本的な事柄を解説している事典と，宮澤賢治の童話作品の発表期に重点を置いて解説している事典があったとしよう。この場合，質問の主題はいずれの事典から得た回答も適合していると言えるが，童話作品の時代を知りたい利用者にとっては，前者の事典から得た回答では情報要求は充足されないであろう。この利用者の場合は，図書館職員は質問の把握を「経歴」ということにとどめるのではなく，「童話作品期の宮澤賢治について知りたい」という，さらに特定化された質問の主題をインタビューを通して利用者から引き出すことができたならば，いっそう適切な情報源を

148　情報の検索と回答

選択し，回答を提供することができたであろう。そうした場合には，選択すべき情報源は，事典よりもむしろ伝記資料が妥当であるとの判断も可能となる。

このように，ある事象・事物や人物などに関する解説を求める事実検索の質問においても，選択された事典による回答が必ずしも利用者の情報要求を充たすわけではないとするならば，ある事象・事物や人物，テーマに関する図書や雑誌記事を求める文献検索の質問については，なおさら利用者の情報要求を充足する文献を回答として提供することは簡単ではない。なるほど文献検索の質問の場合でも，特定文献の出版者などの書誌データを求める質問や，特定文献の所蔵図書館の調査を求める質問については，回答は質問内容に適合しているばかりでなく，利用者の情報要求を充足するものとなる。しかし，ある特定の主題を扱った文献を求める質問への回答については，質問内容に適合する回答を得ることが容易とは言えず，まして，利用者の情報要求を充足することも難しい。

●……… 適合しない回答の出現要因

質問内容に適合していない検索結果が出てしまう要因として，自由語を検索語として選定した場合が挙げられる。自由語はタイトル中のキーワードなどが多いが，検索語に自由語を使用した場合，検索の「もれ」を少なくするために，質問の主題概念を表現した同義語や関連語が使用される。そのため，検索結果の精度を低下させる可能性が生じる。

もれ

例えば，「登校拒否」という概念を表した自由語として，「不登校」に加えて関連語の「ひきこもり」や「不就学児童」を検索語として使用した場合，確かに検索の「もれ」は少なくできるが，登校拒否以外の主題の文献が検索されてしまう可能性がある。「ひきこもり」をタイトルに使用している文献が，「登校拒否」を扱っているわけでは必ずしもないからである。「成人のひきこもり」を取り上げた文献が含まれるかもしれないのである。また，「不就学児童」の中には，登校拒否児も含まれているが，重い病気によって学校へ行けない子どものことを扱っている場合もある。そのため，タイトル中に「不就学児童」というキーワードが出現したとしても，その文献のすべてが「登校拒否」に関するものというわけではない。

件名標目を検索語として使用できる情報源では，上記のような同義語に対しては優先語が設定され，関連する概念については異なる件名標目が設定されている。それゆえ，自由語を使用した場合に生じる，上述のような不適合文献の出現は，ある程度回避することができる。

質問の主題概念を的確に表現した検索語が選定された場合でも，質問の主題に厳密に適合している文献を常に得られるわけではない。例えば，利用者の情報要求が「子どもが登校拒否となる原因を把握する上で参考となりそうな文献を探したい」

であるとき，概念間の関係を表す「原因」は，検索語として使用できない。そのため，質問の主題を厳密に表現することは難しい。「登校拒否」や「不登校」という自由語であれ，「不登校」という件名標目であれ，それらの検索語で検索した結果には，登校拒否の「原因」を扱った文献だけでなく，登校拒否の現状や登校拒否児のためのフリースクールなどに関する文献など，質問の主題に適合していない文献が含まれる可能性がある。したがって，質問の主題概念を的確に表現した検索語が選定されても，検索された文献については，質問の主題を反映した内容が扱われているかを評価した上で，回答を提供する必要がある。

　さらに，質問の主題に正確に適合している文献が検索された場合でも，利用者の情報要求を充たしているとは限らない。検索された文献が，すでに入手している文献と類似している場合，その文献は，利用者にとって新規性がなく，情報要求を充たすものとは認識されない。また，検索された文献が高度な専門性を有した内容であれば，利用者がその主題について初学者の場合には，理解することができず，回答として提供されても役に立たないことになる。したがって，回答を提供する際には，利用者の探索履歴（事前調査事項）や既有の知識から見て，得られた文献が適切であるかどうかを判断することが求められる。こうしたことから，探索履歴や既有知識を把握するためのレファレンスインタビューが重要とされるのである。

●………課題解決支援としての回答の提供

　図書館には，UNIT 24（レファレンス質問の理解）の図2に示したように，案内指示的質問，利用案内に関する質問，文献検索質問など，さまざまな種類のレファレンス質問が利用者から寄せられる。図書館職員は，それぞれの質問に対して検索戦略を構築し，検索された結果を評価した上で，回答を提供することになる。

　このように，レファレンスサービスでは，利用者が提示する質問を個別に処理しているため，課題解決のどのような段階で生じた情報要求であるのか，そもそもどのような課題を抱えて図書館のレファレンスサービスを利用しようとしているのかを把握することはないのが実状である。しかし，健康・医療情報の提供やビジネス支援などの課題解決を支援するサービスの導入が進められている現在，利用者が提示する質問を，課題解決の文脈と切り離して処理するだけでは，利用者を支援することには結びつかない。個々の質問に的確に対応し適切な回答を提供することは，レファレンスサービスの使命であることに変わりはないが，利用者の課題解決につながる適切な回答を提供し，利用者支援機能を拡張するためには，利用者が抱える課題を理解するためのレファレンスインタビューの技量を高め，情報源を駆使してその解決を支援するレファレンスサービスのあり方を追究する必要がある。

課題解決

option L

ネットワーク情報源の評価

　ネットワーク情報源全般を評価する際の指標としては，アメリカ図書館協会の下部組織であるRUSA（Reference and User Services Association）の部門の一つであるMARS（Machine Assisted Reference Section）が公表したものがある。これは，無料で利用可能なクイックレファレンス（即答可能な質問への回答サービス）のためのウェブサイトの選択基準（Criteria for Selection of MARS Best Reference Websites）であり，つぎのような指標が提示されている。

・情報内容の質・詳細さおよび有用性
・情報内容の更新性
・情報作成者の典拠性（authority）
　　（出典：http://www.ala.org/ala/mgrps/divs/rusa/sections/mars/marspubs/marsbestrefcriteria.cfm）

　こうした指標は，情報内容の信頼性を保証するために必要なものであるが，特に，情報作成者の「典拠性」の判定が，最も重要と言える。ここで典拠性とは，当該情報内容を発信する資格，すなわち，専門的知識を有している個人ないし団体であることを意味する。したがって，当該ウェブページ上に典拠性を判断できる情報が記述されており，作成した個人ないし団体等の連絡先が明記されているかどうかを確認することが重要となる。MARSが上記の選定基準によって実際に選んでいる情報源の作成者を眺めると，その多くが，大学附属研究機関や専門情報機関，国立研究機関となっている。

　ネットワーク環境を利用して，多くの専門機関が信頼性のある重要かつ豊富な情報を発信しており，そうした情報の多くは，従来では入手が困難であったものが少なくない。ネットワーク環境は，情報源の範囲を大きく広げ，利用者自身による情報の探索と入手を可能にしているが，利用者は，情報源の信頼性を十分に評価して利用しているとは限らない。また，ネットワーク情報源は，現代社会において利用可能な情報源の一部に過ぎない。文化活動の膨大な所産は，印刷メディアの図書や雑誌記事として蓄積されており，新たに出版される文献についても，依然として印刷メディアとして出版されているものが多数である。しかも，インターネット環境で利用可能な文献（電子書籍，電子ジャーナル）や書誌データベースの多くは，サーチエンジンによって直接検索できない「深層ウェブ」に蓄積されているものがほとんどである。ネットワーク情報源が拡大したとは言うものの，サーチエンジンによって利用者自身が探索でき，かつ，収集できるものは，ごく一部に過ぎないのである。膨大な印刷メディアの存在を考えるならば，レファレンスサービスにおける情報源の選択支援機能は，これまで以上に重要であるといえよう。

UNIT 31 ●情報検索のしくみ
レファレンスブックの見出し排列と索引

●……ツールとしてのレファレンスブック

　option G（レファレンスブックの性質）に記されているように，レファレンスブックは，情報を探すためのツール（道具）としての性質を有している。この性質において従来から重視されてきたのが，「排列（arrangement）」と「索引（index）」である。

排列
索引

　排列は，レファレンスブックに収載されている情報を「見出し」として表示し，その並べ方（排列方法）に沿って探し出そうとする際の手立てである。見出しとなるのが「語」である場合は，「見出し語」とよぶことになるが，レファレンスブックによっては，語句や項目などの場合もあることから，このUNITでは「見出し」という表現を用いている。これに対し索引は，表示されている見出しとは異なる語や項目から，あるいは，採用されている並べ方とは異なるやり方から，求める情報にたどりつけるようにするための手法である。

見出し

見出し語

●……排列原理の理解

　レファレンスブックは，UNIT 39（事実検索に用いるレファレンスブック）とUNIT 40（文献検索に用いるレファレンスブック），あるいは，option T（レファレンスブックの種類を細分すると）で示しているように，さまざまな種類がある。その種類に応じて，排列に関するしくみも異なることになるが，基本的には，次の三つに着目して理解するとよい。

(1)　見出しの設定
(2)　排列順序
(3)　排列規則

　(1)は，見出しの有無と性質を確認することである。まず，レファレンスブックにおいて見出しが設定されているかどうかであるが，これは，レファレンスブックの種類との関係が深い。例えば，辞書や事典の場合は，見出し語を設けて，そのもとに情報を記載することが基本となっている。したがって，見出しがあること自体が，

そのレファレンスブックの本質となっている。これに対して，多くのハンドブック，年鑑，地図帳の場合，見出しそのものが設定されていない。なお，章や節の名称表示のことを「章見出し」「節見出し」とよぶことがあるが，排列の対象となるものではないので，ここで扱う見出しとは異なることを認識しておかなくてはならない。

つぎに，設定された見出しの性質であるが，こちらは，レファレンスブックで扱われている情報内容と密接な関係がある。例えば，年表や年譜の場合は，見出しとなるのは一般的に「年表示」である。人名事典ならば人名，地名事典ならば地名であり，他の種類の見出しはおよそ考えられない。一方，書誌や索引の場合は，見出しとなるのは，著者名（執筆者名），タイトル，件名などさまざまである。これらのいずれかを採用しているレファレンスブックもあれば，三つの要素を見出しとして設定する「辞書体排列」とよばれる方式もある。　　　　　　　　　　　　　　辞書体排列

(2)は，排列の原理と構造を理解することである。排列原理に関しては，あいうえ　排列原理
お順，五十音順，アルファベット順，都道府県（地理コード）順，年代順などの違いを認識することになる。漢字辞書や難読語辞書のように，部首画数順といった独特の排列原理もある。

これに対し，(2)の排列の構造とは，用いられている原理が一つだけであるか，組み合わせられているかを確認することになる。例えば，国語辞書や多くの事典は，「あいうえお順」だけを排列の原理としている。すなわち，すべての見出しが，「一　一系排列
系排列」となっていることになる。これに対し，植物図鑑や動物図鑑の場合，植生や生息に応じた地域区分をした上で，植物名や動物名のあいうえお順としていることもある。機関名鑑においては，地域や活動分野で区分した上で，機関の名称の五十音順にしているものもある。

(3)は，それぞれの排列原理に採用されている並べ方ルールである。例えば，日本語のレファレンスブックにおいて，五十音順といっても一様ではない。長音（「ー」），促音（「っ」），拗音（「ゃ」「ゅ」「ょ」）をどのように処理するか，濁音と半濁音のいずれを先にするか，「を」をどの位置に並べるかといった相違によって，見出しの順序が異なってくるからである。英語のレファレンスブックにおいても複雑な場合がある。字順（letter by letter）と語順（word by word）のいずれの排列　字順
にするかを決定するとともに，ODA や OPAC といった頭字語（acronym）と一般　語順
語の順序，Macbeth や McDonald といった表記形が異なる見出しの処理などが着眼　頭字語
点となる。

● 索引作成のしくみ

索引に対する理解を深めるためには，それがどのように作られているかに着目すると効果的である。すなわち，索引作成のしくみを知ることによって，索引そのも

31. レファレンスブックの見出し排列と索引　153

のを上手に使いこなすことができる。とりわけ，索引の作成手順に着目すると，次の三つの段階から構成されていることがわかる。

(1) 索引項目（索引語）の抽出
(2) 索引項目（索引語）の編成
(3) 所在情報の付与

　(1)は，索引項目の抽出元の確定と，抽出する索引項目の種類の決定である。索引作成では，対象とする情報の集まり，すなわち，「情報群」を認識することから始まる。例えば，一冊の図書に付される索引を考えた場合，その図書の内容はテキスト情報の集まりであり，これが「情報群」となる。人名索引であれば，さまざまな人名事典の見出しとなっている人名の集まりが，対象となる「情報群」である。雑誌に掲載されている記事の書誌データの集まりを「情報群」と想定して，雑誌記事索引は作られている。

〔欄外：人名索引〕

　索引項目の種類の決定は，作成する索引の種類を決めることにもなる。地図帳の索引のように，抽出する索引項目は基本的に「地名」だけとなる場合もあるが，年表のように，歴史的事象だけではなく，人名や地名などを抽出して作成することもできる。また，法令関係のレファレンスブックでは，法律名と条文番号を索引項目とした「法条索引」を作ることもできる。

〔欄外：法条索引〕

　(2)は，抽出した索引項目の排列（区分）と加工に関しての理解である。抽出した項目は，一定の排列原理に基づいて並べられる。排列原理は，排列順序や排列規則が基本となるが，これに加えて，索引項目の区分や排列の構造にも着目する必要がある。例えば，地理関係のレファレンスブックにおいて，各国の特産品に関する索引を作成するとした場合，特産品名をあいうえお順に一系排列することもできるが，国名を索引項目とした上で，それぞれの国名のもとに特産品をあいうえお順に表示させることもできる。すなわち，国名を第一次排列，特産品名を第二次排列とすることになる。

〔欄外：排列順序／排列規則〕

　一方，索引項目の加工とは，索引における表記のしかたを，抽出元の表記とは異なる形にすることである。例えば，同義あるいは類義の表現に置き換えて，関連する索引項目を一つにまとめる場合がある。本文中では一般語が用いられていても，索引では専門用語を用いることもある。さらに，本文の内容を要約し，短い語句で表現することも加工に相当する。

　(3)は，抽出し編成した索引項目が，情報群のどこから抽出したのかわかるように，その所在情報を表示することである。一冊の図書であれば，掲載ページ番号（ノンブル）がこれに該当する。人名索引であれば，当該人名を掲載している人名事典の

〔欄外：ノンブル〕

書誌データとなる。雑誌記事索引であれば，その記事を収載している雑誌の書誌データとなる。　　　　　　　　　　　　　　　　　　　　　　　雑誌記事索引

　所在情報について確認するときには，その表記にも注意するとよい。例えば，百科事典のように，数段（数欄）に組まれたレイアウトとなっている場合は，掲載ページだけではなく，どの段であるのかがわかるようにしているからである。

　なお，本格的な索引作成においては，記号や文字の種類についても同一のものにすることが原則となる。例えば，掲載ページ番号が，イタリック体である場合には，索引においてもイタリック体を採用することになる。複数の書体が用いられているときに，その違いによって，所在情報を識別できるようにするためである。

● ……… **データベースにおける索引**

　上述した索引作成の手順をもとにした場合は，索引とは，「一定の情報群の中から，索引項目（索引語）を抽出し，編成（排列・区分，加工）を行い，索引項目をどこから抽出したのかわかるように，その所在に関する情報を付与したもの」と定義することができる。

　この定義は，印刷メディアばかりではなく，電子メディアにもあてはまる。実は，多くのデータベースにおいて，あるいは，検索エンジンにおいて，インデキシング（索引作成作業）が行われているのである。洗練された検索システムでは，例えば，「京都」という検索語による検索をしても，「東京都」が検索されないようになっている。しかし，単純な文字列だけを検索するしくみのシステムでは，しばしばこうしたノイズが生じてしまう。　　　　　　　　　　　　　　　　　　インデキシング

　こうした違いが発生する要因の一つは，インデキシングの有無である。すなわち，データベースの管理システムが，データベースの中から検索項目を抽出し，それを編成した上で，データベース中の位置情報を付与した電子ファイルを作成しているならば，ノイズの発生を抑えることができるのである。この電子ファイルは，作成プロセスからして，まさしく索引ファイルである。検索者は，索引ファイルを検索し，その上で，元の情報を参照するという手順をふむことになり，知らず知らずのうちに索引を利用しているのである。データベースにおけるこうしたインデキシングは，機械的に大量かつ迅速に処理が行われており，検索効率を高めることに貢献している。　　　　　　　　　　　　　　　　　　　　　　　　　　　索引ファイル

● ──── option M

索引の多様性

　UNIT 31で解説しているように，索引とは，情報の集まり（情報群）から，特定の語句・名称などを抽出し，分類あるいは排列などの編成を行なった上で，その語句・名称などをどこから抽出したのか所在を添えたものを指す。情報サービスに用いる情報源では，索引が大きな役割を果たすものが少なくない。そして，特徴的な索引も数多く見られる。

　索引と聞くと，まず，図書の巻末に付されているものを思い浮かべるのではないだろうか。事項名と掲載ページがずらっと並んだイメージを持つ者が多いと思われる。しかし，情報サービスで用いる情報源では，こうしたイメージだけで索引をとらえるわけにはいかない。

　例えば，地図帳の索引を考えてみたい。確かに，地名が排列されており，その掲載ページも記されていよう。しかし，それだけではない。本文に相当する地図がマス目（グリッドともいう）の状態にあり，タテとヨコにアルファベットや算用数字が示されている。すなわち，Ａ３とかＦ６といった具合に，それぞれのマス目を指示するようになっている。こうした表記が，索引においても添えられており，地名の所在を確認することを容易にしているのである。

　同じようなしくみは，年表でも採用されている。多くの年表は，表の横（表側）に年表示がある一方で，いくつかのタテの欄（コラム）から構成されている。表の上（表頭）を見ると，「政治」「社会」「文化」「経済」といった領域が示されており，特定の年にそれぞれの領域で何が起きたのかを読み取ることができる。年表の索引では，各欄に記号を付して識別させていることが少なくない。例えば，上記の領域それぞれをａ，ｂ，ｃ，ｄとすれば，1957ｃと示された事項は，1957年の「文化」の欄に記されていることになる。

　実は，この手法は，段組をしているレファレンスブックでも多用されている。百科事典の索引を参照すれば，事項の掲載ページに，同様の記号が付されており，そのページの何段目に記されているのかを確認することができる。

　ユニークな索引もある。『現代日本地名よみかた大辞典』（日外アソシエーツ，1985）の索引は，この情報源の第７巻に相当するが，ここでは漢字表記された地名を機械的な音読み（音読みがない場合は訓読み）で排列している。例えば，「人里」であれば，「じんり」と読んで探すのである。もちろん本文では，「へんぼり」が正しいことがわかる。

　さらにこれらとは別に，情報源そのものが，索引機能に基づいて編纂されているものもある。索引としての性質を有している情報源ということになる。それらは，私たちの日常の経験からは，なかなか推測しにくいものも含まれているので，是非

とも現物を手に取って確認してほしい。「百聞は一見に如かず」である。

　その代表は，コンコーダンス（concordance）である。コンコーダンスは，特定の著作（もしくは著作群）を情報群とみなし，そこに登場するすべての語（もしくは主要な語）を抽出し，編成した上で，著作中の登場箇所を示した索引である。特定著作の巻末に付されるのでなく，独立刊行されたものである。しかも，著作における所在とともに，その語が登場する前後の文脈を示していることも特徴となる。

　海外では，シェイクスピアの著作に対するシェイクスピアコンコーダンスや，聖書を対象にしたバイブルコンコーダンスが有名である。前者は，シェイクスピアの全戯曲を対象に，そこに登場する語が抽出される。ただし，接続詞，冠詞，助詞は，ストップワードとよばれ，排列の対象からは除かれるのが一般的である。抽出した語については，それが何という作品の，何幕何場で登場するか，所在のデータを添える。また，前後の文脈がある程度わかるように，その語が含まれる一文を表示するのである。

　後者に関しては，例えば「真理はあなたがたを自由にするであろう」という一節の登場箇所を探したいとする。このとき，「真理」を検索すれば，前後の文脈をも確認することによって，「ヨハネによる福音書」第8章32節に，この一節があることがわかる。

　コンコーダンスは，日本では「要語索引」といったよび方もなされ，『栄花物語』や『かげろふ日記』などの古典を対象にしたものが，古くから作成されている。もちろん現代では，データベース化されており，作成も検索機能も高度化している。また，類似のものに詩歌索引がある。『新編国歌大観』（角川書店，1983-92）はその代表であるが，これは和歌集に収録された和歌を，いずれの句からでも探せるようにした情報源である。すなわち，元の歌からすべての句を抽出し，五十音順に排列している。上の句がわからなくても，「あきのゆふぐれ」で終わる和歌をすべて探すことができるのである。

　日外アソシエーツ社から刊行されている「レファレンス事典」シリーズもまた，索引機能を有したレファレンスブックである。例えば，『外国人物レファレンス事典』（1999）では，人名事典から外国人名の見出し語を抽出し，外国人名の姓のアルファベット順に排列している。そして，その人物を見出し語にしている人名事典を表示し，所在として示しているのである。『動物レファレンス事典』ならば，特定の動物に関する解説や写真などが，どの専門事典あるいは図鑑に掲載されているか探すことができることになる。このシリーズには，植物，昆虫，魚類といった生物とともに，絵画や仏像，文化財などを対象にしたものもあり，眺めるだけでもさまざまな発見につながる。

UNIT 32 ●情報検索のしくみ
データベースの検索機能／演算子

●……データベースの検索機能

データベースシステム（サービス）においては，効果的・効率的に検索が行えるように，さまざまな機能が装備されている。主な機能としては，つぎのものがある。

(1) フィールド指定
(2) 論理演算
(3) トランケーション（部分一致検索）
(4) 範囲指定・比較演算

データベースを利用して効果的・効率的な情報検索を行うためには，これらの機能を利用できること，すなわち，基本的な検索手法を理解することが必要となる。この UNIT では，(1)と(2)を取り上げ，(3)と(4)については UNIT 33（トランケーション）で扱う。解説においては，OPAC（書誌データベース）を用いて，図書を検索することを想定する。

●……フィールド指定

宮澤賢治についてレポートを書くために，関連文献を渉猟することを考えてみたい。このとき，『銀河鉄道の夜』のように，宮澤賢治自身が著した文献だけでなく，研究者が宮澤賢治について論じた文献が必要となる。前者は「著者が宮澤賢治の文献」であり，後者は「テーマが宮澤賢治の文献」ということになる。後者の検索は，件名標目や分類記号などの統制語を用いることが適切であるが，タイトル（書名）による検索も必要である。ここでは，「タイトルに宮澤賢治という言葉を含むもの」を検索する場合について説明する。

さて，右ページ図 a のような検索画面の OPAC を検索する場合，前者については，「著者名」の欄に「宮澤賢治」と入力し，どのような文献があるかを確認する。すなわち，データベース（ファイル）の中から「『著者名』のフィールドに『宮澤賢治』を含むレコード」を抽出させ，表示させることになる。後者については，「タイトル」欄に「宮澤賢治」と入力すれば，「『タイトル』フィールドに『宮澤賢治』を含

ファイル
フィールド

図a　OPACの検索画面例

図b　フィールドをメニューから選択する
　　　OPACの検索画面例

　む レコード」が抽出されることになる。
　このように，検索にあたって，レコード中のどのフィールドを検索の対象とするのかを指定することは，検索機能の基本となる。これを「フィールド指定」とよぶ。現在，普及しているデータベースシステム（サービス）においては，あらかじめフィールドが設定（表示）されている図aのような場合と，メニュー（プルダウンメニュー）からフィールドを選択する図bのような場合がほとんどである。

　フィールド指定において留意すべきことの一つは，検索画面に表示されている項目の名称と，実際の書誌レコードにおけるフィールドとは一対一で対応するとは限らないことである。例えば，検索画面の「タイトル」欄で検索すると，レコード中の「タイトル（書名）」フィールドのほかに，「シリーズ」フィールドなども検索の対象となることがある。「タイトル」欄に「宮澤賢治」と入力して検索すると，『今こそ振り返る宮澤賢治の思想』という書名の図書も検索されるが，書名が『農業への想いとファンタジー』でシリーズ名が「シリーズ　宮澤賢治の思想と文学」という図書も検索されることになる。

　近年は，「タイトル」「著者名」などとともに「キーワード」という項目が設けられているOPACや，下図のように，フィールドを特に指定しない（表示しない）も

図　OPACの簡易検索画面例

レコード

フィールド指定

プルダウンメニュー

32. データベースの検索機能／演算子　159

のも少なくない。こうした場合，レコード中のいずれのフィールドを検索することになるのかを確認する必要が生じる。

検索語　　　　　　なお，検索画面に入力する文字列のことを検索語（search term）とよぶ。単語のほかフレーズや数字，記号などが検索語になることもある。また，検索語のことキーワード　　を，重要な言葉という意味で「キーワード」とよぶことがあるが，一般向けの用法であり，専門用語としては通用しにくい。

●……論理演算

「うどんについて調べたい」場合には，検索語として「うどん」を用いる。これに対して「うどんとそばについて調べたい」場合には，「うどん」と「そば」という二つの検索語を用いることになる。ただし，タイトルが『うどんの世界』や『江戸の文化としてのそば』のように，「うどん」または「そば」のいずれかだけでもよいときと，『日本が誇るうどんとそば』のように，「うどん」と「そば」の両方を含んでいなければならないときとでは，検索のしかたが異なる。すなわち，複数の検索語を用いる場合，検索語どうしの「関係」を表現する必要が生じる。そのため論理演算　　の機能が「論理演算」であり，論理積，論理和，論理差の三つの種類がある。

●……論理積（AND検索）

「ドイツの政治」について書かれた文献を探す場合，求めているのは「ドイツの政治」であり，「ドイツの文化」や「イギリスの政治」などは必要ない。すなわち，「ドイツ」と「政治」の両方の言葉を含む文献がヒットする（検索される）ように，検索語どうしの関係を表現することになる。このとき，「ドイツ」と「政治」の関係を「ドイツ AND 政治」と表すことができる。このように，複数の語や概念の関係を表現したものを「論理式」とよび，それに基づいて行われる「操作」を「論理ブール演算　　演算（logical operation）」または「ブール演算（Boolean operation）」という。数学でいえば，論理式は「3×4」のような計算式に相当し，論理演算は「計算式の答えとして12を出す」という計算に相当する。

論理演算子　　　　また，「AND」のように，論理演算や論理式で用いられる記号を「論理演算子論理積　　　（logical operator）」とよぶ。論理積，論理和，論理差は，それぞれ「AND」，「OR」，論理和　　　「NOT」という演算子を使って表すことができる。このため，論理積を AND 演算論理差　　　あるいは AND 検索とよぶことがある。同様に，論理和を OR 演算または OR 検索，論理差を NOT 演算または NOT 検索などともよぶ。なお，論理積を用いた検索式に検索語が三つ以上ある場合，それらの検索語すべてを含む文献がヒットすることになる。例えば，「フランス AND 映画 AND 歴史」とした場合，「フランス」「映画」「歴史」のすべてを含む文献を検索することになる。

● 論理和（OR 検索）と論理差（NOT 検索）

　論理和（OR 検索）は，複数の検索語のいずれか一つ以上を含む文献（レコード）を見つけ出す際に用いる。例えば，「小学校就学前の教育・保育について調べている」とき，「幼稚園」だけでなく「保育園」も検索語として，「幼稚園 OR 保育園」という論理演算（論理式）で表現することができる。文献のタイトルで検索した場合，『はじめての保育園』『幼稚園における生活と学習』『幼稚園と保育園の垣根を越えて』などといったタイトルの文献がヒットすることになる。

　一方，「学校 NOT 大学」という論理演算（論理式）では，どのような文献がヒットするであろうか。タイトルによる検索を考えると，『明治期の学校における教育』は検索されるが，『大学に行こう！』や『大学と高校のつながりが学校を変える』は検索されない。このように，ある検索語は含まれるが，ある検索語は含まれない文献（レコード）を検索する手法が論理差（NOT 検索）である。

● 検索語どうしの関係

　「学校 NOT 大学」という論理演算（論理差）は，小学校や中学校，高校について書かれた文献は欲しいが，大学について書かれたものはいらない，すなわち，「学校」を含むが「大学」は含まない文献を見つけたい場合に用いられることがある。しかし，この演算によって，求める結果が得られるとは限らない。例えば，『大学と高校のつながりが学校を変える』という文献は検索されない。この文献では，大学について言及しているが高校についても言及していると思われることから，不要な文献とは必ずしも言えない。『大学への進学から考える21世紀の学校』も必要とする文献であろうが，上記の演算ではやはり検索されない。

　自然語による検索の場合，論理演算（子）は，検索語どうしの「意味」の関係を表現しているわけではなく，単に「文字列」の有無を判定しているに過ぎない。したがって，特に論理差を用いた場合，必要とする文献のもれが生じる危険性があることを承知しておかねばならない。論理積では，ノイズが発生することが少なくない。例えば「ドイツ AND 政治」という演算式を用いた場合，「ドイツの政治」をテーマとした文献に限定できるとは限らない。確かに『ドイツにおける政治の現在と将来』などの文献もヒットするが，『ドイツの歴史に学ぶフランスの政治』や『イタリアの政治とドイツの文学』もヒットするからである。

　なお，ノイズともれについては，UNIT 34（検索結果の評価）で詳説する。

もれ
ノイズ

●──── option N

検索機能の展開

　UNIT 32（データベースの検索機能／演算子）と UNIT 33（トランケーション）においては，四つの基本的な検索機能について説明している。しかし，すべてのシステム（サービス）で，これらの機能すべてが実装されているわけではない。逆に，これ以外の機能が利用できることもある。ここでは，論理演算の応用例として，「近接演算」や「位置演算」とよばれる機能と，論理演算の組み合わせの展開例を紹介する。

　まず，近接演算（proximity operation）は，論理積の一種である。例えば，「りんごジュース」について書かれた文献を集めるために，タイトル中で検索したとする。このとき，

　　　　りんご AND ジュース

とすると，『焼きりんごといちごジュース』のような文献もヒットしてしまう。これを避けるためには，二つの検索語が，順番どおりに隣り合っている文献だけを検索できればよい。「隣り合っている」ことを表す記号を「WITH」とすると，

　　　　りんご WITH ジュース

とすれば，「りんご」と「ジュース」が，この順序で隣り合ったものだけが検索されることになる。こうした指示を与える WITH のような記号を，「近接演算子（proximity operator）」とよぶ。また，隣り合っているので，「隣接演算」および「隣接演算子」とよぶこともある。

　近接演算では，隣どうしだけでなく，間に入ることのできる単語数や文字数を指定できる場合もある。すなわち，検索語と検索語の間にどのくらいの距離があってもよいか，指示を与えることができるのである。例えば，

　　　　経営 2 WITH 学部

とすると，「経営」と「学部」の間に2語まで入ってよいことになり，「経営学部」のほか，「経営情報学部」「経営システム管理学部」などが検索できるといった場合である。

　ただし，WITH は，前後の順序も規定するため，上の例では「学部経営」は検索されない。「学部経営」も検索したい場合には，順序がどちらでもよいことを指定する近接演算子を使う。例えば，これを表す記号（近接演算子）として NEAR が用いられているとするならば，

経営 NEAR 学部

とすれば,「経営学部」も「学部経営」も検索される。また, システム（サービス）によっては, 2 NEAR といった演算を可能にしているものもある。もちろん, 近接演算が使えないシステムもある。使える場合でも, 指定や演算のしかたは異なるので, 利用に際しては, あらかじめ確認しておく必要がある。

　論理積を単に用いただけでは, 検索語どうしが離れているものもヒットする。これに対して, 検索語どうしの距離が近ければ, 意味的にも関係が深い場合が多いという想定のもとに生まれたのが近接演算である。ただし, 英語や多くのヨーロッパ言語は, 分かち書きがあるため, 近接演算における単語間の距離（単語数）が明確である。しかし, 日本語の場合は分かち書きがなく, 距離を測る「単位」をどうするかが問題となる。このため, 日本語のデータベースで近接演算が有効なものは, 全文検索システムに見られる。そこでは, もっぱら, 単語ではなく, 文字を単位として扱っている。

　さらに,「media specialist」や「to be or not to be」のような語句のまとまりを検索語として用いる検索, いわゆる「フレーズ検索」が可能なシステム（サービス）もある。フレーズ検索は, いわば近接（隣接）演算の特殊ケースと位置づけることができる。

　つぎに, 論理演算の応用例として, 三つ以上の検索語に対して, 複数種の論理演算を組み合わせる場合を考えてみたい。こうした場合, 論理式において括弧の使い方が重要になる。例えば,

　　　（トラック OR バス）AND ハイブリッド

においては,「『トラック』と『バス』のいずれかまたは両方」と「ハイブリッド」の両方が含まれる文献（レコード）を検索することになる。数学の計算式「（3 + 4）× 5」や「（a + b）× x」において, 括弧内を先に計算するのと同様の処理が行われるのである。このように, 論理演算は, 数学の「集合」の考え方に基づいている。例えば, 上記の例は, 次の(1)と(2)の積集合に相当する。

(1)「トラック（を索引語に含むレコードの集合）」と「バス（を索引語に含むレコードの集合）」との和集合
(2)「ハイブリッド（を索引語に含むレコード）」の集合

　なお, 集合の考え方で用いられるベン図は, 論理積, 論理和, 論理差を表すのによく用いられる。上記の例を, ベン図で示してみるとわかりやすい。

UNIT 33 ●情報検索のしくみ
トランケーション

●‥‥‥‥トランケーション（部分一致検索）の機能

英語で情報を検索する際に，単語の変化形の問題が生じることがある。例えば，「図書館」を検索するとき，検索語を単数形の「library」とすると，複数形の「libraries」が検索されない場合がある。このとき，論理演算（論理和）を用いて，「library OR libraries」という検索式によって解決することもできるが，「トランケーション（truncation）」とよばれる機能を用いることもできる。

トランケーションでは，「ワイルドカード」とよばれる「あらゆる文字に変化する記号」を適用する。どのような記号が使用できるかは，データベースのシステムによって異なるが，「？」「＊」「＃」などが指定されることが多い。

仮に「？」がワイルドカードとすると，「図書館」の検索においては，「librar?」として検索すると，「？」の部分はシステムによってさまざまな文字に置き換えられた上で，検索が実行される。すなわち，索引語の中からこの文字列に該当するものを選び出して検索が行われるのである。ただし，「library」だけでなく，「libraries」「librarian」「librarians」などがすべてヒットすることになるため，ノイズが発生することにも注意しなくてはならない。こうした機能をトランケーションあるいは部分一致検索とよぶ。

日本語でも，部分一致検索は有効である。例えば，「学校図書館？」とすると，「学校図書館」のほか，「学校図書館員」「学校図書館法」「学校図書館学」などが検索できることになる。

ワイルドカードは，いろいろな位置で使うことができる。例えば，「？新幹線」とすると「東北新幹線」「東海道新幹線」「山形新幹線」などが検索できる。「librar?」や「学校図書館？」のように，前方にある文字列を固定させた場合を「前方一致検索」，「？新幹線」のように後方の文字列を固定させた場合を「後方一致検索」とよぶ。「国立？術館」のような場合であれば，「両端一致（中間任意）検索」とよべる。「？高速道？」のような「中間一致検索」もあり得る。

●‥‥‥‥トランケーションの意義

トランケーションは，複数の検索語を並べて論理演算子（OR）でつなぐ必要が

ないため，効率的である。しかも，自分では思いつかなかった言葉までヒットするという効果も期待できる。「librar?」で検索したら，自分では予想していなかった「librarianship」が検索できたといった事例を挙げることができる。

　この機能を積極的に活かした検索をすることもできる。例えば，「名字は伊藤だったが，名前が思い出せない。確か『孝』で始まる名前だったはずだが‥‥」といった状況のように，検索語の一部が曖昧な場合，トランケーションが威力を発揮する。すなわち，「伊藤孝？」と入力すれば，「伊藤孝」「伊藤孝一」「伊藤孝司」「伊藤孝太郎」「伊藤孝之助」などがすべて検索され，その中から該当するものを選択すればよいのである。

　なお，このしくみは，索引語となっているものの中から，「伊藤孝？」という条件に該当するものを抽出しているのであって，システムが，すべての仮名・漢字を「？」に無作為に挿入して「手当たり次第」に検索を行なっているわけではない。

　トランケーションは便利ではあるが，反面，安易に用いることができない場合もある。前述したノイズの発生である。例えば，「郵便はがき」と「郵便切手」について調べるときに，「郵便？」としてしまうと，「郵便局」や「郵便番号」まで検索され，膨大なレコード数になってしまいかねない。

　こうした弊害を避けるために，ワイルドカードの文字数を指定する機能も開発されている。上記の説明では，「？」というワイルドカードを「0文字以上」として扱ったが，システムの中には，文字数を固定するワイルドカードが使用できる場合がある。仮に「#」を「1文字」のワイルドカードとしたならば，つぎのような違いが検索結果において生まれるのである。

　　「テレビゲーム？」による検索によってヒットするもの：「テレビゲーム」「テレビゲーム機」「テレビゲーム誌」「テレビゲーム会社」など
　　「テレビゲーム#」による検索によってヒットするもの：「テレビゲーム機」「テレビゲーム誌」など

　「#」が1文字分を指示するため，0文字の「テレビゲーム」や，2文字の「テレビゲーム会社」はヒットしないのである。

● **完全一致検索**

　部分一致検索に対して，検索語と索引語が完全に一致するものを検索することを「完全一致検索」あるいは「全部一致検索」とよぶ。例えば，「学校図書館」で完全一致検索を行うと，「学校図書館員」や「学校図書館法」などは検索されず，「学校図書館」のみが検索される。

完全一致検索
全部一致検索

ところで，以上では，部分一致検索や完全一致検索について検索語ないし索引語のレベルを前提に説明してきた。これに対して，フィールドのレベルにも，部分一致検索や完全一致検索とよばれるしくみが存在する。例えば，『学校図書館の仕事』というタイトルの文献（レコード）は必要だが，『学校図書館の仕事に就くには』というタイトルの文献（レコード）は不要であるという場合，タイトルが「学校図書館の仕事」と完全に一致する文献を検索することになる。これもまた，「完全一致検索」とよばれる。

　このように，フィールドのレベルで完全一致や部分一致という表現が使われるのは，主として全文検索システムの場合である。もともと部分一致検索は，索引語が単語（名詞）単位で作成されているシステムにおける概念である。したがって，索引語が文字単位の全文検索システムにおいては，本来的な意味での部分一致検索は存在しない。しかし，全文検索システムを検索する立場からは，「学校図書館」と入力すれば「学校図書館員」や「全国学校図書館協議会」なども検索されるため，部分一致検索が実行されたように受けとめられるのである。

全文検索システム

　全文検索システムにおいては，フィールド内において，検索語（索引語）がどの位置にあるかを指定する機能が備わっていることがあり，「／」（スラッシュ）という記号によって，指示することが多い。例えば，「／学校図書館」とすれば，そのフィールドが「学校図書館」で始まるものを検索し，「学校図書館／」とすれば「学校図書館」で終わるものを検索することになる。前者では，『学校図書館の歴史と文化』などが検索され，後者では，『21世紀の学校図書館』などが検索されることになる。「／学校図書館／」とすれば，前後に何も付かないものを探していることになり，フィールドが「学校図書館」だけのもの，すなわち，『学校図書館』が検索されることになる。このように，擬似的に部分一致検索を実現できるため，全文検索システムにおいては，「学校図書館」「／学校図書館」「学校図書館／」を部分一致検索，「／学校図書館／」を完全一致検索とよぶのである。

●……… 比較演算・範囲指定

　論理演算や部分一致検索は，タイトルや著者名など，主として「言葉」による検索に用いられる。これに対して，出版年のように「数字」による検索の場合には，比較演算や範囲指定と呼ばれる機能を，しばしば用いることになる。

　例えば，1985年から1990年までに出版された文献を調べるときには，検索画面において，

　　出版年　│ 1985 │ 年から │ 1990 │ 年まで

範囲指定

などと入力する。このような機能を範囲指定とよぶ。現在のシステム（サービス）

では，この例のようにあらかじめ範囲を指定するように入力欄が設けられていることが多い。メニューから「以上」「以下」などを選ぶようになっている場合もある。

出版年　[2005] 年から [　　　] 年まで

また，上のようにした場合には，「2005年以降」という意味になることが多い。この場合は，「出版年のフィールドの値が2005以上のレコード」を抽出することになるため，「範囲」というよりも「比較」とよぶほうが適切である。これを，「比較演算」とよぶ。なお，一部のシステムでは，数字による検索において，等号や不等号を用いて，つぎのように表現する比較演算が組み込まれている。

比較演算

　　出版年＞2000（2000を上回る，つまり2001以上）
　　出版年＝＞2000（2000に等しいか上回る，つまり2000以上）
　　出版年＝2000（2000に等しい）
　　出版年＝＜2000（2000に等しいか下回る，つまり2000以下）
　　出版年＜2000（2000を下回る，つまり1999以下）

● ……… **検索の実際**

UNIT 32（データベースの検索機能／演算子）とこの UNIT では，基本的な検索機能について解説した。しかし，実際にそれぞれの機能をどのように使うかは，データベースシステム（サービス）によって異なる。例えば，論理積を表現するのに AND ではなく，「＊」「＆（アンパサンド）」「スペース（空白）」などが使われる場合もある。同様に，論理和には OR でなく「＋」や「スペース」などが使われ，論理差には NOT ではなく「－（マイナス）」や「＃」などが使われることもある。また，メニューから「AND」「すべてを含む」「論理和」などの項目を選ぶシステムもある。部分一致検索に用いられる記号も，システムによって異なる。特に記号を付けない場合には，自動的に部分一致検索が行われることもある。したがって，システムごとに，マニュアルやヘルプなどを参照して，確認する必要がある。

なお，検索語と論理演算子（論理式），フィールド指定などを含め，検索者がシステムに与える「指示」の全体のことを「検索式（search query）」とよぶ。コンピュータ画面に文字しか表示できなかった時代には，「TITLE＝うどん　AND AUTHOR＝山田太郎」といった具合に，まさしく「式」を入力していたのである。現在では，見た目は「式」にはほど遠いが，システム内部では同様に「式」に基づいて処理がなされている。

検索式

UNIT 34 ●情報検索のしくみ
検索結果の評価

●………ノイズともれ

　データベースを検索した結果，得られたレコードすべてが，求めているものとは限らない。それゆえ，それぞれのレコードが必要なものかどうかを判断すること，すなわち，検索結果の評価が重要になる。

　例えば，オリンピックに関する文献を探しているとする。「オリンピック」または「五輪」という言葉をタイトルに含む文献（レコード）を検索したところ，検索されたレコードが50件であった。50件の中には，宮本武蔵の『五輪の書』について論じた『武蔵「五輪の書」に学ぶ処世術』のような文献が混じっていた。このように，求めている情報と合致しない検索結果のことを「ノイズ（noise）」とよぶ。

ノイズ

　一方，オリンピックについて書かれた文献であるにもかかわらず，検索されないものもあり得る。検索結果の50件に現れず，データベース（ファイル）の中に「残ったまま」の文献（レコード）である。これを「もれ（drop-out）」とよぶ。

もれ

自然語
　一般に，自然語によって検索する場合，「オリンピック」「五輪」のような同義語や類義語を思いつく限り取り上げ，論理和による検索を行なっても，『栄光の金メダル』のような適合する文献（レコード）が検索されないことは，理論的に常に生じる。自然語による検索のこうした弱点を補うためには，件名（件名標目）や分類（分類記号）といった統制語による検索を行うことになる。しかし，件名や分類が付与されていない文献（レコード）があったり，付与されていても十分に主題を表現していない場合があったりするため，統制語を用いても，もれがまったくなくなるとは言えない。

統制語

●………精度と再現率

　検索が成功したかどうかは，「ノイズがどのくらい少ないか」と「もれがどのくらい少ないか」で判断することができる。前者の目安が「精度（適合率）」であり，後者の目安が「再現率」であり，検索結果の評価指標としてよく知られている。

精度（適合率）
再現率
指標

　上述の例において，検索された50件の中に，オリンピックについて書かれていると考えられる文献（レコード）が，45件あったとする。残り5件は，オリンピックについてのものではなく，ノイズと考えられた。50件のうち45件が求めているもの

168　情報検索のしくみ

に合致したレコードであることから，その割合を百分率で表すと90％になる。これが精度であり，計算式で表すと，つぎのようになる。

$$精度(\%) = \frac{検索された「必要な」文献（レコード）の数}{検索されたすべての文献（レコード）の数} \times 100$$

一方，再現率は，つぎのような計算式で表される。データベース中にオリンピックについて書かれた文献（レコード）が60件あったとするならば，上述した検索によって，45件が検索されたのであるから，再現率は75％ということになる。

$$再現率(\%) = \frac{検索された「必要な」文献（レコード）の数}{データベース中の「必要な」文献（レコード）の数} \times 100$$

ノイズももれも少ないほうがよい。言い換えれば，精度も再現率も高いほうが望ましい。しかし，精度と再現率にはトレードオフ，すなわち，一方が上がれば一方が下がるという関係が一般的に成り立つ。したがって，検索にあたっては，どちらを重視し，バランスをどのように保つかといった，検索戦略の立て方が重要となる。

トレードオフ

なお，精度と再現率はもともと，検索システム（アルゴリズムなど）の性能を評価するために主に用いられる指標である。図書館でデータベースを実際に検索する場において，これらの指標を計算することはまれである。しかし，検索戦略について扱うときに，「精度を高めよう」「再現率が低そうだ」といった具合に意識し，ノイズを減らすようにしたり，もれが多い状態を改善したりするのである。したがって，精度や再現率は，理論的に活用する概念であると言えよう。

また，再現率は現実には計算ができないことも忘れてはならない。もれが生じているがどうかは，データベース中に「残ってしまった」必要な文献（レコード）に基づいて判断しなくてはならない。しかし，そうした文献（レコード）がそもそもいくつあったのかは，通常は知ることは難しい。データベース中のすべての文献（レコード）を，一つ一つ確認しなければならないからである。したがって，もれがどのくらいあるのか，正確な数はわからないことになり，再現率を実際に計算することはできない。もちろん，あらかじめデータベース中の文献（レコード）がすべて把握されているような実験的な状況においては，再現率を計算することは可能となる。実験的なデータベースでなく，現実に流通しているデータベースを用いてもれや再現率を把握するのは，特別な場合に限られる。そうした場合には，一部のレコード群をサンプルとして調査し，その状況から全体のもれについて推測する方法を用いることになる。すなわち，擬似的にもれや再現率を算出するのである。

●……レレバンスとパーチネンス

ここまでの説明の中では，検索結果の評価に関して，ヒットした文献（レコード）が必要かどうか，あるいは，合致しているかどうか，といった表現を用いてきた。この「必要かどうか」「合致しているかどうか」という尺度（指標，視点）のことを，「レレバンス（relevance）」あるいは「適合性」とよぶ。個別の文献（レコード）がレレバントかどうか（適合しているかどうか）という判定をするからである。オリンピックについての文献を探している場合，ヒットした文献（レコード）がオリンピックについて書かれたものであれば，適合性があることになる。

<u>レレバンス</u>
<u>適合性</u>

しかし，現実には，オリンピックについて書かれた文献であっても，「日本語ではないので読めない」「入手するのに高い費用がかかる」「取り寄せに時間がかかる」などの理由によって，「必要である」「合致している」とは言えない場合がある。このように，利用者の状況まで踏まえた評価の尺度（指標，視点）を，「パーチネンス（pertinence）」あるいは「適切性」とよんで区別する。レレバンスは客観的な性質を有し，測定しやすいのに対し，パーチネンスは主観的な性質を有し，測定しにくいと言えよう。

<u>パーチネンス</u>
<u>適切性</u>

情報検索過程のモデルを簡略に示すと，

(1)情報要求 → (2)検索質問 → (3)検索式 → (4)検索 → (5)検索結果

となる。(1)は，「意識化」の段階であり，利用者に発生した問題に応じて発生する情報の必要性が認識された状態である。これを文章などで表現したもの，いわば他者にもわかるよう「言語化」にしたのが，(2)の段階である。(2)を検索システムが理解できる形，すなわち，データベースで検索するときの「指示」に変えたものが(3)であり，「定式化」の段階とみなすことになる。この(3)に基づいて，(4)が行われ，(5)に至るのである。

このとき，(5)と(2)を比べたのがレレバンス（適合性）であり，(5)と(1)を比べたのがパーチネンス（適切性）である。情報検索において重要なのは，レレバンス（だけ）ではなくパーチネンスである。すなわち，(2)を単に満たすだけではなく，(1)を満たすかどうかが大切なのである。さらに言えば，(1)の背景にある問題（問題状況）を解決することを，最終的に目指すことになる。

なお，レレバンス（適合性）のことを「主題的レレバンス（topical relevance）」，パーチネンス（適切性）のことを「状況的レレバンス（situational relevance）」と表現し，両者を広義のレレバンス（適合性）と位置づけることもある。また，レレバンスやパーチネンスについては，検索質問や情報要求を満たすか満たさないかという「0か1か」で判定するのではなく，「部分的に満足している（部分的レレバ

ンス)」状態を認め,「程度」を有する尺度であるととらえる立場もある。

● ………… **検索戦略**

　精度と再現率がトレードオフの関係にある,つまりノイズともれは両方とも減らすことができないとすると,両者のバランスをいかに保つかが,実践上は重要になる。検索の目的や条件などによって,具体的な方針・方略を決めることになる。この方針・方略のことを,「検索戦略 (search strategy)」という。検索戦略には,大きく分けると,「高再現率戦略」と「高精度戦略」の二つがある。前者は,再現率を高くすること,すなわち,データベースにある適合性の高い文献 (レコード) をできるだけ多く (もれが少なく) なるように検索するものである。これに対し,後者は,ある程度はもれがあってもよいので,精度を高めて (ノイズを減らして) 主要な文献が得られるよう効率よく検索したい場合に用いられる。

検索戦略
高再現率戦略
高精度戦略

　このように,検索戦略を意識しながら,情報要求を反映させた検索質問を設定し,それを的確に表現できる検索式を立てる。検索者が詳しくない分野について検索する場合や,情報要求・検索質問が漠然としている場合には,最初に予備的な検索を行なって (予備検索),検索式が適当であるかを確かめてから本検索を行うこともある。あるいは,検索式を「荒い (もれを減らす)」ものにしておいた上で,その検索結果に条件を付加して検索することもある。これは,「制限検索」という手法であり,「絞り込む」という手順をあらかじめ想定して進めるのである。いずれにしろ,検索結果を評価し,検索式を調整し,適切な検索結果を出すように検索を繰り返すことが,実際の検索では一般的である。

予備検索

制限検索

　なお,検索結果のレコード数に注目した場合,検索式の修正方法は,つぎのように整理することができる。*印は,統制語による検索に適用可能な方法である。

(1) 検索範囲を絞り込む (レコード数が多すぎる場合,ノイズが目立つ場合)
　　① 検索語を加える (論理積の適用)
　　② 検索語を限定する (論理差の適用)
　　③ 検索語を下位語に変える*
(2) 検索範囲を拡大する (レコード数が少なすぎる場合,もれが多い場合)
　　① 検索語を加える (論理和の適用)
　　② 検索語を減らす (論理積あるいは論理差の消去)
　　③ 検索語を上位語に変える*

UNIT 35 ●情報サービスの管理

情報サービスの組織化

●………サービス部門

準備的サービス

　図書館の情報サービス（レファレンスサービス）は，まず間接サービス（準備的サービス）として情報源の整備を行い，その上で利用者への直接サービスを展開させるように，構造が明確になっている。そして，担当者が好意で対応したり，恣意的に行なったりするものでは決してない。すなわち，図書館という機関において計画的に，組織的に実施されなくてはならない。そのために，情報サービスを行う機構を明確にし，一定の方針のもとに推進する必要がある。

　情報サービスの部門は，独立して設けられる場合と，他のサービスと一つになって構成される場合とがある。独立している場合の多くは，利用者サービス部門が機能的に分化したものである。すなわち，閲覧サービスや貸出サービスを行う資料提供部門と，情報サービスを行う情報提供部門とに分かれるといった例であり，一定規模以上の図書館に多く見られる。規模が小さい図書館の場合は，独立した情報サービス部門を設けることは少なく，資料提供を行うサービスと一つの部門を構成し，担当者も兼務によってサービスを提供している。

主題部門

　図書館の規模がきわめて大きい場合には，サービスの専門化と効率化を図るために，情報サービス部門そのものを細分化することがある。主題に応じて，組織を主題部門（subject department）ごとに分離した機構としている図書館がそれである。例えば，人文科学，社会科学，科学技術といった部門を設け，フロアの構成もそれに合わせるような措置を講じている。情報サービスについても，各部門で専門的に行うのである。

一般情報サービス部門

　ただし，主題部門制を採用している図書館においても，「総合受付」の役割をはたす部門も必要とされる。これは一般情報サービス部門（general information department）とよばれるが，基本的な情報ニーズはここで処理し，専門的なものを各主題部門に振り分ける業務を行うことになる。

●………情報サービスの管理運営業務

　情報サービス部門における管理運営業務には，以下のようなものが含まれる。これらのものを，情報サービス部門ですべて行なっている場合もあれば，その一部は

他の部門が担当していることもあり，実態はそれぞれの図書館で異なっている。例えば，独立したPR活動部門が存在する図書館の場合，情報サービス部門では，(9)を実施していないことがある。

(1) 運営方針の策定
(2) 業務規定やマニュアルの整備
(3) 他部門との連携・連絡調整
(4) 他機関との協力・連携
(5) 担当者の配置と研修
(6) 情報源の形成と維持
(7) 施設・設備・機器の整備
(8) サービスの記録と評価
(9) PR活動

● ……… **サービス方針と連絡調整**

　上記の業務の中で，(1)と(2)は，情報サービスの位置づけを明確にする業務である。情報サービスも，図書館のサービスの一つである以上，一定の方針に基づき，目標を設定し，何をどのように達成させるか，明示しなくてはならない。また，さまざまな対応が考えられる場合の優先順位を定め，担当者間での共通理解を図り，均質なサービスが提供できるよう準備しておく必要がある。このために，運営方針を作成し，各種の業務規程や作業マニュアル（スタッフマニュアル）を整備することが求められる。例えば，利用者からの質問に対して，情報提供まで行うか，利用案内の範囲にとどめるかなど，担当者間で異なる結果とならないよう明確にしておかなくてはならないのである。

スタッフマニュアル

　(3)と(4)は，サービスを組織的に行うための方策である。情報サービスでは，図書館内のさまざまなコレクションを活用することは常であるし，他部門の人材に協力を求めることも少なくない。また，目録システム（OPAC）や分類（排架方法）に関する十分な理解は，資料を検索する際の基本ともなる。したがって，資料提供部門との協力はもちろんであるが，間接サービス部門との緊密な連携が求められることになる。さらに，中央館と地域館とにそれぞれ情報サービスを提供する窓口がある場合には，担当者間での意思疎通を十分にしておく必要がある。

　他の図書館との協力・連携は，情報サービスネットワークの形成の問題でもあり，UNIT 15（協同レファレンスサービスの展開）で解説した。日本の場合には，規模の大きなコレクションを持ち，参考図書館（reference library）としての機能を有している都道府県立図書館と，市区町村立図書館とが協力関係を保つことを重視し

参考図書館

てきた。また，地域内の他館種との協力，図書館以外の機関との連携は，レフェラルサービスを展開させるために欠くことができない。

● サービス環境の整備

　(5)は，人事管理に相当し，人的要素の強い情報サービスにおいては，とりわけ重要である。資質と能力に応じた人材の配置と技能向上のための研修は，情報サービスを行う上で，欠かすことはできない。なお詳しくは，UNIT 37（担当者の資質と能力）ならびに UNIT 38（レファレンスサービス技能の開発）で扱う。

　(6)と(7)は，情報サービスの準備的活動に相当する。情報源の形成に関しては，すでに多くの UNIT で解説しているので省略する。施設・設備・機器の準備は，サービス空間の整備という考え方で整理することもできる。具体的には，サービスポイントとして専用のデスク，カウンター，小部屋などを用意し，電話や FAX，OPAC やインターネットへの接続 PC など，検索用の情報機器を配備する。サービスポイントには，即答質問に対応するためのコレクションや，インフォメーションファイルほかの情報源を備えることが必要になる。また，こうした空間まで利用者が容易にたどりつけるように，各種のサインシステムを充実させたり，貸出カウンターから円滑に誘導したりすることにも配慮しなくてはならない。

　レファレンスデスクは，他の利用者が行き来しているところから少し離れた場所に置くのが望ましい。利用者の中には，図書館職員に相談することを恥ずかしがる者もいるからである。また，レファレンスデスクには，利用者用のいすを置くとよい。これは，レファレンスインタビューにおいて，利用者の気持ちをほぐす効果があり，また，PC 画面を一緒に見ることができるようにするための措置でもある。

　なお，UNIT 13 から UNIT 15 で説明したデジタルレファレンスサービスを展開する場合には，ネットワーク環境を整備し，ウェブページのコンテンツを作成する活動も，管理運営業務の一環として取り組む必要がある。

● 記録の活用

　管理運営業務の(8)は，受けつけたサービスの記録をもとに，統計的な処理をほどこし，また，サービスの評価を行うことである。さらに，そうした成果をふまえ，情報サービスの意義を伝えていくことが，(9)の PR 活動となる。サービスを記録したものとしては，質問記録（票）を挙げることができる。記録の方法と活用は，担当者の個人的な努力だけでは達成することができない作業であり，組織的に図書館が取り組まなくてはならない課題である。

　統計的な処理は，質問記録の項目ごとに集計して実数や比率などを計算する。こうして，サービスの実態を数値によって把握し，情報ニーズを分析したり，利用し

た情報源の傾向を探ったりするのである。このように，情報サービスを評価する第一の目的は，サービスの問題点や課題を発見し，担当者の作業改善を図ったり，技能向上の材料に用いたりすることにある。また，管理運営の効率を高めたり，予算獲得の根拠にしたりするのである。さらに，利用者に対して，情報サービスの有効性を主張するための資料にも用いられる。

　ただし，情報サービスにおいては，レファレンス質問を処理するかたわら記録を残さなくてはならないという事情があるため，詳細な記録を作成することが難しい。したがって，しばしばその他の方法も提唱される。例えば，利用者を対象にした質問紙調査や面接調査によって満足度や情報利用行動を確認すること，担当者と面接し，個別の事例について報告を求めて分析すること，担当者と利用者との接遇時に観察調査や覆面調査（unobtrusive testing）を行うこと，インタビュー時の様子を録音もしくは録画し，コミュニケーションの状況を分析することなどの方法がある。

質問紙調査
面接調査
接遇
観察調査
覆面調査

　しかし，こうした方法は，日常業務において簡便に実施できるものではないため，実験的に，あるいは，シミュレーション的に実施したものを除いて，具体例を求めるのは難しい。しかも，覆面調査や録音・録画などの場合，利用者のプライバシーを損なうおそれもあるため，その実施には慎重な対応が必要である。

option O

レファレンスサービスのガイドライン（案）

　下表は，全国公共図書館協議会が2003年度から2005年度に実施した研究調査の成果の一部として，公表されたものである。レファレンスサービスの質を向上させるための方策としての意義を有している。なお，ガイドライン策定の背景については，小田光宏「レファレンスサービスの改善と向上に向けてのガイドライン：市町村立図書館に焦点を合わせて」（『2005年度（平成17年度）公立図書館におけるレファレンスサービスに関する報告書』全国公共図書館協議会, 2006）に示されている（http://www.library.metro.tokyo.jp/pdf/15/pdf/r05_allchap.pdf）。
　ここで注意しなくてはならないのは，提案されているのは「ガイドライン」であって「マニュアル」ではないことである。すなわち，サービスの指針（目安）を示しているのであり，作業や活動の具体的な手順を示しているのではない。また，基本的な指針とともに，「別法」が用意されていることにも注目したい。公共図書館の規模や地域性，個別の図書館の発展の経緯や図書館の経営方針の違いに対応できるようにしているのである。
　あなたが利用する図書館のレファレンスサービスを，このガイドラインを用いて分析すると，どのようになるだろうか。

A　用語
・用語は，誤解を生まないよう表記や補足説明に配慮し，統一して用いる。

B　サービスの内容
・レファレンスサービスは，直接サービスと間接サービスから構成する。
・直接サービスは，情報提供と利用案内（利用指導）からなる。
・自館所蔵の資料で回答を提供できない場合には，他機関や専門家への照会，すなわち，レフェラルサービスをレファレンスサービスの一部として行う。
・間接サービスは，利用者の自発的な課題解決活動に資するよう，レファレンスコレクションを整備することが基本となる。
・レファレンス質問は，何らかの情報を求める利用者が，図書館員に援助を求めて発する質問（相談）を指す。資料の所在や所蔵について尋ねる質問，読書資料の紹介を求める相談も，レファレンス質問として扱う。
・レファレンス資料は，資料中の特定箇所を参照して使うことを想定して作られた資料である。これには，印刷媒体のレファレンスブックばかりではなく，CD-ROM形態あるいはインターネット上のデータベースも含まれる。

- レファレンスコレクションは，レファレンス資料や自館で作成したレファレンスツールを，所定の方針に基づいて収集して蓄積したものを指す。インターネット上の情報源については，アクセスしやすいように作成したリンク集をもって代替させる。

C　サービスの範囲
- 提供するレファレンスサービスの範囲や利用者への対応方法は，図書館の方針に基づいて定める。定めた内容は，担当者による差がないように，規程類に明記する。

D　施設と設備
- レファレンス質問を受け付ける場として，独立したレファレンスデスクを設ける。
- レファレンス質問を受け付ける場であることがわかるように，明確な表示（サイン）を設ける。
- レファレンスデスクの近くにレファレンスコレクションを置き，さらにその周囲に，閲覧席を設ける。

[別法]
- 独立したレファレンスデスクを設けられない場合，すなわち，レファレンス質問を受け付ける場が，他のサービスと一体となっている設備の場合には，仕切りを設けたり，距離を設けたり，サインで強調するなど，独立性が高まるようにする。
- 施設上，レファレンスルームが設けられている場合には，そこにレファレンスデスクが設置されるはずであるが，そうした場合，レファレンスルームの存在を利用者にはっきりとわかるようにする。
- 施設上の制約からレファレンス質問を受け付ける場を設置できないときにも，貸出カウンターその他の場において，レファレンスサービスを提供している旨のサインを必ず明示する。

E　レファレンス担当者
- レファレンスデスクには，レファレンス担当者を常駐させる。
- レファレンス担当者は，専門的知識と技術を有した図書館職員を配置する。専門的知識と技術は，図書館情報学を学び，経験によって高めていることを前提とする。
- レファレンス担当者は，日常的なOJTを行うとともに，研修会に参加して，技能の向上に努める。

[別法]
・専門的知識と技術を有していない図書館職員をレファレンスデスクに配置する場合には，専門的知識と技術を有する図書館職員が指導し，かつ，点検・評価を厳格に行う。

F　レファレンスコレクション
・図書館の規模，財政，方針，利用者の要求などに基づいて，必要かつ十分なレファレンスコレクションを整備する。
・レファレンスコレクションは，一般コレクションとは別置する。
・レファレンスコレクションは，全面開架を原則とする。
・二次資料（書誌，索引）を作成したり，インフォメーションファイルを編成したりするなど，自館作成ツールの整備に努める。
・利用案内に資するように，また，利用者の自発的な課題解決活動に役立つように，資料や情報の調べ方を案内したパスファインダーの作成に努める。

[別法]
・レファレンス資料を一般資料と混排する場合には，レファレンス資料と一般資料との識別が，ブラウジングによってしやすいように配慮する。

G　PR活動
・レファレンスサービスを提供していること，また，提供しているレファレンスサービスの範囲や方法について，明文化し，利用者に伝える努力を行う。
・図書館内の掲示に，レファレンスサービスを提供している旨を明記する。
・館内案内図（フロアマップ）に，レファレンスサービスを提供している場を明示する。
・利用案内書に，レファレンスサービスを提供している旨を明記する。
・図書館のホームページに，レファレンスサービスを提供している旨を明記する。
・掲示，館内案内図（フロアマップ），利用案内書，ホームページなどに用いる用語や説明文がまちまちとならないようにする。

H　記録
・対応したレファレンス質問，回答，回答プロセスなどを記録し，レファレンス質問の処理事例として残す。
・記録にあたっては，一定の書式を用意して対応する。

I　経営
・レファレンスサービスを提供する部門（係）を設ける。

・レファレンス担当者を，分掌上，明らかにする。
・図書館の運営方針や活動内容を記した規程において，レファレンスサービスを提供する旨を明記する。
・レファレンスサービスの方針，サービスの範囲，受け付けるレファレンス質問の制約などを明記した内規やマニュアルを策定し，公開する。

J　評価
・提供したレファレンスサービスの評価を行う。
・評価は，質問回答サービスとレファレンスコレクションに対して行う。
・評価は，定量的な評価と定性的な評価の両面から行う。

大きく厚いレファレンスブックが並ぶ（帯広市立図書館）

UNIT 36 ●情報サービスの管理

情報サービスの料金と権利

●‥‥‥‥情報サービスの料金

　情報サービスの経費は，情報源形成にかかわる資料費，担当者の人件費，施設や機器にかかわる設備費と光熱費などに分けることができる。しかし，こうした経費は，そもそも図書館が運営される上で経常的に必要なものでもあり，特殊なものでは決してない。また，これらの経費を使って提供されるサービスは，特定の対象に限定されることのないものであり，多くの利用者の便宜に供される。したがって，公共経済学的には，非排除性と非競合性が高いサービスである。しかも，情報を入手しようとする行動を援助することは，社会的にも意義の高いサービスであるとの認識が広まっていることから，受益者負担にはなじまない性格を有していると考えられている。

公共経済学
非排除性
非競合性
受益者負担

　しかし，情報サービスの中には，利用の経費が予測しにくいものがある。その代表が有料のデータベースの利用である。有料のデータベースを用いて情報検索を行う場合，その費用の負担をどのようにするかの判断が必要となる。データベースの利用にかかわる経費は，データベース利用の登録料，データの検索や出力に伴う使用料，ネットワークや機器の整備費用などに分けることができる。データベースの使用料は，一定範囲までのデータベース利用を定額にしている固定制と，使った分に応じて支払う従量制とがあり，契約形態などによっても異なっている。また，想定される利用者数に応じて契約料を支払う，サイトライセンス方式もある。

固定制
従量制
サイトライセンス

●‥‥‥‥有料による情報サービス

　海外では，オンラインデータベースの利用ではなくとも，情報サービスを有料で提供している公共図書館の例が見られる。また，そうしたサービスの提供に，法的な根拠を与えている場合もある。イギリスのイングランドとウェールズの公共図書館を対象にした法律 Public Libraries and Museums Act（1964）が，その好例である。この法律では，図書館利用の便宜に対しては料金を徴収しないことを原則としながらも，通常の図書館サービスの範囲を越えた便宜に対しては，料金徴収を認めているのである。したがって，高度な情報サービスを有料で提供する図書館も存在する。伝統的な印刷メディアの情報源を用いたレファレンスサービスは無料で提供するか

オンラインデータベース

180　情報サービスの管理

たわら，電子メディアの情報源を用いたサービスや，レフェラルサービスなどが含まれる情報提供は，経費の負担を利用者に求めることが行われているのである。個別に見ると，ウェブページの閲覧そのものは無料であるが，検索結果の出力用紙の費用を徴収するような，わずかなものから始まり，大々的に機構を整備し，調査活動を展開している図書館まで，さまざまな事例が見受けられる。

　なお，こうした有料サービスは，個人利用者をターゲットにしたものではなく，企業やビジネス活動を対象にしていることも少なくない。したがって，個人の学習や余暇活動を援助するものとは異なるという認識も強い。そして，利潤追求にかかわる活動を支援しているという理由から，有料サービスを提供する際の論理も強調されることになる。

● ……… **知的財産権の保護**

　図書館の情報サービスにおいても，知的財産権の保護をおろそかにするわけにはいかない。印刷メディアにしても，電子メディアにしても，利用者の便宜を図る上で複製が作られることは少なくない。したがって，その複製が図書館利用の過程で生じた私的な使用に供するものであり，しかも，複製物は情報源の一部にとどまっていることに注意すべきである。

　コンピュータの普及とその高速化，大容量化は，電子化されたデータファイルのダウンロードをきわめて容易なものにしている。しかし，「著作権法」においては，データベースもウェブページも著作物とみなされ，電子的な複製に相当するダウンロードは，印刷物の場合と同様に保護の対象となっている。また，PC画面の出力も，複製に相当する行為として注意しなくてはならない。

　情報源に関連して微妙な著作物としては，書誌データがある。例えば，図書や雑誌に掲載される個別の記事の書誌データそのものは，著作物とは考えられない。しかし，レイアウトまでも含んだ目次（コンテンツシート）は，著作物の一部であると考えられ，知的財産権の対象となる可能性がある。したがって，カレントアウェアネスサービスにおいて，目次そのものを複製し，図書館利用の範囲を越えて流布させたとなれば，著作権法に抵触する危険性も生じるのである。また，電子メディアから，まとまりのある書誌データを大量にダウンロードし，それに基づいて書誌や索引を作成した場合は，かりに図書館利用者を対象にしていたとしても，知的財産権を損なうと批判されかねないのである。

● ……… **プライバシーの保護**

　質問回答サービスにおいて，プライバシーへの対応は十分考慮されなくてはならない。個人のプライバシーを侵害するような情報を提供したり，そのおそれのある

情報源を提示したりすることは，制約事項の一つと考えられており，多くの業務規定において，質問への回答を禁止する対象となっている。

　近年，モラルの問題としても指摘されているのは，インターネット上でのプライバシー保護である。また，「ネチケット」とよばれる，インターネット上でのエチケットの問題が提起されている。インターネットの活用が図書館でも当たり前となった今日，いっそうの注意を払う必要がある。インターネットは容易に情報を発信できる性格を持つとともに，法的な規制が緩やかであることから，自由な情報発信の道具として人々の生活に浸透している。しかし，このことは「両刃の剣」ともなる。すなわち，ひとたび個人を中傷したり，プライバシーを暴露したりする内容の情報が発信されれば，それが短時間に全世界に広がってしまう，きわめて危険な道具にもなりかねないのである。しかも，ネットワーク上での発信者の匿名性は，印刷メディアの比ではない。

　こうした「両刃の剣」という性質に関しては，出版や言論の自由と同様に，関係者のモラルに期待するのが本来である。しかし，図書館がインターネットを情報源として活用し，利用者に対して仲介していく場合には，それだけではすまない。それゆえ，情報をただ右から左へと流すだけではなく，図書館独自の判断に基づき，発信されている情報に関して，一定の選択を行うしくみを整える必要がある。

> ネチケット

●──option P

情報サービスの規程

　つぎに掲げるのは，茨城県筑西市立図書館の規程の一部である。サービスの方法や質問への回答の制限など，この図書館の経営方針に基づく事項に着目してほしい。

筑西市立図書館レファレンス・サービスに関する規程（抄）

平成17年3月28日（教育委員会訓令第16号）

第1条　（略）
第2条　この規程において，レファレンス・サービスとは，筑西市立図書館（以下「図書館」という。）に寄せられた相談，質問，照会，調査の依頼等（以下「相談等」という。）に対し，図書館の資料と機能を活用してこれに応じることをいう。
第3条　レファレンス・サービスの対応は，当該相談等に係る図書館の所蔵資料を提供し，又は関係資料の所在箇所及び専門家，専門機関等を紹介すること（以下

「資料の提供等」という。）を原則とする。
2 前項の規定にかかわらず，軽易な相談で適正な資料の裏付けがある場合は，資料を提示して，職員が直接回答すること（以下「回答」という。）ができる。
第4条 次に掲げる事項については，回答は行わないものとする。
 (1) 人権侵害となるおそれのあるもの
 (2) 他人の生命，名誉，財産に損害を与え，又は社会に直接悪影響を及ぼすと認められる相談等
 (3) 身上相談，法律相談，医療相談，カウンセリングその他専門的有資格者が回答すべきもの
 (4) 古書，古文書又は美術品等の鑑定
 (5) 外国文献の翻訳又は古文書の解読
 (6) 将来の予想に属するもの
 (7) 学習課題，レポート，卒業論文，懸賞問題の解答等についての調査及び研究の代行
 (8) 機密その他公表を禁じられた事項についての調査
 (9) 合理的な検索手段のない記事や写真等の調査
 (10) 前各号に掲げるもののほか館長が不適当と認める相談等
第5条 レファレンス・サービスの対応は，次により行うものとする。
 (1) レファレンス・サービスの受付及び資料の提供等又は回答は，文書，口頭，ファクシミリその他の方法によって行うこと。
 (2) 提供した資料及び回答に用いた資料は，その名称，著者，所有者等を相談者に明示すること。
 (3) 資料の提供等又は回答に当たっては，図書館の所蔵資料のほか，必要に応じて，他が所蔵する資料を利用し，又は専門家，専門機関等の協力を得て行うこと。
第6条 資料の提供等又は回答に当たって，資料・複製物の送料等の経費を必要とするときは，その経費は相談者の負担とすることができる。
第7条 図書館は，レファレンス・サービスに係る参考資料を収集するとともに，インターネット，電子メディア等の情報サービス環境を整備するものとする。
第8条 受け付けした相談等は資料の提供等又は回答の成否にかかわらず，レファレンス処理票（様式第1号）に記録しておくものとする。
2 前項の規定により記録した相談等については，年度末に図書館レファレンス・サービス集計票（様式第2号）により集計するものとする。
第9条 （略）
第10条 館長は，レファレンス・サービス充実のため，随時研修を行い，職員の知識の向上を図るものとする。
（以下略）

UNIT 37 ●情報サービスの管理
担当者の資質と能力

●………情報サービスの担当者

　図書館の情報サービスの中心はレファレンスサービスであるため，その担当者には，レファレンスライブラリアン（reference librarian）とよばれる専門職が配置されることが望まれてきた。この担当者が備えるべき要件については，多くの研究者や実務者によって，数々の指摘がなされている。また，レファレンスサービスの概説書には，必要とされる資質や能力に言及したものが少なくない。それらは，観点によってさまざまなグルーピングが可能であるし，類似の内容を異なる表現によって記している場合も少なくない。ここでは，以下の三つに整理して扱うことにしたい。これらは，専門的な技能（competence）の三要素と考えられているものである。

(1) 知識（knowledge）
(2) 技術（skills）
(3) 態度（attitude）

　(1)は，情報サービスに関する専門的知識，情報源に関する知識，研究方法に関する理解，専門主題の知識などを挙げることができる。また，一般的な教養や幅広い読書によって得られる知識などが指摘されることもある。
　(2)は，情報源の利用技術，データベースやネットワーク情報源の検索技術，利用者とのコミュニケーション技術，カウンセリング技法，情報の分析技術などが含まれている。また，やや抽象的な表現ながら，記憶力，判断力，体系的思考力，想像力，指導力といった能力が示される場合も少なくない。
　(3)には，人的サービスに必要と考えられる人間的な資質が，さまざまな表現で指摘されている。その一部を，雑多に列挙すれば，好奇心，向学心，責任感，感受性，ねばり強さ，献身，礼儀正しさ，適応性，協調性，勤勉さ，平静さ，敏捷性といった具合になる。
　これらは，先天的にだれもが有している種類の能力や素質では決してない。むしろ，後天的に修得する「獲得的形質」である場合がほとんどである。したがって，情報サービスの担当者は，まずはその養成教育の場で基本的な知識と技術を身につ

け，その上で職務に就き，利用者との対応に勤しむ中で経験を豊かにし，このサービスに関する能力を高めていくことが望まれるのである。また，自己研鑽の必要性を自覚し，新たな知識や技術を不断に吸収するために，研修の機会に積極的に参加する意欲を保つ必要がある。能力向上への取り組みは，そうした態度的な技能の形成がなされてはじめて可能となるものである。

　上記のような知識，技術，態度は，多年にわたる実務経験によって高められるという性質を有している。したがって，担当者を配置する場合には，「適材適所」はもちろんであるが，図書館の内外いずれの異動に関しても，他の部門の担当者とは別の判断基準を設けて配慮する必要があろう。そうでなければ，高い能力を持つ人材が，常に外部に流出してしまうことになり，人材面での大きな損失や無駄が生じかねない。

　また同様の意味で，非常勤職員の配置には慎重でなければならない。予算その他の理由もあり，図書館それぞれの事情が絡むことではあるが，実務経験の浅い担当者による対応は，サービスの非効率化と質の低下に直結するからである。また，非常勤職員の場合，短期的な雇用にとどまることが少なくないため，実務経験をもとにした技能向上に限界がある。

　欧米の多くの図書館においては，情報サービスは専門職（資格保持者）の業務であり，非専門職は補佐以外の職務に就いていない。日本においては，専門職制があいまいなこともあり，情報サービスに関する職務上の区別も明確ではない。しかし，図書館に関する基本的な知識を有していることを担当者の要件とするならば，その証として，有資格者であることが最低条件になろう。

> 専門職制

●……… **教育における能力育成**

　情報サービスの担当者の能力を育成する教育の基本は，図書館員（司書）養成であり，それを支える学術的領域は図書館情報学である。近年では，さまざまな名称を冠した学部や学科を設置する大学が現れてきており，それらの教育課程の中にある個別の授業科目の一部には，図書館情報学の近接領域にあるものも見受けられる。しかし，図書館という実践の場を想定したならば，図書館情報学が，やはり中心となるはずである。

> 図書館情報学

　実際には，この教育の大半は，司書資格修得のカリキュラムによって形成される図書館員養成課程（司書課程，図書館学課程などともよばれる）である。ただし，一部の大学において，図書館員養成とは別の教育目標を掲げた図書館情報学教育が実践されていることも，視野に入れておくべきであろう。

　図書館員養成課程のカリキュラムは，「図書館法」第5条に基づく。すなわち，その第1号規定である「大学を卒業した者で大学において文部科学省令で定める図

> 図書館法

書館に関する科目を履修したもの」に司書の資格が認められるわけであるが，その科目は，「図書館法施行規則」に明示されている。したがって，情報サービスの能力を検討する場合には，この規則に示された教育課程に目を向ける必要がある。

 現在の施行規則は，2008年に改正されたものであり，科目の施行は2012年度からとなっている。情報サービス担当者としての基礎知識は，多くの科目の中にちりばめられている。例えば，「図書館情報資源概論」や「情報資源組織論」といった科目で扱われる知識や技術は，情報源に関する理解を深める上で欠くことはできない。また，「図書館情報技術論」では，情報を検索する際に必要となるICTが扱われることになる。

 しかし，このサービスにとって中心となる科目は，「情報サービス論」，「情報サービス演習」である。前者は，改正前の教育課程における「情報サービス概説」が発展したものであり，講義形式で理論や原理を学ぶことが期待されている。また後者は，これまで「レファレンスサービス演習」と「情報検索演習」の2科目に分かれていた内容が統合された科目であり，演習形式で，情報サービスに関する知識や技術を身につけることが求められている。

●……研修

 図書館情報学の教育を受けていたとしても，それだけの知識や技術では，図書館の実務に対応できるとは考えられない。その知識や技術を基盤にしながらも，実務経験を積み重ねなければならないからである。また，多数の情報源が更新され，新たに生産されているし，それを活用する技能も進歩しつつある。電子メディアの場合には，それこそ日進月歩の勢いで移り変わっている。したがって，研修の機会を逃さず参加し，そこにおいて研鑽を積み，知識や技術のリカレントを目指すことは，情報サービス担当者にとってきわめて大切である。また，情報サービスの管理運営に携わっている者には，資格の有無や常勤・非常勤といった雇用形態を問わず，すべての担当者に，その能力と役割分担に応じた研修環境を整え，また参加を促すことが求められる。

 研修は，担当部門で行われる場合，図書館全体で行われる場合，設立母体の職員対象に行われる場合，外部の関連機関が主催するものに参加する場合とさまざまである。こうした違いは，研修そのものの趣旨と内容の違いともなるが，情報サービスそのものをテーマとした研修でなくとも，図書館サービス全般に対して目を広げるためには軽視するわけにいかない。なお，研修への参加は，担当者の職務の一環として扱われるべきであり，管理運営業務の一部として，明確な意思決定のもとになされなくてはならない。

 研修の機会は上記のようにさまざまであるが，実態を把握しやすいのは，全国規

模もしくは都道府県単位で実施される研修会や，各館種別の協議会の分科会活動である。前者には，サービス全般を総花的に扱ったものと，年度ごとに特定テーマを掲げて実施するものとが多く，情報サービスに特化した内容が積み重ねられている例は少ない。しかし，それでも毎年取り組んでいる事例もあり，長期にわたっての成果が期待される。

後者には，情報サービスに関連したテーマを掲げた活動を行なっている例が見られる。担当者にとっては，分科会に参加することそのものが，自己研鑽につながる機会になることから，重要な研修活動なのである。さらに，図書館の職員間の連携や連絡は密であるため，地域においていくつかの学習グループが自発的に組織されている。そうした中には，情報サービスに関係する研修を実施している例もある。

●——option Q

図書館情報学検定試験に見る情報サービスの知識・技術

つぎに掲げるのは，『図書館情報学検定試験問題集』（根本彰ほか，日本図書館協会，2010）から，情報サービスに関係する問題を抜粋したものである。学習の目安として，チャレンジしてほしい（解答と解説については，問題集を参照のこと）。ただし，正答を導くためには，本書で学ぶ内容だけではなく，情報サービスの演習によって習得する知識や技術も必要とされる。

◆レファレンスブックのタイプに関する記述として正しいのは，次のうちどれか。
1．コンコーダンスとは，特定の著作中のすべての語あるいは主要な語の索引であり，その語の本文中における所在を示したものである。『新編大言海』や『字通』は，これに相当するレファレンスブックである。
2．書誌の書誌とは，書誌，記事索引，蔵書目録といった各種の文献リスト類を，さらにリスト化した三次資料である。『日本全国書誌』や『全集叢書総目録』は，これに相当するレファレンスブックである。
3．年表とは，様々な事項を年代順に排列して一覧できるようにした上で，索引を付すことによって検索を容易にしたものである。『理科年表』や『便覧図鑑年表全情報』は，これに相当するレファレンスブックである。
4．解題書誌とは，特定の著作群に対して内容解説や要約的な紹介を付し，書誌データとともに掲載した文献リストである。『選定図書総目録』や『世界名著大事典』は，これに相当するレファレンスブックである。
5．総合目録とは，複数の図書館の蔵書を基礎に，各館の目録記入を一つの目録に

編成し，所在指示をしたものである。『新聞雑誌総かたろぐ』や『政府刊行物等総合目録』は，これに相当するレファレンスブックである。

◆資料探索に用いる情報源に関する記述として正しいのはどれか。
1．GiNii とは，科学技術振興機構が提供する学術情報を検索するためのデータベースである。国内外で刊行された学術書と学術論文の書誌情報が収められている。本文へのリンクがある学術書については，本文を画像データとして参照できる。
2．Books とは日本書籍出版協会が提供する，出版予定図書を対象とする書誌データベースである。出版社が提供する情報に基づいて作成され，まだ出版されていない図書の書誌事項，目次，内容説明，表紙の写真を閲覧することができる。
3．ReaD とは日本図書館協会が作成する学校図書館向けの選定図書データベースであり，市販の図書を対象に選定委員会が選定した図書を収録している。学校図書館における資料選択ツールとしての役割を果たしている。
4．Webcat とは国立情報学研究所が提供する大学図書館の所蔵資料を中心とする総合目録データベースである。図書や雑誌の書誌事項のほか，該当資料に関する所蔵館数，所蔵図書館一覧，所蔵図書館情報を得ることができる。
5．NDL-OPAC とは，全国の公立図書館が所蔵する和・洋図書，和・洋雑誌新聞，電子資料，和古書・漢籍，博士論文，地図等を検索することができる目録データベースである。すべての資料についてデジタルコンテンツへのリンクが張られている。

◆資料の探索と探索に用いるツールに関する記述として正しいのはどれか。
1．バイオ燃料を扱った学術論文の著者と論文タイトルを調べるために，『JIS ハンドブック』と『出版ニュース』を用いた。
2．江戸時代に出版された資料の所在を確認したいと思い『国書総目録』と『古典籍総合目録』を確認した。
3．教育学関係の研究者が執筆した論文の内容を知るために『日本雑誌総覧』で書誌事項を調べた上で，『ブックページ』で本文を閲覧した。
4．日本語教育に関する図書を入手したいと思い所属大学の OPAC を調べたが，未所蔵であったため『出版年鑑』で別の大学の所蔵を調べた。
5．裁判所に関する図書リストを作成するために，オンラインデータベース「日本の統計」と「法令データ提供システム」を用いた。

◆以下に示すサービスのうちカレントアウェアネスサービスの記述として正しいものはどれか。
1．最新の情報を提供することを目的とするサービスで，選択的情報の提供（SDI）は最も代表的なサービスである。
2．利用者の質問に対し自館の資料では完全な回答が困難な場合などに，他の機関

に照会して回答を得て提供するサービスである。
3．レポートを書くために必要な情報を検索し，検索結果を評価し，情報を収集し，それを活かす方法を指導するサービスである。
4．自館に資料の所蔵がない場合，他の図書館へ資料の複写や現物の貸借を依頼し，利用者に提供するサービスである。
5．あるテーマについて研究を進めるために関連文献を探索するための道筋を示したリーフレットを提供するサービスである。

◆公立図書館において，「雷が電気であることを最初に発見したのは誰か」というレファレンス質問が寄せられた。話を聞くと，このことを知りたいのは，来館した本人ではなく，小学生の自分の子どもということであった。また，学校の宿題ではなく，子ども自身の興味から知りたいとのことであった。この場合の対応として適切なのは，次のうちどれか。
1．本人の質問でないことがわかった以上，対応することは望ましくないので，子ども自身が来るよう求めた。
2．小学生からの質問であるからには，答えそのものを絶対に教えてはいけないので，調べ方だけを親に教えた。
3．ウェブページでベンジャミン・フランクリンであることを調べ，レファレンスブックでも確認して伝えた。
4．質問の答えとなる発見者の名前を知っていたので，すぐさま，ベンジャミン・フランクリンだと答えた。
5．レファレンス質問は，文献を求める内容に限られることから，受け付けることができないとの説明をした。

UNIT
38

●情報サービスの管理

レファレンスサービス技能の開発

●………研修活動への期待

　UNIT 37（担当者の能力と資質）で触れたように，研修活動は，レファレンスサービスはもとより，図書館サービス全般に関する図書館職員の技能向上のためには欠かせない。とりわけ，2008年の「図書館法」改正の要点の一つが研修活動の促進であり，その第7条において，「文部科学大臣及び都道府県の教育委員会は，司書及び司書補に対し，その資質の向上のために必要な研修を行うよう努めるものとする。」とされている。この規定は，研修を行う環境の整備を，国および都道府県に求めたものである。しかし，法の趣旨を斟酌するならば，国や都道府県ばかりではなく，図書館を設置する市町村においても，また，個別の図書館においても，研修の重要性を認識しなくてはならない。また，業務委託や職員派遣，PFI（Private Finance Initiative）や指定管理者制度の導入により，図書館活動や運営が民間組織によって実施されている場合，その民間組織が職員の能力開発に責任をもって対応しなくてはならない。

　研修によって向上させることが求められる技能を考えた場合，レファレンスサービスの優先性はきわめて高い。レファレンスサービスは，図書館における専門的な業務のコアに位置づけられているからである。そのため，図書館職員の研修に対するニーズの上位となる。またレファレンスサービスは，経験の蓄積によって技能が向上するという性質を有していることから，継続的に研修を行う必要性は高い。

●………研修の組織化

　全国公共図書館協議会が2006年度に実施した質問紙調査では，全国の公立図書館における研修の実施状況を尋ねている。その際，つぎのような質問項目を設定しているが，これらは，研修を成り立たせている構成要素ととらえることができる。（『公立図書館における図書館職員の研修に関する実態調査報告書』http://www.library.metro.tokyo.jp/zenkoutou/tabid/2274/Default.aspx）

（1）研修の内容
（2）主催者が設定した参加資格（所属，正規職員・非常勤職員等の別，経験等）

（欄外）
図書館法
PFI
指定管理者制度

(3) 主催した研修の定員
(4) 主催した研修の実施日数
(5) 主催した研修の講師
(6) 主催した研修の形式等
(7) 主催した研修の課題の有無
(8) 主催した研修の修了証の有無

(1)は，研修によって開発することを目指す技能に関係するものである。(2)から(5)ならびに(8)は，研修事業そのものの企画と運営に関する項目である。研修を組織化する際のノウハウにも関係する。(6)と(7)は，研修内容を具体化するための方法に関係する項目である。

●……研修内容の焦点

2004年から2008年に全国で開催されたレファレンスサービスに関係する研修会の事例を資料面から分析すると，つぎのような技能を向上させようとする取り組みがあることがわかる。これらは，レファレンスサービスの研修内容の中心に位置づけられる技能，あるいは，注目されている技能と考えることができる。

(1) レファレンス情報源の評価
(2) レファレンス情報源の使用方法
(3) レファレンスコレクションの構築
(4) レファレンスツールの作成
(5) レファレンスインタビュー
(6) レファレンス情報源の選択
(7) レフェラルサービス
(8) 検索語の選定
(9) 検索プロセスの決定と検索結果の評価
(10) レファレンス質問の処理記録
(11) レファレンスサービスの評価

これらを大きくグルーピングすると，三つに整理することができる。第一は，「レファレンス情報源」に関する内容であり，(1)から(4)までの技能を位置づけることができる。ただし，(1)と(2)は，レファレンス情報源の活用に焦点が合わせられているのに対し，(3)と(4)は，準備的に行う間接サービスの技能となる点で，性格がやや異なる。

第二は，「レファレンス質問の処理」に関する内容であり，(5)から(9)に挙げた技能を含めることができる。このうち，(5)のレファレンスインタビューは，一つの技能として意識することができるが，(6)から(9)は，個別の技能として向上を目指すことができるとともに，レファレンスプロセスの「検索」に関する一連の技能として，ひとまとめにすることも可能である。

　第三は，「レファレンスサービスの運営」に関する内容である。ただし，(10)の「レファレンス質問の処理記録」は，運営的な性質を有する内容であるとともに，レファレンス質問の処理によって得られる成果と位置づけることもできる。

●………研修の方法

　研修で採用されている方法を，研修会の事例の中から概観すると，大きくは，講義形式と演習形式とに分けることができる。ただし，力点が置かれていると判断されるのは，演習形式である。講義を中心に進められた研修事例においても，参加者による作業が組み込まれていたり，講師との相互のやりとりや参加者間での意見交換など，インタラクティブな活動が展開したりする例が少なくない。また，図書館施設内での実習や，ワークショップ形式で何らかの成果を協同で産み出す活動も見られる。これは，レファレンスサービスの技能が，おおむね実務性が高く，また，実践力の向上が研修において求められているためと考えられる。

［インタラクティブ］
［ワークショップ］

　つぎに，講義形式と演習形式で行われている事例の内容を整理すると，その中で，数々の手法が用いられていることがわかる。講義形式では，関連知識の解説が中心なっており，必要に応じて，レファレンス情報源を確認する作業が行われている。具体的には，以下のような手法が採用されている。

・技能習得の意義の説明
・基本用語の確認
・技能の要点解説
・技能習得の方法に関する説明
・ビデオ視聴に基づく解説
・質問処理事例の確認
・レファレンス情報源利用のデモンストレーション
・レファレンス情報源のリストに基づく解説
・サンプルページの確認
・現物の閲覧と解説

　これに対し，演習形式で採用されている手法は，実践的な技術の習得を目指した

ものとなる。具体的には，以下のような演習内容に分けることができる。これらは，研修ばかりではなく，図書館員養成においても用いられている。

・質問回答演習
・レファレンス情報源の評価演習
・レファレンスインタビュー演習
・レファレンス記録の評価演習
・レファレンスサービスの評価演習

住民の知識を記録して残す（滋賀県愛荘町立愛知川図書館）

UNIT 39 ●情報源の特質
事実検索に用いるレファレンスブック

●……レファレンス情報源の概要

　UNIT 5（情報利用のための情報源の整備）で解説したように，情報源は検索する情報の種類によって二分され，事実そのものを探索するためのものと，書誌データを確認するためのものとに分けることができる。前者は事実検索のための情報源であり，後者は文献検索のための情報源である。事実解説的な情報源ならびに案内指示的な情報源とよぶ場合もある。

　このUNIT 39とUNIT 40（文献検索に用いるレファレンスブック）では，印刷メディアの情報源であるレファレンスブックについて，その代表的な種類を取り上げて解説する。一方，電子メディアについては，UNIT 41（データベース／ネットワーク情報源）で取り扱う。また，国立国会図書館が編成しているネットワーク情報源については，UNIT 42 にまとめている。

●……基礎知識

　図書館の情報サービスでは，各種の情報源を組み合わせて活用し，求める情報を検索する。そのためには，以下のような知識が必要となる。これらは，レファレンスブックに対する基礎知識であるが，電子メディアの情報源にもあてはまる。

(1) 情報源の大別ならびに細分化した種類を知ること
(2) それぞれの種類の情報源の特質を知ること
(3) 個別のタイトルを評価し，その特徴と利用方法とを知ること

　(1)に関しては，事実検索の情報源では，辞書，事典（百科事典，専門事典），便覧，図鑑，年表，年鑑，地図帳，名鑑といった大別ができる。また，文献検索の情報源では，書誌，索引，目録といった大別をする。その上で，それぞれの種類は細分化される。辞書ならば，普通辞書と特殊辞書が含まれるであろうし，特殊辞書を細分化すれば，古語辞書，外来語辞書，方言辞書といった具合になるのである。

　(2)では，上記のように分けた情報源の種類ごとに，それぞれに共通する特質を知ることが必要になる。情報源の変遷が激しいことを考え合わせると，情報源の種類

に関する知識を十分に有しておくことは，とりわけ重要と考えられる。

その上で，(3)として，個別のタイトルごとに特徴と利用方法とを把握することになる。個別のタイトルごとの特徴は，UNIT 19（情報源の評価）で説明した評価項目に基づいて確認すればよい。とりわけ，収載情報の範囲，排列，検索手段に着目し，利用方法を整理することが求められる。ただし，この作業は，経験を積み重ねることによって獲得される知識である。したがって，初学者は，代表的なものに関して，演習を通して認識しておくことを優先すべきである。

なお，それぞれの種類の情報源を使った調査の手法については，UNIT 43からUNIT 50のそれぞれにおいて，調査の種別ごとに説明している。

● ……… 辞書と事典

事実情報の中で，ことばについての情報を検索する情報源が辞書である。辞書は，言葉を見出し語として一定の順序に排列し，それぞれの見出し語のもとで解説を加えた資料である。正確には，言語辞書（language dictionary）ということになる。また，個別のタイトルでは，「辞典」と表記されることが多く，「字書」も使われている。事柄や事物の名前を解説した事典と明確に区別して，辞書を「ことば典」，事典を「こと典」とよぶこともある。

> 見出し語
> 言語辞書
>
> ことば典
> こと典

辞書と異なり，事柄や事物の名前，事象や出来事，地名や人名を見出し語とし，それに解説文を加えて，一定の順序に排列した資料を事典とよんでいる。事典は，大きく百科事典と専門事典とに分けられ，後者はさらにそれぞれの主題ごとにさまざまなタイトルのものが編集されている。

> 百科事典
> 専門事典

● ……… 便覧と図鑑

便覧は「便利に覧（み）る」ことができるという意味から，「べんらん」と読むのが本来である。また，ハンドブックに相当することから，手軽（ハンディ）に，簡便に情報を探し出すことのできる情報源という意味を有する。事典との大きな違いは，個別の見出し語が立てられることがない点であるが，厳密には区別がつきにくいものもある。特定分野の知識を体系的に整理し，資料や史料，統計データや図表などを多用して解説していることが特徴となる。しかも，内容面において，実務的な情報を収載していることが多い。

> ハンドブック

図鑑は，図絵や写真による情報を中心に編集された情報源である。したがって，事物や生物の色や形，構造などを視覚的に表示しているところに特徴がある。もちろん，文字による解説が加えられているものも少なくないが，その分量と編集方針とによって，図鑑かどうかの判別をすることになる。すなわち，図や写真を豊富に使用している事典や便覧との違いに注意しなくてはならない。

●……… 年表と年鑑

年表は，情報を時系列（年代順や月日順など）に整理し，排列したものである。これは，歴史的な記述の方法の一つである「編年体」を採用した情報源ともみなせ，年代から情報を検索できるようにしている点が特徴である。ただし，レファレンス情報源としては，事項を編年体で記述しただけでは十分とは言えない。事項名，人名，地名などの索引が付され，情報を検索する手段がほかにも整っていることが必要と考えられる。したがって，すべての年表がレファレンス情報源として扱われるとは限らないのである。

なお，特定個人や複数の人物の著作もしくは作品を，執筆年順あるいは製作年順に記したものを「年譜」とよぶ。これも編年体で整理されたものであり，年表の一種である。しかし，著作や作品の一覧としての性格も有しており，情報源としての利用の便宜を考えた場合は，書誌もしくは作品リストとして扱うほうがよい。

年鑑は，当該1年間を対象に，情報を整理した情報源である。年間概況，出来事，事件などを統計データや図表を用いて解説している。年刊形式の逐次刊行物であり，年1回発行ということでタイムラグはあるものの，比較的カレントな情報が収載されている。しかも，継続して収集することによって，遡及的な検索を可能にするところが特徴的である。また，年鑑には各種の資料，名簿，文献リスト，法規などが収録されることが多く，便覧としての性格も有している。

各官公庁が，1年間の活動状況や関連領域の現況を記した行政報告資料は，「白書」として公刊されることが多い。この白書は，年刊形式で発行されることから，情報源の種類としては年鑑ということになる。また，統計データの情報源である統計集は，官庁統計であれ民間統計であれ，年ごとに更新されるのが一般的である。したがって，統計集の多くは「統計年鑑」として扱われる。

●……… 地図帳と名鑑

地図帳はアトラス（atlas）ともよばれるが，文字どおり地図を編集し，冊子体としたものである。収録される地図の種類によって，地図帳の種類も定まることになるが，各種の資料や統計データなどが付録として添えられ，こうした付加価値の部分に特徴が見られるものが少なくない。

名鑑は，いわゆる名簿であり，人名を対象にした人名鑑と，団体名を対象にした団体名鑑とがある。これは，ディレクトリ（directory）に相当する情報源であり，人名鑑では人物の簡単な履歴事項を添えている。また，団体名鑑では，所在地や連絡先などを摘記している。

●──── option R

4コママンガで考える情報サービス

絵＝松島　茂

UNIT 40 ●情報源の特質
文献検索に用いるレファレンスブック

●‥‥‥‥**基礎知識**

　文献検索に用いる情報源を有効に活用するためには，つぎのような基礎知識を整理しておくことが望ましい。

(1)　文献の種類
(2)　文献の種類別の書誌データ
(3)　文献の所在データの必要性

　(1)は，図書館で所蔵している文献の種類に関する基礎知識であり，主として「図書館情報資源概論」において扱われる内容である。文献に関する情報を検索する場合には，対象となる文献の種類ごとに，異なる情報源を用いることが一般的である。すなわち，図書と雑誌記事をひとまとめに検索できる情報源もあるが，効果的にかつ網羅的に検索するためには，図書を検索する情報源と，雑誌記事を検索する情報源とを使い分ける必要があるのである。したがって，どのような種類の文献が存在するか，認識しておくことが必要である。

単行書
叢書
シリーズもの
セットもの

　(2)は，(1)の知識に基づいている。すなわち，文献の種類によって，書誌データは異なっているのである。それゆえ，単行書と叢書（シリーズもの）や全集（セットもの），図書と図書収載の論文や作品，雑誌と雑誌収載の記事では，それぞれの書誌データが異なっていることを，確認しておく必要がある。例えば，雑誌の書誌データは，雑誌タイトル，発行者，創刊年，発行頻度，年間購読価格といった項目になる。これに対して，雑誌記事の書誌データは，記事の執筆者，記事のタイトル，収載誌，収載誌の巻号（発行年月），収載ページといった項目となり，雑誌のそれとは大きく異なっている。

　多くの利用者にとって，文献検索の最終的な目的は，求める文献を入手し，その内容を読むことにある。したがって，文献に関する情報である書誌データを入手することは，途中の段階にすぎない。最終的には，書誌データを把握できた文献をその図書館が所蔵しているか，所蔵していなければ，どこの機関でそれを所蔵しているか確認する必要が生じる。こうした所蔵に関する情報が，(3)の所在データの必要

性に関する判断である。言い換えれば，文献検索の情報源には，書誌データを確認するためのものもあれば，所在データを確認するためのものもあることになる。

●……… 書誌

　書誌データを検索するための情報源の代表は，書誌，目録，記事索引である。これらはいずれも，「文献リスト」と一般的なよび方ができるが，それぞれ性格が異なっている。

　書誌に記録されるのは，書誌的単位ごとのデータである。書誌的単位とは，一つのものとして独立していると識別できる文献を指す。例えば，一冊の単行書は，それ一つで物理的にも独立しているわけであり，書誌データによって表記することが可能である。一方，全集や講座といったシリーズものやセットものの場合，個別の巻ごとにまとまりがあるとみなすことも，全体として一つのものとすることもできる。したがって，シリーズやセットとしての書誌データもあれば，各巻ごとの書誌データもあり，どちらも書誌的単位となるのである。『日本目録規則』（1987年版改訂版，同改訂2版，同改訂3版）においては，それぞれの単位を書誌的レベルと認識し，そこに「階層構造」を規定している。

〔欄外〕書誌的単位
〔欄外〕書誌的レベル／階層構造

　書誌的単位ということでは，論文集や作品集など，一冊の図書に複数の記事や作品が掲載されている場合も考える必要がある。この場合には，単行書レベルでの書誌データの採取も可能であり，論文や作品単位での書誌データを記述することも可能である。すなわち，図書の一部であっても，一つのものとして独立した文献が存在することになる。ただし，こうした文献のリストは，性格上情報源の種類としては，書誌ではなく索引として扱われる。

　書誌は，資料の形態に応じて作成されることが多い。これは，収載される資料の書誌データの記入項目が，資料形態ごとに異なっているからである。したがって，図書を対象にした書誌，雑誌を対象にした書誌といった分け方が可能ではある。しかし，図書以外の資料を対象にした場合，書誌とはよぶことは少なく，慣用的には「目録」ということばが用いられている。しかし，後述する所蔵目録や総合目録との混乱を避けるために，「リスト」という言葉で整理すると便利である。すなわち，「雑誌のリスト」，「新聞のリスト」とよびたい。

　音響資料や映像資料の場合にも，慣用的には「目録」が用語として使用され，それぞれを「リスト」とよんでもよい。ただし，音楽作品と映像作品に関しては，「ディスコグラフィ（discography）」と「フィルモグラフィ（filmography）」という表現がある。なお，データベースやウェブページの場合には，「ディレクトリ」といった表し方が一般的である。

〔欄外〕ディスコグラフィ／フィルモグラフィ／ディレクトリ

40．文献検索に用いるレファレンスブック　199

●……… 目録

所蔵目録
総合目録

　目録には，所蔵目録と総合目録とがある。前者は，特定の一館に所蔵されている資料が対象となる。後者は複数の図書館を対象にして，所蔵している資料を記載したものである。いずれの場合でも，現物が所蔵されていることを前提にしており，書誌データとともに所在データを示している点が共通している。また，この点が目録の最大の特徴である。

所在データ

請求記号

　ここで所在データとは，資料の所在を指示する請求（排架）記号や，所蔵館名などを指す。したがって，文献リストのタイトルに目録という言葉を使用していたとしても，それが，一つもしくは複数の図書館やコレクション中の資料でないならば，情報源の種類としては目録とは扱わない。なお，総合目録の「総合」とは，一つの目録として編成し直すことを意味しており，英語では union catalog と表現される。目録を寄せ集めただけでは，総合目録とはよばないことに注意したい。

union catalog

●……… 記事索引

　記事索引もやはり文献リストであるが，対象にしているのが，雑誌や新聞を構成する記事という点に特徴がある。索引には，記事索引のほかに，前述した叢書の一部を対象にしたものもあれば，資料の巻末に付される事項索引や用語索引などもある。UNIT 31（レファレンスブックの見出し排列と索引）ならびに option M（索引の多様性）で説明していることであるが，これらに共通する定義をするならば，特定資料（資料群）に含まれる情報や文献を探すために，それらを一定の順序に排列し，所在（参照箇所や収載箇所）を表示したものとなる。

　この定義にしたがえば，雑誌記事の索引は，各記事を排列し，その記事が掲載されている収載誌名，収載巻号（発刊年月），収載ページといった書誌データを記したものになる。こうして，それぞれの記事の所在を明らかにしているのである。

option S

情報源の英文タイトル

英語で書かれた情報源については，タイトルに使用されている単語の意味を知っておくと，その種類を識別しやすい。もちろん，タイトルと内容とは必ずしも一致しない場合があることは，日本語の情報源と同様である。

辞書では，特殊辞書の種類を示すことばに注意するとよい。すなわち，つぎのような語である。

- 方言（dialects）
- 類語（synonyms）
- 語源（etymology）
- 頭字語（acronyms）
- 省略語（abbreviations）
- ことわざ（proverbs）
- 引用句（quotations）

encyclopedia は，厳密には百科事典のことであるが，規模の大きな専門事典のタイトルに，これを含むものが少なくない。さらに，つぎのような種類の情報源を表す英語にも注意したい。

- 年表（chronological table）
- 年鑑（yearbook, almanac）
- 地図帳（atlas）
- 地名事典（gazetteer）
- 人名事典（biographical dictionary）
- 名鑑（directory）
- 書誌の書誌（bibliography of bibliographies）
- 総合目録（union catalog）
- 雑誌記事索引（periodical index）
- 抄録誌（abstract journal）

UNIT 41 ●情報源の特質
データベース／ネットワーク情報資源

●………データベースの定義と構成

データベース　　検索のために蓄積された情報の集まりを「データベース (database)」とよぶ。日本の法令上は、「論文、数値、図形その他の情報の集合物であって、それらの情報を電子計算機を用いて検索することができるよう体系的に構成したもの」と定義されている（著作権法第二条十の三）。このとき、文字、図形、音声など、情報の種類は問われない。

　　データベースは、単なる「集合（集まり）」ではなく、「体系的に構成」されていることが要件となる。「体系的な構成」の要点は、階層的な構造と索引語・索引ファ
階層　　イルである。階層的な構造とは、データが収容されているファイルにおいて、レ
ファイル　　コードごとに管理されており、レコードはフィールドに区分されている状態を指す。
レコード　　例えば、ある図書館の所蔵資料データを一つのファイルとする場合、そこに収めら
フィールド　　れる図書や雑誌などの資料1点ごとのデータはレコードとなり、タイトル、著者名、出版者などの項目はフィールドということになる。

索引語　　索引語と索引ファイルについて理解するためには、UNIT 31（レファレンスブッ
索引ファイル　　クの見出し排列と索引）の知識が基本になる。例えば、ある図書で特定の項目や言葉を探すとき、本文すべてに目を通すのは時間がかかる。そこで、あらかじめそれぞれの項目や言葉を、本文中から取り出し、本文とは別の箇所に書き出した上で、それぞれの項目や言葉がどの部分にあるものか、所在を示すデータを添える。これが、図書に付された索引である。データベースの場合も同様である。書き出す語は「索引語」とよばれ、元データのファイルとは別の場所に書き出されるが、それが「索引ファイル」である。

　　索引語の書き出し方を大別すると、単語単位の場合と文字単位の場合とがある。前者は、辞書に掲載されているような意味のある語を対象としている。一方、後者は、「博物館と図書館へ行こう」という元データを例にすると、「博物館」や「図書館」のほかに「博物」「物館」「博物館と」「書館へ」「へ行こう」など、意味を持たない文字列も含まれることになる。両者は、利用者からみると一長一短がある。前者の場合、意味のある言葉で検索ができるが、「博物館と図書館」「図書館へ行こう」のようなフレーズでの検索は難しい。後者の場合、フレーズを含め、任意の文字列

で検索ができる。極端な例を挙げれば,「書館へ行こ」でも検索ができるのである。ただし,「図書」を検索しようとすると「図書館」も検索されることから,ノイズが増えてしまう。

●⋯⋯⋯⋯データベースの種類

データベースをデータの形態別によって分類すると,「レファレンスデータベース(reference database)」と「ファクトデータベース(fact database)」に大別される。前者は二次情報を扱ったデータベース,後者は一次情報を扱ったデータベースである。一次情報とは,私たちが利用する情報そのもの,あるいは生産された情報そのもののことである。図書や雑誌・新聞の「本文」が代表例であるが,文字以外にも音声,画像データも一次情報に含まれる。これに対し二次情報とは,目録,索引,抄録など,一次情報をもとに作られた情報,とりわけ一次情報にたどり着くための手がかりとして利用する情報のことである。データベースの収録情報が一次情報なのか二次情報なのかは,図書館においては重要な違いとなる。

> レファレンスデータベース
> ファクトデータベース
> 一次情報
> 二次情報

ファクトデータベースの代表として,「全文(フルテキスト)データベース(full-text database)」がある。雑誌や新聞の記事・論文,辞書・事典,法律の条文,判例(裁判記録)などの全文を収録したものである。レファレンスデータベースには,索引(誌),抄録(誌),所蔵目録などの「書誌データベース(bibliographic database)」や,人名や機関・会社の名鑑や人名録,電話帳などの「ディレクトリデータベース(directory database)」などがある。

> 全文(フルテキスト)データベース
> 書誌データベース
> ディレクトリデータベース

データベースは,どのような形態(経路)で提供されているかによって,「オンラインデータベース(online database)」と「オフラインデータベース(off-line database)」とに大別できる。前者は,インターネットなどを通してデータベース(ホストコンピュータ)と直接やりとりする方式が用いられている。最新状態のデータベースをリアルタイムで利用できるため,データ更新に対するタイムラグがないが,ホストコンピュータや回線の「混み具合」による影響を受ける場合がある。これに対し,後者は,CD-ROMやDVDなどのパッケージ(メディア)に収録されたものである。CD-ROMやDVDは,特に「オンディスクデータベース(on-disc database)」ともよばれる。回線などの影響を受けないので安定して使えるが,データ更新があっても,新しいメディアを入手するまで利用できず,タイムラグが発生する。なお,かつては,FAXや郵便などで検索業者に検索を依頼して,業者がまとめてコンピュータで検索を行う場合を指して「オフライン」とよぶこともあった。

> オンラインデータベース
> オフラインデータベース
> オンディスクデータベース

●⋯⋯⋯⋯データベースの流通

データベースを内容ではなく,流通の観点から分類することもできる。利用者の

範囲に注目すると，「商用データベース」「インハウスデータベース」「パーソナルデータベース」「オープンデータベース」の四つに区分される。商用データベースとは対価を払えば利用可能なものであり，インハウスデータベースとは，企業，業界，学界などの組織内部でのみ利用可能なものである。個人がパソコンのデータベースソフトで住所録を作成した場合などはパーソナルデータベースとよぶ。近年，急増しているのはオープンデータベースである。OPACをはじめ，各種ポータルサイト上の検索エンジンなど，インターネット上で無料で提供され，だれもが検索できるようになっている。

> 商用データベース
> インハウスデータベース
> パーソナルデータベース
> オープンデータベース

　データベースと利用者をつなぐ経路は，UNIT 2（現代社会の情報サービス機関）で解説した，いくつかの機関が関係している。まず，データとなる情報自体を提供する機関，すなわち，情報提供者は，インフォメーションプロバイダー（information provider）とよばれる。情報提供者から情報を受け取り，データベースを制作する機関は，データベースプロデューサー（database producer）となる。プロデューサーからデータベースを購入して，実際にサービスを提供している機関（販売会社など）をデータベースディストリビューター（database distributer）またはデータベースベンダー（database vender）という。あるプロデューサーが作成したデータベースが，複数のディストリビューターから提供されることもあるし，プロデューサーとディストリビューターが同一の機関等であることなどもある。

> インフォメーションプロバイダー
> データベースプロデューサー
> データベースディストリビューター
> データベースベンダー

　図書館においてデータベースを導入する場合，どのディストリビューターを選択するか，判断が求められることになる。オンライン（インターネット）かオフライン（DVDなど）かを選択する場合もある。経営の視点から，利用者のニーズを踏まえ，検索システムの機能，利用条件・料金などを勘案することも必要となる。

　なお，データベースを実際に利用して情報を得ようとしている者をエンドユーザー（end user）という。エンドユーザーに代わって情報検索を行う機関，すなわち検索代行者のことをインフォメーションブローカー（information broker）またはインフォメーションリテーラー（information retailer）などとよぶ。図書館職員が代行検索を行う場合は，インフォメーションブローカーの役割を果たすことになる。

> エンドユーザー
> インフォメーションブローカー
> インフォメーションリテーラー

● ネットワーク情報資源の利用

　現在，データベースを含め，インターネット上ではさまざまな情報資源（ネットワーク情報資源）が利用可能となっている。ネットワーク情報資源の多くは，ウェブサイトにおいてだれもが無料で自由に利用できる。

　図書館におけるネットワーク情報資源の位置づけについては，利用の主体から整理するとよい。まず，図書館職員が利用する場合がある。レファレンスサービスに

> ネットワーク情報資源

おいて，質問に回答するために利用する場合がこれに相当する。したがって，図書館職員自身がネットワーク情報資源について理解，把握し，目的・状況などに応じて適切な情報源を使い分けていくことが求められる。

　一方，利用者がこれを利用する場合もある。図書館では，インターネットの利用端末となる PC を用意して，利用者（来館者）が，直接，操作できるようにすることになる。図書館によって，PC の台数などの差はあるものの，広く普及している。また，有料データベースを図書館が契約し，利用者に提供するサービスも，専門図書館，大学図書館にとどまらず，特にビジネス支援サービスを展開している公共図書館に広がりつつある。現状では，有料データベースの利用に関して，専用の端末を利用する場合と，いずれの端末からでも利用できる場合とがある。前者は，同時利用者数が少なかったり，従量制による料金が設定されたりしている場合に見られる。後者は，同時利用者数が多かったり，定額制・定量制による料金が設定されたりしている場合に見られる。

ビジネス支援サービス

従量制

定額制

定量制

　さらに，図書館は，無料のものを含めて，ネットワーク情報資源を「組織化」し，利用者の便宜を図っている。図書館のウェブページで，利用者にとって有用だと思われるネットワーク情報資源を主題や目的などによって分類した上で，「リンク集」として提供する事例が一般的である。サブジェクトゲートウェイとよばれるさらに進んだ取り組みをしている図書館もあり，近年では，ネットワーク情報資源とともに，印刷メディアを中心とする所蔵資料を含めた，総合的な情報へのアクセスの窓口（いわゆる図書館ポータル）を目指す方向性が見られるようになっている。

リンク集

サブジェクトゲートウェイ

　いずれにしろ，最終的な情報の利用者である図書館利用者に対して，目的や状況を勘案して，適切なネットワーク情報資源を選択・提供できることは，現代の図書館職員にとって重要な課題である。ネットワーク情報資源について，その特性を理解した上で，知識・技術を常に習得し，維持・向上させていかなくてはならない。また，利用者が活用しやすいように組織化を行う必要もある。さらに，UNIT 7（利用指導／利用案内）で解説したように，レファレンスサービスによる利用の支援に加えて，知識や技術の積極的な伝達を行う「指導サービス」を展開することも，重要な職務である。

指導サービス

　もちろん，単館でこれらすべてを実現することは容易ではない。複数の図書館が連携・協力して進めなくてはならない。しかも，ネットワーク情報資源だけをことさら特別視するのではなく，印刷メディアを含めて，多様なメディアを総合的に利用できるという図書館の特性，すなわち，「ハイブリッドライブラリ」としての有効性を強調することが必要である。印刷メディアに対する目録，分類などの組織化のノウハウを応用して，無限に増殖するネットワーク情報資源に対する新たな利用のしくみを提案・提供することが望まれているのである。

ハイブリッドライブラリ

UNIT 42 国立国会図書館のレファレンス情報源

● 情報源の特質

●……… 国立国会図書館のオンラインサービス

　国立国会図書館は，納本制度に基づいて日本国内で刊行されたすべての資料を収集し，これに基づくサービスを実施している。現在では，旧来から行われているサービス方法に加え，ICTを用いた情報サービスに力を注いでいる。すなわち，各種の情報源を作成・整備し，インターネット上に発信しているのである。したがって，国立国会図書館のウェブページ（http://www.ndl.go.jp/）に掲載されている情報，とりわけ，「オンラインサービス」として提供されているデータベースや電子コンテンツは，他の図書館にとって有効なレファレンス情報源になる。

　国立国会図書館のオンラインサービスは，次のような構成となっている（2018年4月現在）。

(1) 情報探索ポータル：国立国会図書館サーチ，Web NDL Authorities
(2) 立法情報（国会関連情報）：国会会議録，帝国議会会議録，日本法令索引，日本法令索引〔明治前期編〕
(3) 蔵書検索・申込：国立国会図書館オンライン（NDL ONLINE），雑誌記事索引採録誌一覧，利用できる電子ジャーナル等
(4) 調べ方案内・主題情報：リサーチ・ナビ，レファレンス協同データベース，Books on Japan，カレントアウェアネス・ポータル
(5) デジタル資料：国立国会図書館デジタルコレクション，歴史的音源，ウェブサイト・アーカイブ
(6) 震災の記録：国立国会図書館東日本大震災アーカイブ
(7) 電子展示会
(8) 子ども向けサービス：キッズページ，子どもOPAC

●……… オンラインサービスの性質

　上記の内容には，さまざまな性質を有したものが含まれているが，レファレンスサービスで活用することを想定すると，次の三つに整理することができる。

(1) ポータルサイト
(2) データベース
(3) 電子コンテンツ

(1)は，各種の電子コンテンツやデータベースへのナビゲーション機能を有している情報源である。これには，「国立国会図書館サーチ」と「リサーチ・ナビ」が該当する。

(2)は，資料や情報を検索するためのデータベース機能を有している情報源である。書誌データやメタデータ，テキストデータその他の情報を検索することのできるシステムが搭載されているものである。ここには，「国会会議録」「帝国議会会議録」「日本法令索引」「日本法令索引〔明治前期編〕」「NDL ONLINE」「レファレンス協同データベース」「子ども OPAC」を含めることができる。

(3)は，デジタル資料の内容等を表示しているものである。検索機能を備えている場合には，(2)の性質を有するとみなすこともできるが，サービスの主体は電子コンテンツを収載することにあるものが，この区分となる。具体的には，「雑誌記事索引採録誌一覧」「利用できる電子ジャーナル等」「Books on Japan」「カレントアウェアネス・ポータル」「国立国会図書館デジタルコレクション」「歴史的音源」「ウェブサイト・アーカイブ」「電子展示会」「キッズページ」となる。

● ポータルサイト

「国立国会図書館サーチ（NDL Search）」(http://iss.ndl.go.jp/)は，2012年に開始された新たな検索サービスであり，国立国会図書館ならびに全国の公共図書館，公文書館，美術館，学術研究機関等が所蔵する文献およびデータベース中の情報等を統合的に検索できる。また，検索した文献を入手するためのナビゲーションシステムが用意されている。

> ナビゲーションシステム

発足時点で，88のデータベースから収集した約6900万件の目次情報や本文（テキスト）を対象とした検索が可能となっており，126のデータベースを横断検索することができるようになっている。搭載されている機能には，検索支援機能，多言語対応・翻訳機能，検索結果のグルーピング機能，検索結果のサムネイル表示機能，再検索・絞り込み機能，障害者向け検索機能，外部サービス連携機能，携帯電話・スマートフォン・タブレット端末対応といったものがあり，多目的な活用を可能にしている。

「リサーチ・ナビ」(http://rnavi.ndl.go.jp/rnavi/)は，調査活動に有用と判断される図書館資料，ウェブページ，各種データベース，関係機関情報について，特定のテーマならびに資料群別に紹介する機能を有したサイトである。用意されているメ

ニューは，「本をさがす」と「しらべるヒント」から構成されており，検索対象とする資料が特定化されている場合（known item search）は前者を，特定化されていない場合（unknown item search）は後者を利用するようになっている。

「本をさがす」の場合は，国立国会図書館所蔵資料については，同館が提供しているデータベースが検索対象となり，他機関所蔵資料を含めた検索の場合は，国立情報学研究所の「Webcat Plus」ならびに上述の「国立国会図書館サーチ」となる。また，「しらべるヒント」を使用した場合は，入力された検索語に近い分野が表示され，そこから情報の探し方や関連する情報が載っている資料が案内されるしくみとなっている。

さらに，こうしたメニューに加えて，自由語による検索を可能にしている。検索結果としては，関連する調べ方（調べ方案内，「レファレンス協同データベース」上の事例），本，キーワード，Wikipedia の掲載事項が表示される。また，検索語の関連語（関連項目）の「テーマグラフ」が生成され，ツリー構造で表示される。

●……国立国会図書館オンライン（NDL ONLINE）

NDL ONLINE（https://ndlonline.ndl.go.jp/）の基本的な性質は，国立国会図書館の所蔵目録データベースであり，同館が所蔵するすべての資料を検索することができる。しかし，今日では，所蔵目録としての性質ばかりではなく，次のような特性を有したものとなっている。

(1) 全国書誌に相当する役割
(2) 関連データベースの併合
(3) 各種申込システムとの連携

(1)は，国立図書館としての国立国会図書館に期待される役割との関係でもある。国立国会図書館では，法定納本制度により納本された資料の書誌データは，『日本全国書誌』として公開することになっているが，独立したデータベースとはなっていない。すなわち，NDL ONLINE のシステムにおいて，「書誌情報提供サービス」という形で提供されているのである。したがって，NDL ONLINE は，所蔵目録データベースであるとともに，全国書誌データベースとしての役割を果たしているとみなすことができる。

(2)は，いくつかのデータベースを併せ持っていることを意味している。その代表として，雑誌記事の検索システムがある。これは，雑誌に掲載された記事の書誌データを検索することができるしくみであり，雑誌記事索引データベースとしての性質を有していることになる。また，科学技術関係の専門資料（規格資料，テクニ

カルリポート類，学協会ペーパー，UMI博士論文）の検索を可能にしている。このデータベースで検索対象とされるものの多くは，いわゆる灰色文献である。さらに，「点字図書・録音図書全国総合目録検索」では，全国の公共図書館や点字図書館等が視覚障害者の利用に供するために製作した点字図書や録音図書の検索を可能にしている。したがって，総合目録データベースを併合していることにもなる。

　(3)は，NDL ONLINEが所蔵している資料を検索するしくみであるばかりでなく，検索した資料の閲覧予約や複写の申込をすることを可能にしていることを意味する。これらの機能の利用は，利用登録に基づいて，一定の利用条件ならびに著作権法の認める範囲内で行われている。

● ……… レファレンス情報源としての活用

　国立国会図書館が提供している電子サービスは，他の図書館にとってはかけがえのないレファレンス情報源となる。例えば，資料の種別によっては閲覧上の制約はまだあるが，「国立国会図書館デジタルコレクション（http://dl.ndl.go.jp/）」と「歴史的音源（http://rekion.dl.ndl.go.jp/）」は，古典籍をはじめとする一次資料の画像データベースであり，所蔵資料が少ない図書館にとってきわめて有用である。

　また，「ウェブサイト・アーカイブ（http://warp.da.ndl.go.jp）」に蓄積された電子コンテンツを閲覧すれば，現在確認できない情報を入手できる可能性が高まる。この事業では，インターネット上からすでに削除されたり，変更が加えられたりした情報を確認できるように，公的な機関が作成したウェブページを収集・保存しているからである。

　さらに，UNIT 15（協同レファレンスサービスの展開）で解説した「レファレンス協同データベース（http://crd.ndl.go.jp/）」を利用することによって，レファレンスサービスの効果を高めることができる。

― 灰色文献

― 総合目録データベース

● ──── option T

レファレンスブックの種類を細分すると

レファレンスブックの種類については，いくつかの UNIT で概要を説明している。ここではさらに細分して示すので，どのようなタイトルがあるか確認してほしい。

1. 文字・言葉に関するレファレンスブック
    1-1 国語辞書
    1-2 漢和辞書
    1-3 難読語辞書
    1-4 対訳辞書
    1-5 古語辞書
    1-6 新語辞書
    1-7 外来語辞書
    1-8 方言辞書
    1-9 俗語辞書，隠語辞書
    1-10 類語辞書，同義語辞書
    1-11 語源辞書
    1-12 略語辞書
    1-13 諺語辞書，名句辞書
    1-14 用語索引（コンコーダンス，要語索引），詩歌索引
2. 事物・事象に関するレファレンスブック
    2-1 百科事典
    2-2 専門事典
    2-3 便覧（ハンドブック）
    2-4 図鑑
3. 歴史・日時に関するレファレンスブック
    3-1 歴史事典・歴史便覧
    3-2 事物起源事典
    3-3 年表
    3-4 年鑑
    3-5 ニュースダイジェスト（新聞集成）
    3-6 統計年鑑
    3-7 統計索引
4. 地理・地名に関するレファレンスブック
    4-1 地理事典，地理便覧

4-2　地域百科事典
　　4-3　地域年鑑
　　4-4　地図帳
　　4-5　地名索引
　　4-6　地名事典
　　4-7　難読地名辞書
　　4-8　旅行案内書等（旅行ガイド，時刻表ほか）
5．人物・団体に関するレファレンスブック
　　5-1　一般人名事典
　　5-2　専門人名事典
　　5-3　人名鑑
　　5-4　人名索引
　　5-5　難読姓名辞書
　　5-6　著者名典拠録
　　5-7　団体名鑑・機関名鑑
6．図書・叢書に関するレファレンスブック
　　6-1　一般書誌
　　6-2　解題書誌
　　6-3　人物書誌，集合書誌
　　6-4　主題書誌
　　6-5　翻訳書誌
　　6-6　叢書合集の書誌
　　6-7　叢書合集索引
　　6-8　蔵書目録
　　6-9　総合目録
7．逐次刊行物・逐次刊行物の記事に関するレファレンスブック
　　7-1　逐次刊行物のリスト
　　7-2　逐次刊行物の所蔵目録
　　7-3　逐次刊行物の総合目録
　　7-4　新聞記事索引
　　7-5　雑誌記事索引
　　7-6　書評索引
　　7-7　総目次，総索引
　　7-8　引用文献索引
　　7-9　抄録誌
8．レファレンスブックの情報を確認するためのレファレンスブック
　　8-1　レファレンスブックの解題書誌（レファレンスブックのガイド）
　　8-2　書誌の書誌

UNIT 43 ●事実情報の検索の実際
言葉・事柄に関する情報の調べ方

●……身近な辞書と事典

　国語辞書，漢和辞書，英和辞書，百科事典と聞けば，どういったものかは容易に想像することができる。小学校の授業でも扱われるように，レファレンスブックの中ではたいへん馴染み深い。しかも，記載方法や内容，大きさやレイアウトなどに工夫を凝らした多種多彩な辞書と事典が出版されている。レファレンス質問に対する調査過程の中でも，初期段階に用いられることが多く，レファレンスコレクションにおいても，この種のものは特に充実している。

　学校や職場，外出先や旅先で，そして家庭の中でとあらゆる機会に求められる情報源であり，日常的に利用される機会は多い。それゆえ，携帯性に富んだコンパクトなものが求められ，冊子体でもポケットサイズのものが揃っている。近年は，電子辞書やウェブ事典の利用が，冊子体をしのぐ勢いで普及し，世代や場面を問わず活用されている。インターネット上では，そうした辞書や事典を横断的に検索できるサービスも登場している。

●……辞書の種類

　辞書は次の観点に基づいて分けることができる。

(1) 見出し語の種類（普通語と特殊語）
(2) 見出し語と解説文（言語的関係）
(3) 解説内容の特徴
(4) 利用対象と用途

普通語
特殊語
国語辞書
漢和辞書
古語辞書
新語辞書
外来語辞書

　(1)は，普通語で探すか特殊語で探すかという選択の問題にもなる。普通語は，一般的に広く使用されている言葉で，日本語の場合は，和語と漢語がある。それらの言葉を調べる辞書が，国語辞書と漢和辞書である。また，他の言語の場合は，それぞれの言語の国語辞書（一ヶ国語辞書）が存在する。

　一方，特殊語はさまざまである。言葉の使用時期と変遷に応じた古語と新語（現代用語や流行語），あるいは外来語があり，「古語辞書」「新語辞書」「外来語辞書」

が編纂されている。また，言葉を使用している地域や集団，用法や由来について，自国の言語や標準的な言葉と対比させた辞書もある。例えば，方言，俗語，隠語を見出し語にした「方言辞書」「俗語辞書」「隠語辞書」がある。故事成語・ことわざ・格言・引用句などを見出し語にした「諺語（げんご）辞書」や「名句辞書」もある。さらに，省略語（abbreviation）や頭字語（acronym）を見出し語にした「略語辞書」もある。

方言辞書
俗語辞書
隠語辞書
諺語辞書
名句辞書
略語辞書

ただし，実際には，見出し語に普通語だけでなく特殊語も収載した辞書もあり，単純に類別することは難しい。例えば，多くの国語辞書には，外来語や方言も収載されているし，漢和辞書の機能を併せ持っているものも編纂されている。

(2)は，見出し語の言語と，それについて解説（訳）している記述の言語との関係であり，「国語辞書」「対訳（双解）辞書」「多国語辞書」に細分することができる。国語辞書は，見出し語と解説が同じ言語の「一ヶ国語辞書」である。対訳辞書は，見出し語と解説が異なる言語で記されている「二ヶ国語辞書」であり，国語間の組み合わせによって，多数のものが編纂できる。しかも，英和辞書と和英辞書にみられるように，どちらの国語を見出し語にするかによって，二通りの辞書が存在することになる。多国語辞書は，見出し語を，それとは異なる二つ以上の国語で解説したものであるが，電子辞書において数多く見られるようになった。

対訳辞書
多国語辞書

(3)は，辞書に記入されている内容の特徴である。例えば，発音，強勢（アクセント），抑揚（イントネーション）を中心にして記載した「発音辞書」，言葉の成り立ちや起こりを詳細に解説している「語源辞書」がある。また，同義語や反義語，あるいは類義語を分類して収載した「類語辞書」もある。さらに，読みの難しい言葉（難読語）だけを見出し語に取り上げた「難読語辞書」もある。

発音辞書
語源辞書
類語辞書
難読語辞書

(4)に関しては，多様な辞書が作成されている。広く日常的な利用を想定して編纂した一般的な辞書，学校教育で用いることを目的とした学習用の辞書，外出先での利用に配慮して基礎的情報のみ収載したモバイル向けの辞書がある。学習用の辞書は，児童，生徒，学生を対象とし，学齢に応じた配慮がなされている。見出し語を厳選し，平易な解説にすることに加えて，囲み記事や文法解説，挿絵，図式を用いるなど，さまざまな工夫を凝らしている。

● ……… 事典の特性

事典は，百科事典と専門事典に区分することが一般的である。百科事典には，取り上げられない項目はないとさえ言われるが，実際には制約もあり，詳しい情報を求めるためには，専門事典の利用が必要なこともある。しかし，知識の集大成となる百科事典を調べることで，包括的な情報を入手したり，何らかの手がかりを得ることはできる。インターネットをサーチエンジンを用いて調べれば，何かヒントが

百科事典

得られるのではないかという期待感に，これは類似していよう。

専門事典　　　一方，個別の専門領域の知識を収録対象にしたものが，専門事典である。特定領
専門用語事典　域で使用される言葉を見出し語にして，その解説を行なっている「専門用語事典」
専門用語集　　や，解説を加えずに専門用語を一覧することだけを目的とした「専門用語集（術語
　　　　　　　辞書）」もこれに含まれる。専門事典には，特定領域の事象を総合的に扱ったもの
主題百科事典　もあり，特定主題の百科事典（主題百科事典）との区別が難しいものもある。こう
　　　　　　　した専門事典の詳細は，UNIT 44 から UNIT 46 で解説する。
　　　　　　　　事典の特性を理解するには，次の観点に基づいて確認することが有効である。

　　　　　　　(1)　見出し語
　　　　　　　(2)　全体の構成
　　　　　　　(3)　索引・アクセスポイントと検索手段
　　　　　　　(4)　参照指示・参考文献・執筆者
　　　　　　　(5)　付録と補遺
　　　　　　　(6)　利用対象

　　　　　　　　(1)は，何を見出しとするのか，その基準に関係する。事典の編纂においては，見
　　　　　　　出しの大小（大項目と小項目）という考え方が用いられている。すなわち，上位概
　　　　　　　念を表す語を見出し語にし，そのもとで関係する事象を包括的に解説した場合，そ
大項目主義　　の見出し語は大項目と認識される。こうした編纂様式を大項目主義とよぶ。これに
小項目主義　　対し，下位概念を表す見出し語は小項目であり，その編纂様式を小項目主義とよん
　　　　　　　でいる。この項目の大小は，あくまで相対的なものであり，とらえ方によっては，
　　　　　　　大項目，中項目，小項目，さらには細項目といった識別も可能となる。大項目主義
　　　　　　　で編纂された事典の場合は，ある事象の知識を網羅的に確認するのに役立つ。一方，
　　　　　　　小項目主義で編纂された事典は，特定の知識を見出し語から検索することが比較的
　　　　　　　容易である。知識を細分化した見出しが立てられているからであり，必要な項目の
　　　　　　　知識のみを探すことに適している。また，収録基準としては，見出し語の範囲も重
　　　　　　　要である。とりわけ専門事典の場合は，特定の学問領域（主題領域），取り扱う事
　　　　　　　物や事象などによって，見出し語の収録範囲が定まることになる。
　　　　　　　　(2)は，物理的な面での構成と，内容面での構成とに関係する。例えば，百科事典
　　　　　　　と聞くと，多巻構成のものを思い浮かべやすい。しかし，一巻でも用途に応じては
一巻もの　　　使い勝手がよいこともある。記載されている分量に目を向けると，一巻ものの場合
多巻もの　　　は数行程度に留まるものから，数ページにわたる大量の解説がなされている多巻も
　　　　　　　のもある。後者の場合は，記載されている内容は，適宜，小見出しを立てて構成さ
　　　　　　　れているのが普通である。また，写真や図版を豊富に用いて視覚的に解説をしてい

るものもあれば，文章中心のものもある。さらに，UNIT 31で詳説した，見出し語の排列方法も構成に関係する要素である。事典の多くは，「一系排列」が多い。しかし，一部の百科事典に見られるように，見出し語を一定の体系のもとで分類した上で，それぞれを排列している「分科式」を採用しているものもある。

　(3)は，記載されている内容の探し方に関する観点である。冊子体の場合，内容が豊富な多巻ものの事典になると，見出し語を特定するのに手間どることがある。すべての用語が見出し語となっているとは限らないからである。特に，大項目主義で編纂されている場合は，他の見出し語の解説の中に，求める事項に関する説明が登場することが少なくない。したがって，「百科事典の利用はまず索引から」と言われているように，備えられている索引を用いることが肝要となる。

　一方，電子メディアにおいては，キーワードによる検索が一般的となったこともあり，索引の存在を意識することが少なくなりつつある。しかし，それとは別に，検索対象のフィールドや検索式を組み立てる必要が生じており，精度や再現率を高めるためには，単純なキーワード検索だけでは十分とならないことが多い。

　(4)は，知識の範囲を広げるために必要な観点である。まず，見出しや解説記事と関連する他の見出し語への参照指示が用意されていれば，関係する知識を幅広く入手することができる。冊子体の場合は「をも見よ」が相当し，電子メディアの場合はハイパーリンクが代表的なものとなる。したがって，これを表す記号や搭載されている機能を確認しておく必要がある。特に電子メディアの場合は，関連する見出しだけでなく，視覚的あるいは聴覚的に情報を提示する写真や動画，音声，さらには他のウェブページへのリンクなども多く，冊子体よりも複合的に情報を得ることができる。また，参考文献および執筆者の記載は，各解説の末尾に示されることが多いが，これによって，専門文献へ導くための手がかりが得られる。欧米では，参考文献の明記は，百科事典編纂の原則ともなっているくらいである。

　(5)は，事典の付加価値ともなる。大規模な事典には，付録が備わっていることがある。冊子体の百科事典では，地図帳や便覧が別冊で用意されているし，電子メディアの場合は，同じ制作元が提供している他のデータベースを無料で利用できることもある。また，冊子体の百科事典は，その編纂に多大な時間を要するため，刊行後に掲載内容を更新したり，修正したりすることは容易ではない。そこで，刊行後に年刊形式の出版物を発行し，本編に対する「補遺（supplement）」としていることも多い。これは「百科事典年鑑」とよばれるもので，当該年間の主要な事件や事象，活躍した人物などの記事をまとめて掲載している。一方，インターネット上で利用できる百科事典の場合は，こうした補遺を意識することなく利用できる。

　(6)は，利用対象を特定して編纂した事典である。例えば，学校での学習に役立つよう，児童・生徒向けに編纂した学習用百科事典を挙げることができる。

UNIT 44 ●事実情報の検索の実際
日時・統計に関する情報の調べ方

●……日時・統計に関する情報の意義

　このUNITでは、過去から現在に至るまでのすべてのできごとを対象に、年月日や数値を基軸として事象の解説を行なっている情報源を扱う。図書館に寄せられるレファレンス質問の中には、歴史的な事実が起きた正確な年月日、ある事件の概要、史実に関する図版や地図、歴史上の地名や人物などについての情報を求めるものが多く含まれている。そうした情報を検索する際に用いるのが、歴史事典、年表、歴史便覧・図録集、歴史地図帳である。これらは、いつ、どこで、だれが、何を、どのように、といった「5W1H」について解説しているが、いずれにも日時に関係する情報が含まれている。一方、社会で起きている現在あるいは過去の現象を、数で表したものが統計である。そうした数値を探すための情報源が、統計書、統計年鑑、統計索引である。

●……年表と歴史事典

年表　　　　　年表は、歴史的事実を一覧表の形式に整理した情報源であり、通例、時系列（年月日順）に情報を排列している。あらゆる分野の事実を列挙している総合的な年表と、目的に応じてある範囲に限定した事実のみを扱う専門主題別の年表がある。どちらも、史実を時間の流れに沿って確認でき、事実と事実の時間的な前後関係や影響関係を目視で把握しやすい。一方、余分な情報をできるだけ除くことになるため、事実の詳細を知るには、歴史事典や歴史便覧を併用しなければならない。

　年表においては、索引が重要な役割を果たしている。調査したい事実の時期について、まったく見当がつかない場合は、年表本文をいきなり見ても検索することは困難である。時期を特定化するためには、索引を利用することが欠かせない。それゆえ、年表の利用にあたっては、索引の有無と種類、排列方法や精度などに留意する必要がある。

歴史事典　　　歴史事典は、歴史的事実や事柄、歴史上の人物や地名を見出し語とし、その概要について解説している情報源である。ただし、歴史的な事実の概要といっても、執筆者の立場や思想、学派、学説、執筆された時代によって扱い方が異なっていることがある。特に、新しい事象については、結論が異なる学説が存在する場合もある

ので注意を要する。したがって，歴史事典を利用する際には，事典に対する一般的な着眼点に加えて，執筆者や出版者にも目を向け，レファレンス質問に回答する際には，二つ以上の情報源を提示することが重要になる。

　歴史事典は，地域（国），あるいは，時代ごとに編集されているので，それに応じて類別するのが一般的である。すなわち，世界全体，または各国ごとの歴史事典もあれば，特定の国や地域の歴史に関して時代区分を行い，それぞれの時代ごとに編集されている。なお，国の歴史に関しては，それぞれの国で編集・出版された歴史事典が詳しく，かつ，内容的にも正確であることが多い。

　また，一国の特定地域の歴史を対象に編集した歴史事典もある。これは，地方史研究の成果をふまえて，地域特有の歴史的事象や事項を解説したものである。日本では，北海道，東京（江戸）といった地域を対象にした歴史事典の例を挙げることができる。さらに，歴史事典の中には，外交史，服飾史，風俗史，科学技術史，女性史など，特定主題を扱ったものも少なくない。

●………歴史便覧と歴史地図帳

　歴史的な事柄を確認するためには，歴史事典に掲載されている解説だけではなく，表や一覧，系統図，系譜，図版などに体系化し，視覚的に理解しやすい形に整えた情報が有用となる。これらは，歴史事典に付録として収められていることもあるが，「歴史便覧」として，独立した情報源に編集されているものもある。しかも，学校教育のための補助資料として作成されているものもあれば，一般向けの規模の大きいものまである。

歴史便覧

　歴史便覧は，図絵を多く掲載しているため，図鑑としての性格も有している。この図鑑としての性格をさらに強くした情報源に，歴史的な「図録集」がある。これは，服装，住宅，風俗などを図に表して収録しており，主題別に編集されることが多い。ただし，図の改編に伴う誤りもあるため，個々の図表に，出典となる原史料の情報が明記されているかどうかを確認する必要がある。

　歴史地図は，歴史的な事実を，例えば，領土の拡大や縮小の変遷，民族の移動や交流の経路，軍事的な布陣や戦略などを，地図上に記したものである。それらを冊子にまとめたものが，「歴史地図帳」である。歴史地図は，歴史事典や歴史便覧にも掲載されているが，数多くの歴史地図を参照するためには，歴史地図帳を利用することが望ましい。

歴史地図帳

●………統計データの取り扱い

　統計データを取り扱うには，つぎの点に留意するとよい。

(1) 統計データの種類
(2) 一次統計書と二次統計書
(3) 統計索引

官庁統計
民間統計

(1)に関しては，まず，採取と公表を行う機関によって「官庁統計」と「民間統計」に分けることができる。多くの国では，各中央官庁がそれぞれに関連する統計を継続的に採取し，統計書として整理して公表している。そうした統計を官庁統計と呼び，各種の民間団体が採取して公表している民間統計と分けて取り扱う。

つぎに，統計を時系列に考えた場合は，時事的な統計と長期的な統計とに分けることもできる。多くの統計データは，毎日，毎週といったように定期的に採取され，インターネット，テレビやラジオ，新聞や雑誌を通じて逐次報道されている。こうした時事的な統計が数年あるいは数十年にわたって蓄積されると，時系列に整理することによってデータの推移を経年的に概観できるようになる。こうした整理をした長期的な統計を，累年統計あるいは歴史統計とよぶ。

累年統計
歴史統計
一次統計書

(2)は，統計データの加工と関係する。一次統計書は，官庁統計・民間統計を問わず，各機関が独自に統計データを採取して収載したもので，時事的な統計を中心に，定期的に発行・公開されている。国勢調査，工業調査，小売物価調査，消費者物価指数などがこれにあたる。こうした統計の多くは，官公庁を中心にした規模の大きい独自の調査が行われ，オリジナルな統計書としてまとめられ，広く社会に公表されている。また，インターネット上には，統計表がデータベース化されて公開されるようになってきている。

こうした一次統計書（統計データベース）に収載されている統計データは，マスコミや企業・役所を通して，ニュースや広報という形で知ることが一般的であり，一次統計書を直接目にすることは多いとは言えない。また，多くの一次統計書は大部な編成となっており，求める統計データを探すのは容易ではない。そこで，オリジナルの一次統計を選択・加工し，まとめ直したものが二次統計書であり，一次統計書のダイジェスト版としての性格を有しているものとなる。

二次統計書

二次統計書では，見やすく探しやすくするなど，さまざまな工夫が施されている。また，体系的にとらえられるように整理したり，新たに分析や解説を行うといった加工がなされていることもある。オリジナルの一次統計書にたどり着けるように，出典も明らかにされている。ただし，二次統計書は，一次統計書の加工に時間を要することになるので，タイムラグが生じることは避けられず，収載されている統計数値が古くなっている可能性がある。また，記載や表示が簡略になっている場合もある。それゆえ，最新のデータや詳細なデータが必要な場合は，各統計表に添えられている出典情報（一次統計書のタイトルや統計データの採取機関など）をもとに

一次統計書を参照する必要がある。

　二次統計書の多くは，年刊形式で発行される「統計年鑑」であり，日本では『日本統計年鑑』（総務省統計局，1949- ）がよく知られている。これは，官庁統計から民間統計まで広く収録している。一方，世界的な統計年鑑や主題別に編集された統計年鑑もある。

統計年鑑

　(3)は，特定の統計表の所在を確認するための情報源である。すなわち，個別の統計表を収載している統計書を明示している。個別の統計表がどの統計書に収載されているかわからない場合，統計索引の利用が有効になる。日本の代表的な統計索引は，年刊形式で発行される『統計情報インデックス』（総務省統計局，1992- ）である。また，インターネット上の「政府統計の総合窓口」(http://www.e-stat.go.jp/) は，統計索引の機能を有している。

統計索引

●………統計データの検索と提供

　統計データに関するレファレンス質問は，公になっている統計データを求める場合がほとんどである。したがって，これに対する回答には，それが掲載されている統計書を特定し，そこに掲載されている統計表を確認して，統計データを入手するといった手順をふむことになる。利用する情報源を選択する際には，求められている統計データが，時事的な統計データか長期的な統計データか，識別する必要がある。対象となる統計書が想定できる場合には，一次統計書を直接確認すればよいが，そうでない場合には，統計索引，もしくは二次統計書を用いて，段階的に検索を進めることが効率的である。統計索引や二次統計書には，事項やキーワードから検索できる索引が用意されていたり，排列に関する配慮もなされており，適切な一次統計書にたどり着けるような工夫が施されている。特にインターネット上に公開されている統計データベースには，豊富なアクセスポイントが整備されている。

　統計データをレファレンス質問の回答として提供する際には，統計数値だけではなく，それを掲載している統計表ならびに統計書の情報を，出典（典拠）として示すことが必要である。また，数値を採取した年月日の情報，数値の単位についても，併せて提示することが求められる。外国の統計データの場合は，必要に応じて，数値の単位を互換して示すなど，「サービス」としての付加価値を高めることも意識する必要がある。

UNIT 45 ●事実情報の検索の実際
地理・地名に関する情報の調べ方

●……地域の情報を検索するための情報源

公共図書館に寄せられるレファレンス質問には，地域内の地理や地名に関するものが少なくない。私たちの生活は，特定地域の社会あるいは自然のもとで営まれているからである。今日では，地理・地名に関する一般的な疑問の多くは，インターネットを用いれば解決することが容易になっている。しかし，ひとたび専門的な情報となると，インターネット上の情報だけでは限界がある。例えば，不動産の取得に関して，そこがもともと住宅や畑だったのか，それとも沼地や山林だったのか，遡及して確認したい場合は，印刷メディアの情報源を併用しなくてはならない。

特定地域の地理的な情報の検索には，つぎのような情報源を用いるとよい。

(1) 地理学事典
(2) 地理学便覧

地理学事典

地理学便覧

(1)は，「地理学」の用語を見出し語にして解説しているものである。これに対し，(2)は，地理学の知識について，数値や図版などの資料を掲載して，体系的にまとめたものである。なお，地理学事典には，地理学上の学術用語だけではなく，地名も併せて収録したものもあり，地名事典としての性格を有していることもある。また，後掲の地図帳には，地理学便覧に相当する付録を収録しているものもある。

●……地名に関する知識

地理情報の中核とも言えるものが地名情報である。そもそも地名とは，生活上の便宜を図るために設けられたものであり，特定の広がりを持つ場所（土地）に，何らかの記号（名称）を付したものである。したがって，地名というと行政地名ばかりが念頭におかれてしまいがちであるが，そればかりではない。つぎのように，さまざまな種類がある。

(1) 行政地名（都道府県，市町村の名称）
(2) 自然地名（山や川，平野や盆地，半島や湾の名称）

(3) 産業地名（工業地帯や農業地帯，商業地帯や鉱山・炭田の名称）

(4) 集落地名（都市や農村，繁華街や団地の名称）

(5) 観光地名（国立・国定公園，景勝地や行楽地の名称）

(6) 交通地名（鉄道の路線や駅，道路や橋の名称）

(7) 歴史地名（遺跡や貝塚，城址や古戦場の名称）

また，地名は普遍的なものではなく，行政施策や経済活動に基づいて，あるいは，自然災害や環境変化などによって，その名が変わることがある。市町村の合併による行政区画の移動や住居表示の変更による行政地名の新設や廃止は，その好例である。また，道路や橋，商業地域などは，同じ名前が与えられていても，かつての場所とは異なる場合もある。同じ場所にあっても，これまでのよび方に，「新」を冠していたりすることもある。

このように，それぞれの土地特有の事情が関係していることから，地名情報を検索する際には，背景となる知識を有していることが重要となる。とりわけ公共図書館においては，その図書館が置かれている地域の地名について，その種類や変遷，経緯や由来に関して精通している職員を，レファレンスサービスの担当者として配置することが望まれる。

●……… 地名情報を検索するための情報源

地名に関する情報を検索するためには，つぎのような情報源を活用する。

(1) 難読地名辞書
(2) 地名索引
(3) 地名事典
(4) 地域百科事典
(5) 地域年鑑
(6) 地図・地図帳

(1)と(2)は，地名の「読み」と「所在」をそれぞれ確認するための情報源である。読みと所在を確認することは，地名に関する情報を網羅的に検索する上での準備作業ともなり，きわめて重要である。読みと言っても，慣用的または地域独特の読み方をする難読地名もあれば，同一表記の地名であっても，異なる読みをする地名もあり，扱いは容易とは言えない。難読地名辞書は，前者を中心にしているものが多いが，後者についても留意する必要がある。また，地名索引は，特定地名の所在や位置を検索するための情報源である。ただし，難読地名を検索するのに適した索引

難読地名辞書

地名索引

45．地理・地名に関する情報の調べ方　221

を用意していることもあり，難読地名を確認する際にも利用できる。

地名事典　　　(3)は，地名を見出し語に，その地名の示す土地や範囲に関して，歴史や事情，地誌や現況，由来や変遷などを解説したものである。地名事典の多くは，地域別に編集されており，全世界，国別，県別など，さまざまである。また，山や川など，自然地名に限定して編集したものもある。さらに，歴史上登場した地名を対象にした歴史地名事典もある。

地域百科事典　　(4)は，地域に関する事柄を「総合的」に扱った情報源であり，政治，経済，社会，歴史，産業，観光などさまざまな情報を入手することができる。ただし，図1に示すように，「地域百科事典」に掲載されている情報は，最新のものとは必ずしも言えない。新しい情報を入手したい場合は，(5)を利用する必要がある。日本では都道府県単位で作成されており，地方の新聞社や放送局が取材・報道した記事やニュースをもとにしていることが多い。

地域年鑑

図1　地域百科事典と地域年鑑の関係

一般図　　　　(6)は，地理・地名情報特有の情報源である。地図には，「一般図」と「主題図」
主題図　　　があり，一般図は，世界全図，日本全図，分県図など，地図が収録されている範囲によって分けられる。主題図は，都市計画図，地価図，海図，経済地図，歴史地図，道路地図，遺跡地図などのように，テーマにもとづいて作成されている。こうした
地図帳　　　地図を冊子体にしたものが地図帳である。収録される地図の種類によって，「一般地図帳」と「専門地図帳」に分けることができる。専門地図帳は，歴史地図帳，経済地図帳，産業地図帳，道路地図帳などに，さらに細分化できる。

　　　　　　option M（索引の多様性）でも解説しているが，地図帳には，地図上の地名（位置）を検索する手段として，索引が用意されている。緯度や経度の表示によって地
グリッド方式　名の位置を示すものもあるが，広く用いられている方法はグリッド方式とよばれているものである。これは，地図上に格子状のマス目を示し，そのタテとヨコに与えた記号を組み合わせることによって，地名の掲載位置を参照させるものである。

　　　　　　電子形態の地図の場合は，キーワードやカテゴリによる検索機能を備えていることから，曖昧な情報に基づく検索であっても，位置を特定が可能である。また，拡大・縮小機能によって，地域全体を鳥瞰したり，細部を表示したりするなどの調整

が容易である。

──option U

レファレンスサービスの展開

　レファレンスサービスは，多様な展開の可能性を秘めている。公共図書館だけではなく他の館種の実践事例を確認すると，その範囲はさらに広がる。『図書館雑誌』に連載されている「れふぁれんす三題噺」を通読すると，そのことがよくわかるであろう。例えば，下記の記事からは，レファレンスサービスの成果を情報発信に結び付けている状況を知ることができる。

　小山市立中央図書館では，2005（平成17）年10月からビジネス支援バックアップ事業を展開しております。この事業は，地域の情報拠点としての図書館の機能を生かし，起業・創業を目指す市民やビジネスチャンスを求める市民のために，ビジネス支援の推進を図っていくものです。
　2007（平成19）年度から新規に実施した「農業支援サービス事業」（文部科学省委託事業）は，小山市農政課，栃木県下都賀農業振興事務所，JA等の関係機関と連携・タイアップし，地域に根ざした図書館サービスの充実と，農業の活性化および地域振興・発展に貢献することが大きな目的です。
　農業に関する資料を集めた「農業支援コーナー」や「おやまブランド特産品コーナー」の設置をはじめ，「おやま地産地消ライブラリー」の作成，「としょかん朝市」の開催など，積極的に事業を実施しました。
　農業についての情報を得るには，JA等に問い合わせるのが一番ですが，JAとなると専門性が強く，新規就農を目指す人たちにとっては，敷居が高く感じられます。そこで，中央図書館を会場とし，「農業支援サービス事業」の一環として，「農業なんでも相談室」を開設しました。受付事務は図書館が行い，事前に相談内容を相談員に伝達し，内容に応じた資料や案内を準備してもらい，図書館職員は，相談内容に応じた資料やデータベースまたはインターネット情報などを準備し，利用者に提供しました。農家・生産者も対象としましたが，家庭菜園や農業に興味がある一般の市民が主な対象でした。2007年度は3回実施しましたが，家庭菜園や庭づくりでの疑問，就農相談，その他農業に関してのさまざまな質問・相談などが寄せられ，各回とも大盛況でした。
　相談員による応対と，図書館資料やデータベース・インターネットなどの活用により，相談に対しては，ほぼその場で処理できました。ただし，専門的な内容で回答が後日になる相談については，JAおやま・栃木県下都賀農業振興事務所に引き

継ぎをしました。相談内容は，自分で育てている園芸植物や家庭菜園の野菜などに関する相談が最も多く，植え方や育て方での疑問や，堆肥づくり，連作障害についての質問がほとんどでした。「PH計の使い方を知りたい」「シャコバサボテンの育て方について聞きたい」と実際に器具や植物を持ち込んで相談される人もいました。

ここでは，その「農業なんでも相談室」の相談の中から3つのレファレンスをご紹介いたします。

その1　新規に農業を始めるには？

就農全般や農地の取得・貸借に関する質問や相談が何件かありました。ただし，就農や農地に関する相談は，市農政課等の管轄であり，JAや農業振興事務所では対応できません。したがって，農業に対する心構えやどのような農業をやりたいのかというビジョンを持つことが大切となるでしょうという一般的な案内をしました。また，まず何らかの方法で実際に農業を体験してみることも重要で，最終的には，市役所の関係各課に相談するとよいでしょうと案内しました。その後，事前に就農に関する相談があった場合は，市農政課職員も同席してもらうことにしました。また，所蔵資料から「農業を始めたい人のためのブックリスト」等を作成し，配付するのは，もちろんですが，就農関連のウェブサイトも紹介しました。農業をやってみようかと漠然と考えたとき，市の農政課等に直接相談に行くのは，なかなか難しいと思われます。図書館で「相談室」を開催していたため，気軽に相談できたのではないかと思います。

その2　地元産のきのこを仕入れたいが？

こちらの質問をされた人は，当館主催の「元気アップビジネスセミナー」を受講後，ご夫婦で市内の蕎麦店を経営している人で，地産地消のメニューを目指しています。蕎麦粉はもちろん，てんぷらに使用する野菜などもできるだけ地元小山産で提供しています。しかし，時期によっては，直売所へ行っても小山産以外の野菜があることもあり，できれば定期的に小山産の食材を仕入れたいとのことでした。特に地元産のきのこ類がなかなか見つからないため，相談に訪れたとのことです。

図書館にある資料では，市内にある各直売所の案内程度しかなく，相談室で市内のきのこ栽培の情報を提供して解決しました。

その3　無農薬栽培でJASの認定を受けたいが，どうしたらよいか？

直売所に出荷している農家の人からの問い合わせで，有機無農薬栽培をして差別化して販売したいが，そのためのJASの認証を受けたいという相談でした。しかし，JASの認証を取るのは非常に厳しく，近くの農家で農薬を使用しているために認められないなどの基準もあるようで，どうしたらよいかというものでした。所蔵資料の『新食品表示制度　改正JAS法』（吉田利宏／著　一橋出版）等や農林水産省のホームページで，「有機農産物の日本農林規格」はわかりましたが，実際の認

定の詳細などについては，相談員に対応してもらいました。やはり，JASの認定は非常に厳しく，現状では，取得は難しいようでした。そこで，代案として，「とちぎの特別栽培農産物（愛称：リンク・ティ）」の認証を受けることを検討してはどうかという提案がなされました。これは，化学合成農薬や化学肥料の使用量を県慣行（通常に栽培する場合）の半分以下に減らした農産物を「とちぎの特別栽培農産物」として栃木県が認証するという制度でした。

　この件は，JAが引き継ぎ，再度自宅へ担当者が説明にいくということになりました。図書館を通して，専門機関への橋渡しができた好例と言えると思います。

（出典：栗原要子「農業なんでもレファレンス：図書館から農業情報発信（レファレンス三題噺 連載その150 小山市立中央図書館の巻）」『図書館雑誌』Vol.102, No.7, p.464-465）

質問はこちらへ！（秋田県立図書館）

UNIT 46 ●事実情報の検索の実際
人物・団体に関する情報の調べ方

● ……… **人物・団体情報の多様性**

　レファレンス質問の中でも，人物や団体の情報に関するものは多い。人名の読みと漢字表記，経歴，著作，地域の施設や連絡先など多岐にわたる。また，収載対象については，歴史上の人物や物故者もいれば，現存する人物もいる。主題の点から眺めると，文学者，評論家，ビジネスマン，科学者，政治家など，その範囲はきわめて広い。

　インターネットの普及に伴い，特定人物や団体の公式ページ（オフィシャルサイト）やブログ，Wikipedia のような電子百科事典を通して，人物・団体情報は，誰もが，しかも，家庭においても容易に調べられる対象となっている。しかし，著名とは言えない人物や団体について，ある程度の客観性ならびに信頼性を担保できる情報を入手するのは，いまだに難しい。しかも，そうした情報を検索するには，多大な時間を要し，簡単とは言えない。さらに，現存する人物情報については，「個人情報保護」という考え方に対して過敏となる風潮があることから，従来のように体系的・網羅的に人物情報を取り扱うことは難しくなっている。

● ……… **人物に関する基本的な情報源**

　上述したように，人物に関する情報源の編纂や掲載には難しい面がある。しかし，客観的なデータに対するニーズは強いことから，つぎに示すような情報源の有効性は，きわめて高いものとなる。

(1)　難読姓名辞書
(2)　人名事典
(3)　人名鑑
(4)　人名索引
(5)　人物文献索引

　(1)は，人名の読みを確認するための情報源である。地名と同じく，人物情報の探索を行う場合には，その読みと表記を知らなければ，正しくかつ有効な探索は難し

い。日本人名の場合は，読みの難しい姓名を確認する場合と，特定人物の姓名の読みを確認する場合がある。難読姓名辞書は，主に前者を検索する場合に用いる。

難読姓名辞書

　また，難読姓名辞書を用いる以外に，図書や論文，作品などを著している人物の場合には，書誌データの著者事項のコントロールのために作成されるデータファイルを利用する方法もある。すなわち，「著者名（人名）典拠録」とよばれる情報源の活用である。OPACにおいても，著者名フィールドに確認したい氏名を入力し，該当する書誌データを見つけることができれば，著者事項の中から，その読みを確認することができる。

著者名（人名）典拠録

　しかも，著者名典拠録は，同一人物が別姓や異名などを用いて著作活動をしたことがある場合に，複数の著者が同じ人物だと同定するための情報源ともなる。旧字体と新字体の使い分け，本名とペンネームなどを確認することもできる。また，外国人物に関しては，読みを特定できても，該当する文献が思いのほか見つからない場合がある。訳者による日本語表記の違い，原綴（アルファベット表記）とカナ表記や和名との関係などが背後に潜んでいるからである。こうした場合にも，この情報源を用いて，同一人物の表記の一覧を確認することができる。

　(2)は，分野を限定せず，広くさまざまな人物を収録した「一般人名事典」と，特定領域の専門家や研究者を対象とした「専門人名事典」とがある。一般人名事典には，国別や時代別に編集されたものが多い。専門人名事典の中には，小説や神話に登場した架空の人物を対象にしたものさえある。

一般人名事典
専門人名事典

　人名事典は，歴史上の人物や物故者を対象としたものと，現存者を対象にしたものに分けることができる。この二つの情報源で得られる情報は，きわめて対照的である。物故者の場合は，ほぼ確定した情報が得られ，一定の社会的評価も定まっている。一方，現存者の人物情報は移り変わりやすい。特に，職業や経歴，著作や業績，連絡先などは，年を追って追加されたり変更されたりする。したがって，最新の人物情報が求められている場合には，複数の情報源を用いて補わなくてはならないこともある。あるいは，印刷メディアと電子メディアの双方の特性を活かした利用をすることが重要となる。

●………人物に関する多様な情報の検索

　人名事典が，個々人に見出しを設けて，人物を詳細に解説することを目的としているのに対し，(3)は，人名録ともよばれ，組織と個人との関係に主眼を置き，それを一覧で確認するしくみとなっている。「名鑑」は，名簿と同義で使用され，研究者や官庁職員，会社職員，業界，会社内など，ある特定の組織内における位置づけ（配属や役職など）を記載したものである。

名鑑

　印刷メディアの人名鑑では，人物事典ほど詳細に履歴情報を知ることはできない

人名鑑

ものの，電子メディアのものは，組織と個人の一覧から，そのリンクを通して詳細な人物情報のウェブページへたどり着けるようになっていることも少なくない。すなわち，人名録から人物事典，人物事典から人名録へと，必要に応じて瞬時に情報源を推移して，情報を参照できるのである。したがって，電子メディアのこうした情勢は，人名鑑と人名事典との境界を薄れさせていくことにつながっている。

なお，組織と個人との関係は，所属や役職などの情報に見られるように，日々変化している。したがって，印刷メディアでは，タイムラグにいっそうの注意を払わなくてはならない。一方，ウェブページの場合は，鮮度が高い情報が入手できるという利点があるものの，過去の情報はすぐに消えてしまい確認できなくなる場合もあることに留意すべきである。過去の情報を遡及して把握する必要があるときには，印刷メディアやパッケージ系電子メディアの利用を考えなくてはならない。

(4)は，人名事典を探したり，選択したりするための情報源であり，たとえて言うならば，「人名事典の事典」である。正確には，人名事典に対する索引であり，三次情報源ということになる。各種の人名事典から，その見出し語となっている人名を抽出し，編成して当該人物がどの人名事典に掲載されているか所在を記載したものである。人名事典のタイトル数は多く，やみくもに検索しても効率はよくない。

人名索引　そこで，人名索引を参照し，使用する人名事典を絞り込んだり，特定したりすることが望ましいのである。インターネット上にも同様の機能を有したものが登場してきており，各種の人物データベースを，横断検索の機能を用いて瞬時に検索できるものがある。

ある人物に関する情報を探したい場合，これまで述べた情報源を利用するほかに，対象となる人物についての伝記や評伝，人物評論や回顧録のような文献を検索し，その記載内容を確認する方法がある。このような場合，(5)が利用できる。対象となる人物の伝記や人物評論によっては，これを使用しなくても済む場合もあるが，こうした文献における人物評価は，執筆者の視点や思想，参考にした資料の質や量によってばらつきも大きく，信憑性の点で怪しいものも含まれている。それゆえ，できる限り網羅的な検索を心がけるべきであり，(5)のようなレファレンス情報源を用いることが望ましい。

人物文献索引　人物文献索引は，人名事典と同様に特定人物の見出し語が用意され，見出し語のもとに，その人物が直接書いた著作，あるいは，その人物について第三者が書いた著作についての書誌データを示している。人名索引と類似しているが，人名索引が対象とする情報群が人名事典であるのに対し，人物文献索引の場合は，オリジナルの一次文献である点で異なる。なお，人物関係の文献の検索には，UNIT 47（図書

人物書誌　／雑誌の書誌データの調べ方）で述べる「人物書誌」を利用することも求められる。

●……… 団体等に関する情報を検索するための情報源

　会社や団体，機関や事業所などの組織に関する名簿は，「団体名鑑」もしくは「機関名鑑」とよばれ，団体・機関情報を検索するための基本ツールとなっている。営利企業から非営利団体まで幅広く情報を網羅し，企業・団体の基本情報を網羅的に収載することを目的としている情報源である。組織の名称，所在地，設立年，概要，構成，業績，連絡先などの基本情報を一覧できる。組織の名称や代表者名から検索したり，業種・分野，所在地域などの分類から絞り込むことができるため，手軽に利用できる。「団体名鑑」のデータベースでは，テキスト検索（全文検索）の機能により，キーワードから記載内容を検索できるようにしているものもある。

　今日では，各団体等が公式ウェブページを開設することが一般的になりつつある。情報量の点でも充実しており，必要とする情報を迅速に入手することができる。公式ウェブページには，デジタル版の案内資料（パンフレット，リーフレット）も掲載されることが増え，入手できる情報の範囲も広がっている。しかし，すべての団体等が開設しているとは限らないし，掲載している情報が更新されていない場合もある。特に，特定分野の団体を，一定の基準（規模，職員数，実績，所在地など）に沿って比較したい場合は，それぞれのウェブページを調査していくよりも，記載項目が定まっている団体名鑑を用いるほうが効率的になることも少なくない。

　また，公共図書館では，冊子の電話帳を揃えていることも多い。これには，業種・分野別，地域別の索引が用意されていることから，名称，電話番号，所在地といった簡易な情報を得るにとどまるものの，それぞれの地域に，どのような組織が存在するのかを即座に知ることができる。電話帳は，組織の規模の大小を問わず網羅的に収録していることから有用である。

　今日では，ビジネス支援サービスに取り組む公共図書館が増加していることもあり，団体等に関する資料に対するニーズは高い。また，地域住民の生活に関連した課題解決のために，医療施設，社会福祉施設，スポーツ・娯楽施設，教育・生涯学習機関などに関する情報を入手しようとする利用者が増えている。こうした団体等の情報は，地方公共団体や公共機関のウェブページに掲載されるとともに，発行される市民手帳や施設案内に掲載されている。公共図書館では，レフェラルサービスの紹介・照会先として，各団体等に関する情報を確認しておくとともに，さまざまな一次資料を収集して整理した「レフェラル資料」の整備に力を注ぐ必要がある。

―
団体名鑑

機関名鑑

テキスト検索（全文検索）

ビジネス支援サービス

レフェラル資料

UNIT 47 ●文献情報の検索の実際

図書／雑誌の書誌データの調べ方

●………世界書誌と一般書誌

　図書や雑誌などの文献のデータ，すなわち，書誌データを検索するために作られているのが，書誌（bibliography）や書誌データベース（bibliographic database）である。書誌は数も多く，さまざまな種類がある。図書や雑誌の形態で，独立して発行（公開）されたレファレンスブックとしての書誌もあれば，一般資料の本文あるいは末尾に，「参考文献リスト」として書誌データを示した書誌もある。特に専門書や論文集は，参考文献として，ある程度まとまった資料を掲載しており，書誌としての利用価値は高い。

書誌
書誌データベース

　書誌の多くは，主題，人物，地域など，ある一定の条件を設けた上で，その範囲で書誌データが収集される。それゆえ，その条件に基づく書誌ができることになる。例えば，『日本キリスト教文献目録』は主題に基づいて，『福沢諭吉研究文献目録』はひとりの人物についての書誌である。『政府刊行物等総合目録』のように，発行主体を限定した書誌も存在する。

　これに対し，こうした制約を設けず，全世界で発行されたすべての文献を収載した書誌を想定することができる。これは「世界書誌（world bibliography）」とよぶものになる。しかし，通常の方法では編集が難しく，完成されたものはない。もちろん，一定の規模で，可能な限り包括的に文献を収録した書誌は存在する。これを一般書誌といい，国内の出版物を網羅的に収録することを目的とした「全国書誌（national bibliography）」や，販売対象となった文献を網羅した「販売書誌（trading bibliography）」に分けることができる。全国書誌の編纂は，国立図書館（national library）の役割の一つとされており，主要国いずれにおいても行われている。これに対し，販売書誌は，書籍の出版団体や販売団体が作成している。

世界書誌

一般書誌
全国書誌
販売書誌

　一般書誌は，印刷物や磁気テープ，CD-ROM や DVD などのパッケージ系電子メディアで，かつては配布・頒布されてきた。今日では，インターネット上で利用できるデータベースとなっている。日本の場合，国立国会図書館が『日本全国書誌』を編纂しているが，すでに冊子体での配布は終了し，目録としての機能を併せ持つ形で，提供されている。これが，JAPAN MARC（MARC21）である。

230　文献情報の検索の実際

● ⋯⋯⋯⋯**多様な書誌**

　一般書誌は，あらゆる文献を包括的に収集することになるため，書誌に収録される点数が多くなり，内容的にも精粗さまざまな文献を収載することになる。実際に一般書誌を用いて検索してみると，検索に時間を要したり，不要な文献（ノイズ）が多く検索されたりしてしまうこともある。すなわち，検索の精度が低下することになり，情報の精査にも時間がかかってしまうことになる。書誌データを網羅的に収集することを目指した一般書誌は，万能というわけでは必ずしもなく，使い方によっては非効率的な面もある。

　そこで，「選択書誌（selected bibliography）」が作られることになる。文献に対する情報ニーズは，一定の水準を超えた文献を求められる場合も多い。選択書誌は，特定の機関や団体が基準を設け，それを充たしたものを選択して収載する。そうした選択書誌には，書誌データのみならず，図書の内容や特徴に関する解説や紹介記事が添えられることも多い。こうした解説を解題（annotation）または注解とよび，解題付きの選択書誌のことを「解題書誌（annotated bibliography）」と言う。

　選択書誌が内容面での水準を条件に設定したものであるのに対し，条件に主題を設定した，「主題書誌（subject bibliography）」と言われるものもある。主題書誌は，一般書誌と対比されることも多く，主題の設定のしかたに応じて，きわめて多くのものが編集されている。

　特定もしくは複数の人物に関する文献を収載した書誌は，「人物書誌」とよばれる。これを用いれば，「ある人が書いた著作の一覧を見たい」「ある人のことについて書かれた（分析された）著作の一覧を見たい」といったレファレンス質問に回答することが容易となる。ただし，前者に対しては，対象となる人物が著作者として執筆した文献をリストにしたものを提供するのに対し，後者に対しては，伝記や評伝，作品論のように，対象となる人物について述べられている著作の書誌データを示すことになる。人物書誌は，双方の文献を含むものであるが，特に前者のみに対応した書誌の場合は，「著者書誌」とよばれる。

　また，人物書誌の収載対象人物がひとりか複数かによって，「個人書誌」と「集合書誌」とに分けることもできる。作成されている人物書誌では，対象とする人物をひとりとした「個人書誌」が多い。しかし，利便性を考慮して，時代や主題に対応した形で複数の人物に関する文献を検索できるようにした「集合書誌」もある。

　さらに，特徴的な書誌の一つに，翻訳書だけを収載対象とした「翻訳書誌」がある。翻訳書は一般書誌や主題書誌の収録対象となっているが，著作の原タイトルや著者の原綴（げんてつ）などからの検索を可能にしたものが多いため，翻訳が盛んな日本では，これに対する需要も大きい。

● ……… **書誌の特質**

　それぞれの書誌の特質を理解するには，まずは，書誌のまえがきや凡例，本文を参照することから始める。その際，以下の点を確認することが重要である。

(1) 収録範囲
(2) 記入・記載方法
(3) 排列と索引
(4) 編集プロセス

　(1)は，「何を目的とした書誌なのか」に深くかかわっている。まず，一般書誌か主題書誌あるいはそれ以外の書誌かという点を把握する。とりわけ主題書誌では，単行書ばかりではなく，論文集に収められている個別の論文や雑誌記事を収録対象としていることも少なくない。印刷メディアの一般書誌の場合は，新刊書を収録対象にして逐次刊行される「カレントな書誌」と，これまでに出版された文献を過去にさかのぼって収載した「遡及的な書誌」があることに注意する必要がある。カレントな書誌を一定期間累積させた段階で，遡及的な書誌と併せて，新たな書誌を編集することも行われている。

　また，販売書誌の場合には，その性質上，書誌の編集時において入手可能なものだけを収録したものがある。すなわち，絶版や品切れの状態になっていない文献だけを収録対象としたものである。こうした性格を持つ英語の書誌では，入手可能という意味で使われる「in print」をタイトルに含むものが数多くある。

　(2)は，書誌データの詳細さと記載の統一に関する方針への着目である。一般的には，著者に関する事項，タイトルに関する事項，出版に関する事項が中心になり，加えて総ページ数や冊数，判型や大きさといった形態に関する事項，価格やISBNなどが，書誌データとして記入される。しかし，詳細を点検すると，複数の著者がいる場合でも第一著者だけが表示されていたり，サブタイトルを省略したりしたものもある。翻訳書の場合，原著のタイトルや著者の扱いなどに工夫を凝らした書誌もあり，特徴として把握する必要がある。記号の使い方やレイアウトなどの示し方にも注意したい。こうした特徴に配慮して，利用する対象や用途に合った書誌を選択するのである。

　(3)は，実際に検索する際の利便性に関係する。書誌の排列では，著者やタイトルの五十音順やアルファベット順が用いられることが多い。しかし，中には，独自の体系やNDC，件名やキーワードなどによって排列していることもある。人物書誌や遡及的な書誌では，著作の出版年順による場合もある。さらに，官公庁刊行物と民間出版物を区別したり，児童図書や学習参考書などを別立てで収載した書誌も存

在する。なお，欧米の書誌の中には，著者，タイトル，件名をアルファベット順に一本化して排列したもの，すなわち「辞書体排列」を用いたものもある。

> 辞書体排列

(4)は，内容の正確さに対する評価と関係している。書誌の編集にあたっては，個別の文献を手にとって，それに目を通す「現物確認」が原則となっている。一般書誌から抜き書きしたり，書誌データベースからコピーアンドペーストするだけでも文献リストは作成できる。しかし，現物を確認していないものには，高い評価を与えることはできない。「孫引き」と同じことでしかなく，正確さに欠けることがあり得るからである。したがって，書誌がどのような手順で編集されたものであるか，そのプロセスを確認することは重要である。

> 現物確認

なお，欧米では，書誌作成に対する技能への評価は高く，書誌作成の専門家をビブリオグラファ（bibliographer）とよんで尊重してきた。しかし，日本では，この技能への認識は必ずしも高いとは言えず，書誌作成の大半は，それぞれの分野の専門家に委ねられているのが実状である。そのため，図書や雑誌記事の末尾に付される参考文献リストには，さしたる配慮もなく，文献を列挙しただけのものも見られ，統一性や正確さにおいての問題を抱えたものが少なくない。

> ビブリオグラファ

● ……… 書誌の書誌

上述したように，書誌は，目的とする文献にたどりつくための道しるべとなるものである。したがって，目的に応じて，さまざまな書誌が作られるのである。今後は，電子メディアによって，これまで以上に多くの書誌データベースが登場するものと予想される。

しかし，時間をかけて作成された書誌が多くなればなるほど，実際に利用するとなると，どれを利用すればよいのか，どれが適したものなのか，的確に選ぶ必要が生じてくる。したがって，書誌を探すために，書誌の書誌データを収録した資料に対する需要が高まってくることになる。こうしたニーズに応えるために作成されたものが，「書誌の書誌（bibliography of bibliographies）」である。

> 書誌の書誌

なお，書誌は一般資料としての文献を収集対象にしている。すなわち，1点1点の文献を分析して，その書誌データを抽出し，編集したものである。したがって，各文献はオリジナリティを有した「一次資料」であり，その書誌データを収録した書誌は「二次資料」となる。そして，二次資料である書誌を収集対象にした書誌の書誌は，「三次資料」ということになる。

> 一次資料
> 二次資料
> 三次資料

検索のプロセスとしては，高次資料から低次資料への検索が基本とされる。それゆえ，書誌の書誌を用いて，特定の書誌を探し出し，その書誌を用いて求める文献の書誌データを確認することは，文献検索の基本となる。

UNIT 48 ●文献情報の検索の実際
雑誌記事の書誌データの調べ方

●……カレントな記事索引と遡及的な記事索引

　雑誌記事とは、雑誌や新聞に収載されている1点1点の記事を指している。雑誌や新聞は、図書とは異なって、多数の執筆者によって一つが構成されている。したがって、各記事の見出し（記事タイトル）ごとに、それぞれの内容が、どの雑誌のどの巻（volume）どの号（number）に掲載されていたのか、的確に調べる必要が生じる。そのために作成されるのが、「記事索引」である。記事索引も文献リストではあるが、雑誌や新聞から、書誌データを抽出し、編集した上で、各記事の所在を表すために、収載誌に関するデータを表示していることから、情報源の種類としては「索引」となる。

> 巻
> 号
> 記事索引

　新聞や雑誌は、定期あるいは不定期に継続して刊行される出版物であって、商業出版社をはじめ、諸団体や官公庁出版物を併せると、市販されているものだけでも4000を超える。その中に掲載されている記事ともなれば、その数がいかに膨大なものであるかがわかるであろう。新聞や雑誌は、日々新しい記事が生まれてはそれが蓄積されることから、索引を作成して発表しても、すぐさま古いものとなり、常に新しい記事索引が必要となる。

　従来、記事索引は、こうした最新号の記事を収載対象とし、逐次追跡して発行される「カレントな記事索引」と、過去の一定期間に発行された雑誌の記事を収載対象として作成した「遡及的な記事索引」とでに分けられていた。カレントな記事索引が数年間分蓄積した時点で、遡及的な記事索引に追加されるしくみともなっていたのである。したがって、印刷メディアの記事索引を使用する場合は、こうした二つの種類の記事索引を併用しなければならなかった。

> カレントな記事索引
> 遡及的な記事索引

　しかし、データベースの記事索引では、遡及的な記事索引にカレントな記事索引がすぐに蓄積されるようになり、検索の利便性は高まった。また、記事の書誌データだけではなく、記事の本文をも収録し、テキスト（文字列）による検索を可能にするデータベースも登場するようになった。日本では、印刷メディアによる記事索引の作成はそれほど進んでいなかったが、データベースによる進展は著しく、現在では、インターネット上での利用が飛躍的に増加している。

● ………… 新聞記事索引の普及

　記事索引は，新聞に掲載された記事を探すための「新聞記事索引」と雑誌に掲載された記事を探すための「雑誌記事索引」とに分けられるが，前者においては，新聞社の果たす役割が大きい。通常の新聞とは別に，保存用として月ごとの縮刷版を発行する新聞社はこれまでにもあったが，現在では，遡及的に記事を検索できるようなデータベースを公開するところもある。そうしたデータベースでは，政治・経済・社会・教育・スポーツなどに関係するキーワードを索引語として付与し，これによる検索を可能にしたものもある。また，記事の全文をフリーキーワードから検索できるようにしているものもある。

　冊子の縮刷版では，主題索引が用意されていても，収録されている新聞の発行年月が予測できない場合は，複数の年月次分の縮刷版を確認しなくてはならない。そのため，数年にわたって見出しをまとめ，主題索引や人名索引を付与した新聞記事索引の作成が重要となるが，新聞社ごとに取り組む必要があることから，日本では欧米ほどには発達してこなかった。しかし，インターネットの拡大に伴い，新聞記事索引のデータベース化と索引作業は，加速的に進展しつつある。

　さらに，新聞ばかりではなく，同一の経営グループ内にある新聞社や出版元が発行した新聞・雑誌・事典などを，一つのキーワードで横断的に検索することを可能にしたデータベースも現れている。例えば，朝日新聞では，冊子体の『朝日新聞記事総覧』がかつて刊行され，現在では「聞蔵（きくぞう）」（有料DB）が利用できる。また，朝日新聞の1912年から1989年の縮刷版の巻頭索引を集めた冊子が作られるとともに，1985年以降の記事本文までを収載しているデータベースも製作されている。しかも，これには，『週刊朝日』『AERA』『知恵蔵』の本文とともに，人物情報のデータベースも収められている。

● ………… 記事索引の特性

　記事索引の特性を知るためには，以下の観点に基づくとよい。

(1)　収録範囲
(2)　収録対象誌
(3)　排列と索引

　(1)は，収録する雑誌や新聞の範囲を意味する。雑誌には学術誌や研究紀要，商業誌や業界誌，大衆誌や週刊誌，総合誌やビジネス誌などがあり，それぞれを対象にした雑誌記事索引が作成できる。例えば，「大宅壮一文庫雑誌記事索引」は，冊子，CD-ROM，ウェブの三つの媒体で作られているが，いずれも大衆誌や週刊誌に掲載

された記事を収録対象としている。また，主題を限定して記事索引を作成することも行われており，特定の専門分野に特化したもの，主題を限定せずに検索できるようにしたものがある。

(2)は，収録対象とする雑誌や新聞の選択に関係する。すなわち，規模の大きな記事索引と言えども，あらゆるタイトルの雑誌・新聞の記事を収録対象にすることは難しい。したがって，記事索引において，どの雑誌・新聞が対象になっているかを確認する必要がある。収録対象誌（紙）の選択に関しては，何らかの基準を設けているのが一般的である。上記の(1)も一定の基準によることになるが，それとは別に，雑誌や新聞の発行元や想定されている読者など，雑誌の性質による選定も広く行われている。多くの記事索引には，収録対象誌（紙）の一覧が示されているので，利用する前に参照することが求められる。

また，特定のタイトルの雑誌・新聞が対象になっている場合でも，収録期間が異なることもある。すなわち，創刊からすべてを収録しているのではなく，期間が定められていることが少なくない。さらに，データベースの場合は，課金との関係で，無料で検索できる範囲が限定されていることもある。カレントな記事は無料で閲覧できても，遡及的な記事に関しては対象外であることが多い。また，記事の見出しは無料でダウンロードできても，本文の閲読は有料となっていたりもする。したがって，網羅的に情報を得たい場合は，電子メディアだけではなく，印刷メディアの情報源を併用することが必要となる。

(3)に関して，特に雑誌記事索引では，独自の体系的な主題分類を用意し，それに基づいて排列することが少なくない。また，検索手段として，どのような索引が用意されているのか，一つ一つ確認することが求められる。一般的な執筆者索引もあれば，法律関係の雑誌記事索引に特徴的な法令索引や法条索引もある。データベースの場合は，全文検索の有無をはじめ，用意されている検索フィールドの種類や検索機能について確認することが重要である。

法令索引
法条索引

● ………… **総目次・総索引**

複数の記事の集合体としての性格を有している雑誌は，各号に収録記事の見出し（記事タイトル）や執筆者名などの一覧を，目次として掲載している。その目次を複数巻分集めて，そのまま巻号順（発行年月日順）に排列して作成したものが，「総目次」である。これに対し，記事の一覧を，執筆者や記事タイトルの五十音順やアルファベット順，主題別に編成しなおしたものが「総索引」である。

総目次

総索引

総目次も総索引も記事の大小にかかわらず，簡単な遡及検索を可能にしたツールとして用意されている。しかし結果的に，当該雑誌の価値を高めることにもなっている。したがって，雑誌の発行元が率先して総目次や総索引を作成し，特集号や別

巻の形で刊行したり，定期的に雑誌の巻末に付したりすることも多い。また，単一の雑誌ごとに作成したものもあれば，複数の雑誌を対象にして作成された総目次や総索引もある。規模の大きい商業出版社では，発行している複数の雑誌を集めて総目次・総索引とすることが，利便性を高めることにつながる。さらに，研究・調査を円滑に進めるることができるよう，何らかの主題を設定し，それに関係した主要雑誌の総目次が編集されることもある。例えば，『明治雑誌目次総覧』（ゆまに書房，1985年）は，明治期の文学・歴史・宗教関連の70誌を対象に目次を収録したものである。また，『近代婦人雑誌目次総覧』（近代女性文化史研究会，大空社，1985年）は，明治期から昭和20年の間に発行された婦人関係雑誌に関して，創刊号から終刊号までの全目次を掲載しており，各記事に簡単な解説も付している。

　このように整理してみると，雑誌記事索引と総目次・総索引は，機能上は類似しているものの，網羅性や検索性を重視したレファレンス情報源として作成されたわけでは必ずしもないことから，そうした点に留意しつつ扱わなければならない。しかし，同じ雑誌に掲載される記事には，関連性や傾向があることが多いため，特定の雑誌を一定期間通覧して関連記事を入手したい場合には，情報源として有効に活用することができよう。

● ……… 抄録誌

　学術的な専門誌に発表されるオリジナリティを有した論文，すなわち原著論文に関して，その内容を要約するとともに意義を解説したものを「抄録（abstract）」とよんでいる。抄録には，著者自身が執筆したものと，第三者による原著論文に対する評価が中心となっているものとがある。前者を著者抄録，後者を第三者抄録とよぶ。抄録は，原著論文に添えて掲載されることも多いが，抄録だけを集めて編集し，雑誌として刊行することも行われてきた。これを抄録誌（abstract journal）とよび，各論文の抄録を書誌データともに収載している。現在では，抄録データベースとして，利用するものとなっている。収載対象となる抄録は選択的ではあるものの，カレントな原著論文の内容を概観できるという意味においては，雑誌記事索引と使い分けることによって有用なレファレンス情報源となる。

　抄録誌は，自然科学の領域を中心に発行されている。これは，自然科学領域では，最先端の研究動向や研究成果を常に確認する必要性が高く，そうした動向や成果は，学術的な専門雑誌に論文形式で発表されるのが，最も一般的とみなされているからである。一方で，社会科学や人文科学の領域では，論文そのものを客観的に要約したり，意義を指摘したりしにくいことが影響している。日本の例としては，『JDream Ⅲ』（科学技術振興機構）を挙げることができる。これは，現在有料のデータベースであり，科学技術，医学・薬学関連の国内外文献6000万件を収録している。

［傍注］
原著論文
抄録
著者抄録
第三者抄録
抄録誌

UNIT 49 ● 文献情報の検索の実際
文献の所在情報の調べ方

● ……… **目録と書誌**

目録　　目録という言葉は，一般的には贈答品や展覧会へ出品された作品リストを指して使われることが多い。目録を見ることで，そこにある品物やその内容，作品名を確認することができる。実在するものを目録として書き記すことで，品物の中身を改めて確認できたり，作品の全体を見渡せたりできる。目録は，そこに実在しているものの代わりに，そのものに関する情報を示し，そのものの存在を明らかにした道具と言えよう。

　日常生活では，目録（catalog）よりも「カタログ」が通用している。「商品のカタログ」「通信販売のカタログ」といった使い方である。何かを手に入れたいときは，店のカタログを通して商品を注文する。カタログに掲載されていることによって，その店に商品がある（取り扱っている）ことが確認でき，発注すれば届けてくれるという安心を無意識に感じている。

　図書館の目録も，同様の機能を有している。目録を見れば，その図書館がどのような資料を所蔵しているのか，該当する資料はどの図書館が所蔵しているのかなど，資料の有無と所在場所を確認できるのである。このように，書誌データと併せて所

書誌データ
所在データ　在データを明記したものが，図書館の目録である。

　さて，書誌と目録の区別については，所在データが把握できるか否かという点が分かれ目となる。著者名やタイトル，出版年や出版者などの資料から抽出した情報だけを記したツールならば書誌である。しかし，こうした書誌データに加えて，資料の所蔵や所在に関する情報が与えられているのであれば目録と考えることができよう。言い換えれば，著者名や出版者を知りたい場合は，書誌と目録いずれもが利用できるのに対し，所蔵や所在を確かめたい場合は，目録を利用するしかないのである。

　このように整理すると，書誌より目録を利用した方が効率的だと思うかもしれない。確かに目録は，書誌より応用的に使え，拡張性の高い情報源という一面があるが，所蔵目録の場合，検索できる対象は，当該図書館が所蔵している資料に限られる。所蔵されていない資料の情報は，目録には収められていないのである。一方，書誌にはそうした制約はなく，書誌の編纂目的に沿って網羅的に資料が掲載されて

いる。この点に留意して，書誌と目録を使い分ける必要がある。

●………所蔵目録と総合目録

目録の種類は，単一館のものか複数館のものかによって分けることができる。前者は「所蔵目録」とよばれ，後者は「総合目録」（union catalog）とよばれる。所蔵目録は，ある図書館で所蔵している資料の書誌データを入力し，その図書館における所在を示すデータを付与したものになる。所在データは，排架場所を示すものであり，一般には「請求記号（call number）」とよばれている。所蔵目録に記されている資料は，請求記号を用いて，図書館内でアクセスできることになる。

所蔵目録では，所在データの管理は，所蔵館の責任のもとに独自に行うことになる。したがって，所蔵や所在の状態が詳細に確認できるメリットがある反面，他館の状況をつかむことはできない。ある図書館で所蔵されていない場合には，他館の所蔵目録を，一つ一つ確認しなければならない。こうした手間を省くために，複数の異なる所蔵目録を一度の作業で横断的に検索できるしくみが開発されている。これが，所蔵目録の「横断検索」であり，各図書館の所蔵目録の独立性を保ちつつ，利便性も確保されたシステムである。日本では，このシステムを都道府県立図書館が運用していることが多い。

一方，総合目録は，複数の図書館の目録を一本化したものである。したがって，一つの書誌データのもとに，それを所蔵する図書館を表示している。総合目録は，ある資料がどの図書館に所蔵されているか検索するための情報源として利用することになる。図書館の広域利用制度の普及に役立ち，また，図書館間相互貸借を効率よく行う際に重要な役割を果たしている。総合目録と言うと，設置母体が異なる複数の図書館で，図書館職員や利用者の利便性を図るために作成されるものをイメージしがちであるが，同一設置母体での中央館と分館（地域館）の間で作られたものも，各館の管理体制が異なっているのであれば，総合目録ということになる。今日では，全国規模での総合目録がネットワーク上で形成されている。代表的なものは，国立情報学研究所が運用する Webcat Plus（http://webcatplus.nii.ac.jp/）である。また，国立国会図書館の国立国会図書館サーチ（http://iss.ndl.go.jp/）も，総合目録の検索に相当する機能を有している。

●………目録の記録媒体

図書館の目録は，記入に用いられる形態（媒体）の種類によって類別されてきた。カード形態（カード目録），冊子の形態（冊子目録），マイクロフィッシュ形態が，古くから存在していた。その後，電子化の進展によって，CD-ROM 形態のものや，オンライン形態のものが登場した。現在では，インターネット上で利用できる「オ

ンライン利用者目録（OPAC : Online Public Access Catalog）」が普及し，多くの図書館で構築されている。

●………目録の特質

　目録は，従来，目録の作成館内で使用されることを想定して作られていたが，現在は，インターネットの普及により，館内館外，あるいは，時間を問わず，いつでもどこでもだれでも利用できることを前提にして作られるようになった。ただし，インターネット上に公開されている目録は，各図書館が個別に作成していることもあって，レイアウト，検索機能，記入されている情報内容などが，それぞれ異なっている。

　個々の目録の特質を把握するためには，以下の点について確認するとよい。

(1)　収録範囲
(2)　記入
(3)　検索手段

　(1)については，まず，目録に記載されているデータの「収録期間」と，「収録対象」となる資料の種類やコレクションを確認する。まず，収録期間に関しては，収録されている書誌データが，最新の図書館の所蔵状況を示しているとは必ずしもならない。図書館においては，随時，新着資料のデータを加えたり，除籍した資料のデータを抹消したりしている。冊子体やCD-ROM形態の目録では，こうした最新の状況を反映させることは難しい。それゆえ，こうした目録では，資料の所蔵時期に応じて，「追加目録」という形で，一定の収録期間を設定して目録を作成していることが多い。したがって，いつからいつまでの情報が収録されているのか把握し，不足している部分は，別の目録を用いて補わなくてはならない。

　一方，カード形態やオンライン形態の目録の場合には，データの更新が容易である。今日，OPACが主流となっている理由の一つはここにある。ただし，実際の所蔵状態とOPACとの間にタイムラグがまったくないとは言えない。最新の情報の反映には少なからず時間を要するし，古い資料ともなれば遡及入力が終了していないコレクションなどもある。したがって，館内すべての情報源を対象として検索したい場合は，媒体ごとに収録されている期間を確認し，カード目録，冊子体，OPACを併用する必要も生じる。

　収録対象については，目録が作り分けられていることに関係している。すなわち，同一機関の目録であったとしても，すべての資料が一つの目録になっているとは限らないからである。図書と雑誌（逐次刊行物）といった刊行形態，和書と洋書と

いった記載言語に応じて，異なる目録となっていることが少なくないからである。これは，書誌データや所在データとして記載される項目が，こうした資料ごとに異なることが背景にある。また，所蔵資料のまとまり，すなわち，コレクション単位で，独自の目録を編成していることもある。とりわけ，特殊コレクションや個人文庫などを所蔵している図書館では，広く配布・公開するためにも，独自のものにしていることが少なくない。こうした状況は，OPACにおいても同様である。すなわち，一つのOPACの中で，資料種別やコレクションに応じて，異なる目録ファイルが用意されて，検索する際に選択して用いるようになっているのである。

(2)は，目録上に記載されている各種の情報の確認である。具体的には，目録規則に基づいて記入される書誌データ，図書館における所在を示す所在データ，その他の事項が対象となる。書誌データに関しては，資料組織法の知識が前提となるが，所在データについては，目録の作成館で採用している方式に着目しなければならない。日本の多くの図書館では，NDCを請求記号の一部として使用し，これを所在データの基本としていることが多い。しかし，国立国会図書館のように，独自の分類表（国立国会図書館分類表，NDLC）を用いている図書館もあるし，歴史のある図書館の中には，資料の一部が独自の請求記号となっている場合もある。

国立国会図書館分類表

また，逐次刊行物の目録の場合は，書誌データならびに所在データに，図書とは異なる情報を含んでいる。まず，逐次刊行物のタイトルや刊行頻度は変更されることも多いため，そうしたデータの変遷状況に注目する必要がある。つぎに，特定タイトルを所蔵している場合でも，創刊から最新号までのすべてを所蔵している場合もあれば，ある期間のみ所蔵している場合もある。特定の号が欠号となっていることを，示している場合もある。したがって，逐次刊行物の場合は，所蔵の有無だけではなく，こうした所蔵状況に関して，所在データを確認する必要がある。

欠号

その他の事項には，収録対象となる資料の特性に応じた項目が記入されている場合が多い。例えば，和漢の古典籍コレクションの場合，写本か刊本かの別が示されることがある。特殊コレクションの場合は，解題が付されている目録もある。近年では，資料に対する利用者の評価や意見，キーワードなどを追加したり，リンクさせたりすることのできる機能を有している目録もある。

解題

(3)は，目録規則で定められている「標目」とその排列，参照指示に関する問題である。OPACにおいては，これらはアクセスポイントの問題となる。冊子体の目録では，書誌データの排列や，索引の有無と種類を確認する必要がある。また，OPACでは，簡易検索・詳細検索の利便性や，キーワードによる検索が可能なフィールドの範囲と機能（論理演算やトランケーションなど）について確認することが重要となる。

標目
参照指示
アクセスポイント

論理演算
トランケーション

UNIT 50 ●文献情報の検索の実際
文献の内容情報の調べ方

●……内容情報の意義

レファレンスサービスにおける文献検索では、多種多様な二次資料を駆使し、目的とする事実や書誌データにヒントを得て、求める文献にたどり着くというプロセスが、これまでは一般的であった。レファレンス情報源は、現物を入手するまでの道しるべとなる役割を果たすにとどまり、最終的にはオリジナルの資料（一次資料）を入手してはじめて、その内容を確認できたのである。

しかし、電子メディア、とりわけインターネットの普及によって、目的とする情報資源そのものに容易に到達することができるようになった。世界中のすべての情報資源を対象に、求める言葉や文書、図像や数値など、各種のデータに直接アクセスできるのである。検索エンジンを用いれば、多くの場合、検索ボックス（検索窓、サーチボックス）に、何らかのキーワードを入力して、該当するページを探し出せるのである。

文献内容をすべて確認できるということは、一連の情報探索行動を、その場にいながら完結できることにもなる。したがって、情報格差（デジタルデバイド）の問題が解決すれば、図書館や書店が少ない地域や身体的ハンディを有する者にとっては、得られる効果は大きい。

なお、文献の内容情報の取り扱いに際しては、従来までのレファレンス情報源を用いた場合と、原理的には変わりはないが、インターネットを通して文献内容を、検索者自身が直接参照することになるため、著作権や肖像権などを尊重する必要も生じる。こうした制約を改めて意識し、入手した情報の再利用や再加工には、文献の公開主体の考えに基づく対応をしなくてはならない。

●……検索方法

内容情報の検索は、全文検索を行うことを意味するが、それには以下のような方法がある。

(1) インターネット全体の検索
(2) サイト内の検索

(3) ページ内の検索

　(1)は，インターネット上での一般的な検索である。インターネットに公開されている情報を常に収集し，キーワードを用いてそれを検索できるようにしたしくみを検索エンジン（サーチエンジン）とよぶ。全世界に存在している無数のウェブページを対象に，入力キーワードを独自のアルゴリズムに沿って順位づけし，ウェブページ内の文字列と照合し，結果を表示させるものである。

アルゴリズム

　検索エンジンは，クローラー（検索ロボット）というプログラムを用いて，ウェブページを収集し，インデックス（索引）を作成する「ロボット型」と，人の手を介して収集，カテゴリ別に分類される「ディレクトリ型」に，かつては分けられていた。しかし，近年はロボット型が主流となっており，ディレクトリ型だったものも，ロボット型を併用している。

クローラー

　例えば，ある語句の意味を調べたい場合，辞書サイト上で実行せずとも，検索エンジンへの入力で，さまざまな辞書・事典サイトに導かれ，その意味を提示してくれる。また，キーワード入力による文字列の検索のみならず，音声による検索，ある画像を基に類似の画像を探し，さらに画像の色や大きさによって絞り込みができる「画像検索」も実用的になってきた。また，特定種別の機関の情報源に限定する「ドメイン指定」や，最終更新日を指定できる「期間指定」など，作成者に対する信頼性や情報の正確さを担保するための手法も取り入れられている。

ドメイン

　こうした説明を耳にすると，検索エンジンの登場によって，図書館における従来の人的なコレクション構築が，自動化されたコレクション構築へと転換しているようにも思える。しかしながら，検索エンジンで，すべてのウェブページやデータベースの情報を得られるわけではないことに留意しておきたい。例えば，図書館のOPACを含む各種のデータベースは，ウェブの奥深くに格納された状態であることから，クローラーが収集できないのである。すなわち，「深層ウェブ（deep web）」あるいは「見えないウェブ（invisible web）」にある情報なのである。したがって，レファレンスサービスにおいては，検索エンジンだけに頼ることなく，調査に適したウェブページやデータベースをあらかじめ把握し，それらを用いた検索を行うことが望ましい。

深層ウェブ

見えないウェブ

● ……… サイト内検索とページ内検索

　(2)は，あるウェブサイトに検索範囲を絞って，その中の各ページの文字列を検索する方法である。検索エンジンを利用した検索となるので，基本的には，検索対象を世界中のすべての情報源とするのか，ある範囲に限定したものとするのか，という違いととらえることもできる。実際には，GoogleやYahooのような検索エンジ

ンを利用していることが多く,ドメインによって検索範囲を設定するため,「ドメイン内検索」ともよばれている。

　この手法を用いる際には,検索範囲を限定することによって,利点が得られると判断した上で行う必要がある。検索範囲をウェブ全体とする場合には,多くのデータが入手できる反面,情報の精査や評価に時間を要することになる。これに対し,ある組織が発信している情報資源だけを入手したい場合は,サイト内検索を利用するとよいからである。

　(3)は,ウェブサイトの中の特定ページ内に検索範囲を限定し,文字列を探し出す手法である。ウェブページは,図書や雑誌の1ページと概念上は同義であることから,1冊＝1ウェブサイト,1ページ＝1ウェブページと考えてよい。もちろん,ページという概念は,既存の印刷メディアのそれをアナロジーさせたものであるから,ウェブページと同一だとは限らない。印刷メディアの場合は,1ページあたりの文字数が制約されるのに対し,電子メディアの場合はそれがない。フォントやサイズ,レイアウトにも,格別の制約はないので,極端な言い方をすると,すべての情報を1ウェブページに集約させることも可能である。一般的には,スクロール機能を用いることによって閲覧できる範囲,すなわち,クリックせずに閲覧できる範囲を1ウェブページと考えることになろう。

　いずれにしても,長短さまざまなウェブページの中から,該当する文字列を目視で探し出すためには,かなりの時間を要することもあり得る。この点,ページ内検索を用いれば,短時間でより的確に文字列を探し出すことができる。ブラウザは,ページ内検索の機能が装備されていることから,有用性が高い。また,同じ機能は,一般的なアプリケーションにも用意されている。したがって,特定のファイル内に記録されている文字列を探し出すことのできる,汎用性の高い方法でもある。

● ── option Ⅴ

内容情報を確認できる情報源

　以下のものは,インターネット上で,文献の内容情報を確認できる情報源の一例である。また,国立国会図書館が提供しているものについては,UNIT 42（国立国会図書館のレファレンス情報源）に掲載している。それぞれにアクセスし,どのような文献を閲覧できるか,確認してほしい。

Google ブックス (http://books.google.co.jp/) Google

　図書内の文字列を探し出すためのアクセスポイントが充実している。「内部を検索」という検索ボックスが各図書に用意され，該当する文字列のページを表示する。目次からの検索のほか，「多く使われている語句」として，多彩なキーワードタグがあり，関連ページを一覧表示する。閲覧に適した拡大・縮小，リンク，マイライブラリー機能もある。これと同様のものに，著作権の消滅した作品と著作者が承諾した作品を扱う「青空文庫」がある。

Cinii (http://ci.nii.ac.jp/) 国立情報学研究所

　学協会誌，大学紀要を中心に収録されている。本来は「雑誌記事索引」の部類にあたるが，その機能に加えて，記事タイトルの情報から直接，文献 (PDF 形式) を確認することができる。すべての文献が公開されている訳ではないが，全文を閲覧できるものに対象を絞り込む検索ができる。また，参考 (引用) 文献と被参考 (引用) 文献がリンクにより相互参照できる。

JDream Ⅲ (http://jdream3.com) 科学技術振興機構

　国内外の学協会誌，会議・論文・予稿集，企業技法公共資料などを検索できる。タイトルや著者の一般的な書誌データからの検索をはじめ，抄録，本文を指定した全文検索も可能。J-STAGE，PubMed など国内外の全文データベースとリンクしているので網羅性も高い。各種の検索方法が用意され，検索式も詳細に設定できる。

Yahoo ニュース (http://news.yahoo.co.jp/) Yahoo Japan

　カレントなニュース記事の見出しと本文が新聞各社を問わず閲覧できる。文字情報だけでなく，写真・動画も用意されている。ただし，公開は一定の期間に限定されていたり，断片的な情報に過ぎないものもある。遡及記事については，各新聞社のデータベースに頼らざるを得ず，記事全文・写真などの閲覧には，新聞社との個別の利用契約が必要になることが多い。Google ニュースも同様のツールとなる。

インターネット版「官報」(http://kanpou.npb.go.jp/) 国立印刷局

　30日間に限定して，PDF 形式で公開されている。印刷版官報の補完的役割を果たす。検索機能としては限定されており，日付順排列による選択，閲覧機能もページの順送り機能が基本となる。「官報情報検索サービス」が別途有料にて提供されており，こちらは，全文検索，日付による検索，官報種別・号数による詳細な検索が可能となっている。

参考文献

　ここには，「情報サービス（レファレンスサービス）」を理解するために有用と考えられる文献の中から，2002年から2012年に発表された和図書と和雑誌の特集記事を選択して記す。

●図書

愛知淑徳大学図書館編『レファレンスサービスのための主題・主題分析・統制語彙』勉誠出版，2009，203p.

浅野高史，かながわレファレンス探検隊『図書館のプロが教える〈調べるコツ〉』柏書房，2006，286p.

石井保志『闘病記文庫入門』日本図書館協会，2011，212p.

伊藤民雄『インターネットで文献探索』2010年版，日本図書館協会，2010，196p.

大串夏身『課題解決型サービスの創造と展開』青弓社，2008，261p.

大串夏身『チャート式情報アクセスガイド』青弓社，2006，180p.

大串夏身，田中均『インターネット時代のレファレンス』日外アソシエーツ，2010，216p.

木本幸子『図書館で使える情報源と情報サービス』日外アソシエーツ，2010，197p.

倉田敬子『学術情報流通とオープンアクセス』勁草書房，2007，196p.

ケニヨン，アンドレア，バーバラ・カシーニ『公共図書館員のための消費者健康情報提供ガイド』野添篤毅監訳，日本図書館協会，2007，262p.

斎藤文男，藤村せつ子『実践型レファレンス・サービス入門』日本図書館協会，2004，162p.

齋藤泰則『利用者志向のレファレンスサービス』勉誠出版，2009，182p.

全国公共図書館協議会編『公立図書館におけるレファレンスサービスに関する実態調査報告書』全国公共図書館協議会，2004，52p.［http://www.library.metro.tokyo.jp/pdf/15/pdf/rallchap.pdf］

全国公共図書館協議会編『公立図書館におけるレファレンスサービスの実態に関する研究報告書』全国公共図書館協議会，2005，121p.［http://www.library.metro.tokyo.jp/pdf/15/pdf/r2allchap.pdf］

全国公共図書館協議会編『公立図書館におけるレファレンスサービスに関する報告書』全国公共図書館協議会，2006，59p.［http://www.library.metro.tokyo.jp/pdf/15/pdf/r05_allchap.pdf］

高田高史『図書館が教えてくれた発想法』柏書房，2007，253p.

高田高史『図書館で調べる』筑摩書房，2011，175p.
高田高史『図書館のプロが伝える調査のツボ』柏書房，2009，310p.
長澤雅男，石黒祐子『情報源としてのレファレンスブックス』新版，日本図書館協会，2004，244p.
長澤雅男，石黒祐子『問題解決のためのレファレンスサービス』新版，日本図書館協会，2007，294p.
日本図書館協会編『図書館の情報サービス（レファレンス・サービス）に関する調査報告書』日本図書館協会，2006，38p.
日本図書館協会図書館利用教育委員会編『情報リテラシー教育の実践』日本図書館協会，2010，180p.
日本図書館協会図書館利用教育委員会編『図書館利用教育ハンドブック』大学図書館版，日本図書館協会，2003，209p.
日本図書館協会図書館利用教育委員会図書館利用教育ハンドブック学校図書館（高等学校）版作業部会編著『問いをつくるスパイラル』日本図書館協会，2011，123p.
日本図書館情報学会研究委員会編『情報アクセスの新たな展開』勉誠出版，2009，204p.
根本彰『情報基盤としての図書館』勁草書房，2002，255p.
根本彰『続・情報基盤としての図書館』勁草書房，2004，199p.
「まちの図書館でしらべる」編集委員会編『まちの図書館でしらべる』柏書房，2002，219p.
松本勝久『情報検索入門ハンドブック』勉誠出版，2008，283p.
三輪眞木子『情報行動』勉誠出版，2012，224p.

●雑誌の特集記事

「医療・健康情報を市民へ」『図書館雑誌』105(1)，2011，p.16-30.
「科学技術情報の利用と図書館」『図書館雑誌』100(4)，2006，p.202-219.
「学校図書館の教員サポート機能」『学校図書館』(711)，2010，p.15-37.
「公共図書館のレファレンスサービス」『現代の図書館』44(1)，2006，p.3-55.
「サーチャーの意義」『情報の科学と技術』52(3)，2002，p.127-170.
「参考図書の活用」『学校図書館』(691)，2008，p.14-49.
「情報リテラシー」『情報の科学と技術』52(11)，2002，p.549-591.
「情報リテラシー」『情報の科学と技術』59(7)，2009，p.315-352.
「専門図書館の今日的レファレンスサービス」『専門図書館』(236)，2009，p.1-35.
「大学図書館と利用教育」『図書館雑誌』102(11)，2008，p.761-780.

「探究学習と学校図書館」『図書館雑誌』105(10), 2011, p.677-691.
「地域に根ざしたビジネス支援事業」『現代の図書館』41(2), 2003, p.55-100.
「デジタルコンテンツの進展と図書館」『情報の科学と技術』57(9), 2007, p.417-444.
「デジタル・レファレンス」『大学の図書館』22(9), 2003, p.154-168.
「デジタル・レファレンス・サービス」『情報の科学と技術』56(3), 2006, p.83-113.
「図書館員のための情報リテラシー講座」『図書館雑誌』99(6), 2005, p.369-384.
「図書館サービスとしてのビジネス支援」『図書館雑誌』97(2), 2003, p.86-99.
「図書館における医療・健康情報の提供」『現代の図書館』43(4), 2005, p.183-238.
「図書館利用教育」『短期大学図書館研究』(28), 2008, p.1-43.
「ビジネス系ライブラリー」『専門図書館』(247), 2011, p.1-38.
「広がりをみせるパスファインダー」『図書館雑誌』106(4), 2012, p.236-251.
「もっとレファレンスをみんなのものに」『みんなの図書館』(321), 2004, p.1-50.
「利用指導体系表の展開」『学校図書館』(643), 2004, p.14-52.
「レファレンス」『こどもの図書館』58(6), 2011, p.1-10.
「レファレンス」『ほすぴたるらいぶらりあん』27(4), 2002, p.323-352.
「レファレンス・カウンター」『病院図書館』28(4), 2008, p.174-196.
「レファレンス再考」『情報の科学と技術』58(7), 2008, p.321-352.
「レファレンス・サービス」『現代の図書館』41(3), 2003, p.123-173.
「レファレンス事例集」『ほすぴたるらいぶらりあん』35(4), 2010, p.185-214.
「レファレンスツールの整備と活用」『学校図書館』(657), 2005, p.12-48.
「レファレンスの裾野を広げる方法」『みんなの図書館』(421), 2012, p.3-34.
「レファレンス！もう一歩前へ」『みんなの図書館』(345), 2006, p.1-38.

事項索引

【あいうえお順】

[あ]
アーカイブ　61, 89, 99
アクセスポイント　87, 99, 215, 241
案内指示的質問　117, 127, 130
案内・紹介サービス　62, 91
一次資料　233, 242
一次統計書　218
一ヶ国語辞書　212, 213
一系排列　153, 154, 215
一般書誌　230, 231
隠語辞書　213
印刷メディア　84-87, 96, 97-98, 138
インデキシング　155
インフォメーションファイル　28, 48, 62, 91, 174
インフォメーションブローカー　18, 204
インフォメーションリテーラー　204
ウェブページ　28, 36, 72-73, 244
ウォント　102-103
演算子　99, 160-161
エンドユーザー検索　45
横断検索　61, 79, 239

[か]
開質問　132, 133
階層構造　199
解題　231, 241
解題書誌　231
解題目録　90
回答　119, 125, 131, 148-150
外来語辞書　212
学習情報　58-59
学習相談サービス　58-59
加除式資料　85, 97
課題解決学習　45, 90
課題解決支援　125, 150
カレントアウェアネスサービス　52-55, 112, 181
間接サービス　23, 26-27, 28-29, 65, 90, 172, 173, 174, 191
完全一致検索　165-166
官庁統計　196, 218
漢和辞書　212
キーワード　119, 145, 147, 160

記事索引　200, 234-236
協力レファレンスサービス　28, 36, 72, 77-80
記録情報　21, 36-37
記録情報源　36
禁帯出　35
クリアリングハウス　19, 48
グリッド方式　222
クリッピング資料　61, 88, 90-91
クローラー　243
健康・医療情報提供　64, 66-67, 125, 150
諺語辞書　213
検索 → 情報探索
検索エンジン　17, 242, 243
検索語　114, 127, 137-138, 144-147, 149, 160, 167, 171
検索式　114, 119, 138, 144-147, 167, 171
検索戦略　126, 136-138, 171
現物確認　96, 233
件名標目　119, 121, 138, 145, 158, 168
件名標目表　55, 137-138, 145
国語辞書　212, 213
語源辞書　213
古語辞書　212
語順排列　153
個人書誌　231
コミュニティ情報サービス　62
コミュニティ情報ファイル　88, 91
コンテンツシートサービス　54
混排　94

[さ]
サーチエンジン → 検索エンジン
再現率　168-170
再参照　37, 77
最小論　27, 42
最大論　27, 42
サイト内検索　243-244
サイトライセンス　85, 180
索引　98, 153-155, 215, 216, 222, 243
索引語　137, 138, 144, 154, 155, 164, 165, 202
索引作成作業 → インデキシング
索引ファイル　155, 202
雑誌記事索引　234

事項索引　249

サブジェクトゲートウェイ　205
三次資料　140-141，233
参照指示　98，138，144，215，241
自館製ツール　28，35，88-91
事後結合索引方式　138
事実検索質問　148
字順排列　153
辞書　195，212-213
辞書体排列　153，233
事前結合索引方式　138
自然語　161，168
シソーラス　55，137-138，145
質問回答サービス　27，28，38-40，46，52，120
事典　195，213-215
指導サービス　43-44，205
集合書誌　231
自由語　127，138，145，146，149
自由論　27
縮刷版　235
主題　52
　　レファレンス質問の　114，117，130，136-137，138，141，146，148，149-150
主題書誌　90，231
主題知識　67
主題部門　172
紹介　47，117，124
照会　47，117，124
小項目主義　98，214
情報　12
　　インターネット上の　37
　　記録された　→ 記録情報
　　記録されていない　→ 非記録情報
情報格差　14，242
情報活用能力　40，124
情報源　22
　　インターネット上の　84-87，89，94，124，143，204-205
　　館内で作成する　→ 自館製ツール
　　競合性　85-86
　　検索方法　87
　　構築　92-95
　　事実検索の　194-196
　　収録情報　86-87
　　整備　34-37，94-95
　　選択　93-94，137，140-143

　　図書館外の　35-36
　　図書館内の　34
　　評価　39，96-99
　　文献検索の　145，198-200
　　料金　85-86
　　利用条件　85
　　類別の観点　34
情報行動　→ 情報探索行動
情報サービス
　　環境整備　174
　　管理運営　172-173，186-187
　　機関　16-19
　　技能　184-187，190-193
　　基盤　15
　　空間整備　174
　　経済学的観点からの　13-14
　　研修　186-187，190-193
　　権利　181
　　構造　23
　　政策　15
　　組織　172-175
　　多義性　20-21
　　担当者　184-185
　　定義　12-13
　　図書館の　20-23
　　能力育成　185-186，190-193
　　評価　168-171
　　部門　172
　　方針　173-174
　　有料の　180-181
　　連絡調整　173-174
情報探索　106-107
　　言葉・事柄に関する情報の　212-215
　　雑誌記事の書誌データの　234-237
　　人物・団体に関する情報の　226-229
　　地理・地名に関する情報の　220-222
　　図書館を利用した　110-113
　　図書・雑誌の書誌データの　230-233
　　日時・統計に関する情報の　216-219
　　プロセス　107-108
　　文献の所在情報の　238-241
　　文献の内容情報の　242-244
情報探索行動　106-109，113，121
情報提供　38-39，64-67
情報提供機能　20，42
情報ニーズ　102-105，108-109，113
情報要求　114-116，12-121，122，149，150

情報リテラシー教育　43, 44, 108
抄録　52, 115, 237
抄録誌　53, 237
所在データ　198-199, 200, 238, 239, 241
書誌　57, 58, 67, 199, 230-233, 238-239
書誌的単位　199
書誌的レベル　199
書誌データ　39, 115, 127, 155, 181, 198, 200, 230, 232, 234, 238, 239, 240, 241
書誌の書誌　233
所蔵調査質問　126-127
所蔵目録　200
調べ学習　45, 90
資料提供機能　20
シンクタンク　19
新語辞書　212
深層ウェブ　243
人物書誌　90, 228, 231
人物文献索引　228
新聞記事索引　235
人名鑑　196, 227-228
人名索引　228
人名事典　227
図鑑　195
スキャニング　111
請求記号　40, 200, 239, 241
制限検索　171
精度　149, 168-170
世界書誌　230
接遇　133
セレンディピティ　87, 112
全国書誌　208, 230
選択書誌　231
選択的情報提供　54-55, 72
全文検索　166, 229, 236, 242-243
専門事典　195, 214-215
専門用語事典　214
専門用語集　214
総合目録　61, 79, 200, 209, 239
総索引　236-237
相談業務　17
総目次　236-237
俗語辞書　213
即答質問　128
［た］
大項目主義　98, 214

第三者抄録　237
対訳辞書　213
代理店　18, 94
多国語辞書　213
探求学習　45, 90
探索　→　情報探索
探索質問　128
団体名鑑　196, 229
地域情報　60-63, 88-89, 91
地域年鑑　222
地域百科事典　222
チェイニング　111, 112
地図帳　196, 222
知的財産権　181
地名索引　221-222
地名事典　222
チャットレファレンスサービス　72, 74-75
中間論　28
中庸論　28
中立質問　133
調査質問　128
直接サービス　23, 26-28, 65, 90
著者抄録　237
著者書誌　231
著者名典拠録　227
地理学事典　220
地理学便覧　220
通信系のメディア　21, 84
ディスクリプタ　121, 138, 145
ディストリビューター　17, 18, 94
ディマンド　102-103
ディレクトリ　196, 199
データベース　17-18, 28, 36, 66, 67, 78-79, 84-87, 93, 94, 98-99, 155, 180, 202-205, 235
　関連機関　17-18
　検索機能　158-161
　構成　202-203
　種類　203, 204
　定義　202
　流通　203-204
データベースベンダー　204
適合性　→　レレバンス
適合率　→　精度
適切性　→　パーチネンス
デジタルデバイド　→　情報格差

事項索引　251

デジタルレファレンスサービス　70-71, 174	ハンドブック → 便覧
典拠　22, 37, 39, 77, 117	販売書誌　230, 232
電子メディア　84-87, 138, 142-143, 96, 98-99	比較演算　167
	非記録情報　22
同期　75, 76, 125	非記録情報源　36
統計索引　218	ビジネス支援　64-66, 150, 205, 229
統計データ　217-219	非同期　76, 125
統計年鑑　196, 218	ビブリオグラファ　233
統制語　127, 138, 145, 146, 158, 168, 171	百科事典　195, 213-215
闘病記　67	百科事典年鑑　215
特殊語　212-213	評価（検索結果の）　168-171
読書相談サービス　56-58	ファイル　158, 202
図書館（情報サービス機関としての）　20	ファイル資料　35
図書館情報学　15, 185	フィールド　99, 158, 166, 202
図書館利用教育 → 利用指導	フィールド指定　158-160
ドメイン指定　243	フィルタ　22, 37
ドメイン内検索　244	普通語　212
トランケーション　99, 164-165, 241	部分一致検索 → トランケーション
トレードオフ　169, 171	プライバシー　131, 133, 181-182
[な]	ブラウジング　85, 111, 112, 113
難読語辞書　213	プロデューサー　17, 18
難読姓名辞書　226-227	プロバイダー　17, 18, 204, 204
難読地名辞書　221	プロファイル　55
ニーズ　102-103	分科式　215
二ヶ国語辞書　213	文献検索　37
二次資料　88, 89-90, 140, 233, 242	文献検索質問　148, 149
二次統計書　218	閉質問　132, 133
ネットワーク系メディア　22, 84	ページ検索　243-244
ネットワーク情報資源　71, 72-73, 143, 204-205	別置　85, 94, 35
	編成資料　90-91
年鑑　196	編年体　196
年表　196, 216	便覧　195
年譜　196	補遺　215
ノイズ　155, 161, 168, 171	方言辞書　213
[は]	法律情報提供　125
パーチネンス　104-105, 170-171	ポータルサイト　62, 206-207
バーチャルレファレンスサービス　28, 71, 73, 74-77	保守論　27
	翻訳書誌　231
灰色文献　59, 209	[ま・や]
排架方法　40, 44, 95	見えないウェブ　243
排列　87, 98, 152-154, 215, 232-233	見出し（語）　137, 138, 144, 152-153, 195, 212-213, 214
白書　196	
パスファインダー　45, 57, 58, 67, 73, 90, 112	民間統計　196, 218
	名鑑　196, 227
発音辞書　213	名句辞書　213
パッケージ系のメディア　21, 84	メタデータ　39
範囲指定　166-167	メディア　21

通信系　→　通信系のメディア
　　　ネットワーク系　→　ネットワーク系メディア
　　　パッケージ系　→　パッケージ系のメディア
メンター　77
目次　98, 181
目録　200, 238-241
モニタリング　111, 112, 113
もれ　149, 168, 171
問題解決　104, 122
要求事項（レファレンス質問の）　136-137, 140, 141, 142
予備検索　171
　　[ら]
略語辞書　213
利用案内資料　43
利用指導　23, 38, 40, 42-45
利用指導機能　42
リンク集　28, 36, 48, 66, 67, 72-73, 95, 205
類縁機関紹介サービス　48
類語辞書　213
類書　93
累積版　95
累年統計　218
歴史事典　216-217
歴史地図帳　217
歴史統計　218
歴史便覧　217
レコード　99, 159, 166, 168, 202
レファレンス　47, 124
レファレンスインタビュー　65, 108, 114, 117-119, 130-133, 150, 174, 192
　　　意義　130-131
　　　技法　132
　　　逆漏斗型　133
　　　範囲　131-132
　　　評価　133
　　　漏斗型　133
レファレンス協同データベース　28, 73, 78-80, 91, 208, 209
レファレンス記録　91, 174-175, 192
レファレンスコレクション　26, 34, 37, 92-93
レファレンスサービス　21, 26-27, 47, 57, 190-193

レファレンス質問　57, 75, 114, 116, 117, 120-122, 124-128, 130, 136-137, 140, 173, 192
レファレンス情報源（資料）　28, 34, 84, 92-95, 140, 142, 191, 206-209
レファレンス資料扱い　35, 93
レファレンス事例　28, 73, 79-80, 117
レファレンスブック　28, 84, 140-142, 152, 194-195, 198-200
レファレンス部門　35
レファレンスプロセス　37, 114-119, 192
レフェラル　47
レフェラルサービス　23, 36, 46-48, 91, 117, 174, 229
レフェラル資料　48, 91, 124, 229
レフェラルセンター　47, 48
レレバンス　104-105, 170-171
論理演算子　119, 147, 160, 161, 164-165, 167, 241
論理差　160, 161, 167, 171
論理式　160
論理積　147, 160, 167, 171
論理和　147, 160, 161, 167
　　[わ・を]
ワイルドカード　164
を見よ　98, 138, 144
をも見よ　98, 215

【ABC 順】
I & R service　→　案内・紹介サービス
in print　232
known item search　208
learner's advisory service　→　学習相談サービス
NDL ONLINE　145, 208-209
reader's advisory service　→　読書相談サービス
SDI　→　選択的情報提供
union catalog　→　総合目録
unknown item search　208

執 筆 者 紹 介

(UNIT 執筆順)

小田　光宏（おだ　みつひろ）
　　所　　属：青山学院大学
　　関心領域：レファレンスサービス技能の開発，知識マネジメント
　　主要著作：『図書館サービス論』（編集，日本図書館協会，2010）
　　　　　　　『図書館ハンドブック』第6版補訂2版（共編，日本図書館協会，2016）
　　担当 UNIT：1～3，13～19，31，35～40，42

間部　豊（まべ　ゆたか）
　　所　　属：帝京平成大学
　　関心領域：レファレンスサービス，電子図書館
　　主要著作：「レファレンス質問への回答を可能にしたレファレンスブックの特性に関する研究」（共著，『日本図書館情報学会誌』，Vol.57, No.3, 2011）
　　　　　　　「電子書籍・電子図書館に関する動向と今後の課題」（『情報メディア研究』，Vol.10, No.1, 2011）
　　担当 UNIT：4～6，10～12

野末　俊比古（のずえ　としひこ）
　　所　　属：青山学院大学
　　関心領域：情報リテラシー教育
　　主要著作：『専門資料論』新訂版（共編著，日本図書館協会，2010）
　　　　　　　『情報リテラシー教育の実践』（編集担当，日本図書館協会，2010）
　　担当 UNIT：7～9，20～22，32～34，41

齋藤　泰則（さいとう　やすのり）
　　所　　属：明治大学
　　関心領域：レファレンスサービス，情報要求
　　主要著作：『利用者志向のレファレンスサービス』（勉誠出版，2009）
　　　　　　　「学習支援としてのバーチャルレファレンス」（『メディア教育研究』，Vol.7, No.2, 2011）
　　担当 UNIT：23～30

畑田　秀将（はただ　ひでまさ）
　　所　　属：山形県立米沢女子短期大学
　　関心領域：情報検索，図書館史
　　主要著作：「日本におけるアメリカ図書館史研究の動向と課題」（『図書館学』，Vol.85, 2004）
　　　　　　　「ICT活用型授業への警鐘」（共著，『尚絅学園研究紀要（人文・社会科学編）』，Vol.6, 2012）
　　担当 UNIT：43～50

(所属は，2018年4月現在)

視覚障害者その他活字のままではこの本を利用できない人のために，日本図書館協会及び著者に届け出る事を条件に音声訳（録音図書）及び拡大写本，電子図書（パソコンなど利用して読む図書）の製作を認めます。但し，営利を目的とする場合は除きます。

情報サービス論
JLA 図書館情報学テキストシリーズⅢ　5

・・・・・・・・・・・・・・・・・・・・・・・・・・・・・・・・・・

1997年11月30日　［シリーズ第1期］初版第1刷発行
2012年8月27日　［シリーズ第3期］初版第1刷発行 ©
2023年1月20日　　　　　　　　　初版第6刷発行

定価：本体1,800円（税別）

編著者・・・・・・・・・・・・・・・・・・・小田光宏
シリーズ編集・・・・・・・・・・・・塩見昇・柴田正美・小田光宏・大谷康晴

発行・・・・・・・・・・・・・・・・・・・・・公益社団法人 日本図書館協会
　　　　　　　　　〒104-0033　東京都中央区新川1丁目11－14
　　　　　　　　　TEL 03-3523-0811（代）
　　　　　　　　　〈販売〉TEL 03-3523-0812　FAX 03-3523-0842
　　　　　　　　　〈編集〉TEL 03-3523-0817　FAX 03-3523-0841
印刷・・・・・・・・・・・・・・・・・・・・・船舶印刷株式会社
ブックデザイン・・・・・・・・・・笠井亞子

JLA202219
ISBN978-4-8204-1211-3　　　　　本文用紙は中性紙を使用しています。Printed in Japan.

JLA 図書館情報学テキストシリーズ Ⅲ

●シリーズ編集●　塩見 昇・柴田正美・小田光宏・大谷康晴　　B5判　並製

本シリーズは，2008年の図書館法改正に沿って「図書館に関する科目」が2012年度より適用されることを機に製作・刊行されました。授業回数に合わせて2単位科目を50ユニット，1単位科目を25ユニットで構成し，スタンダードな内容を解説しています。

1巻	**図書館概論　五訂版**	塩見昇編著	1,900円（税別）
2巻	**図書館制度・経営論**	永田治樹編著	1,900円（税別）
3巻	**図書館情報技術論**	大谷康晴編著	
4巻	**図書館サービス概論**	小田光宏編著	
5巻	**情報サービス論**	小田光宏編著	1,800円（税別）
6巻	**児童サービス論　新訂版**	堀川照代編著	1,900円（税別）
7巻	**情報サービス演習　新訂版**	大谷康晴・齋藤泰則共編著	1,900円（税別）
8巻	**図書館情報資源概論　新訂版**	馬場俊明編著	1,900円（税別）
9巻	**情報資源組織論　三訂版**	柴田正美・高畑悦子著	1,900円（税別）
10巻	**情報資源組織演習　三訂版**	和中幹雄・横谷弘美共著	1,900円（税別）
11巻	**図書・図書館史**	小黒浩司編著	1,300円（税別）
12巻	**図書館施設論**	中井孝幸・川島宏・柳瀬寛夫共著	1,300円（税別）
別巻	図書館員のための**生涯学習概論**	朝比奈大作著	1,900円（税別）

1～10巻，別巻は50ユニット，約260ページ　11, 12巻は25ユニット，約160ページ